手把手教你学编程

范提升　主编

陕西师范大学出版总社

图书代号　JC23N1746

图书在版编目（CIP）数据

手把手教你学编程 / 范提升主编 . —西安：陕西师范大学出版总社有限公司，2023.9

ISBN 978-7-5695-3876-2

Ⅰ. ①手…　Ⅱ. ①范…　Ⅲ. ①计算机课—中小学—教材　Ⅳ. ① G634.671

中国国家版本馆 CIP 数据核字（2023）第 177075 号

手把手教你学编程

SHOUBASHOU JIAO NI XUE BIANCHENG

范提升　主编

责任编辑　于盼盼
责任校对　刘金茹
封面设计　金定华
出版发行　陕西师范大学出版总社
（西安市长安南路 199 号　邮编 710062）
网　　址　http://www.snupg.com
经　　销　新华书店
印　　刷　陕西隆昌印刷有限公司
开　　本　889 mm × 1194 mm　1/16
印　　张　14.25
字　　数　278 千
版　　次　2023 年 9 月第 1 版
印　　次　2023 年 9 月第 1 次印刷
书　　号　ISBN 978-7-5695-3876-2
定　　价　58.00 元

读者购书、书店添货或发现印刷装订问题，请与本社高教出版中心联系。
电　话：（029）85307864　85303622（传真）

前言

信息技术的飞速发展，让我们真正地感受到了人工智能时代已经来临。跨入人工智能新时代，要想更好地融合科技、创造未来，编程能力几乎是未来每个人都必须掌握的科学技能。

近年来，国内外掀起了一股编程学习浪潮，编程教育越来越受到国家、社会的关注和认可。如果想在未来走得更踏实、更遥远，青少年时期无疑是学习编程的好时机。

编程是培养学生善于思考、发现问题、解决问题的能力。学生经过思考，提出创造性的解决方案，并通过程序进行验证、优化和完善，从而达到培养思维、锻炼能力的目的。

图形化编程作为一个趣味性十足的过渡媒介，把一条条字符命令变成图形，将这些代表程序的图形块，如同搭积木一样，通过拖拽搭建实现一个完整的功能，一个图形化小游戏、一个开源硬件小功能便应运而生。如此，既培养了学生的编程兴趣和逻辑思维，又加强了他们兴趣的持久力，让爱好成为真正的老师。

本书共包含 27 节编程课程，每节由课程概述、教学目标、器材准备、教学过程等四部分组成，按照情景导入、任务分解、编程实战、挑战与游戏等步骤进行教学设计。通过游戏化、互动式的形式，详细的课程内容，易懂的学习方法，创新的主题设计，让学生在轻松愉悦的环境之中迅速掌握编程。循序渐进地引领学生一层层突破学习难关，在潜移默化中形成编程思维，掌握独立编程的能力。

由于时间仓促，书中难免存在一些纰漏，望广大读者批评指正。

编　者

2023 年 9 月

目 录

第 1 课　外星朋友程小奔

课程概述

单元：趣味编程基础。

课时：2 课时，45mins/ 课时。

内容：本节课以地球上小动物们认识外星机器人程小奔作为学习背景，通过和程小奔沟通交流做朋友的任务，探究运用按键以及 LED 点阵屏显示动画效果，运用电机实现奔跑运动效果，了解事件以及序列的概念，学习显示积木、运动积木、播放积木的用法。

教学目标

情感：培养生活中善待他人，关心朋友的意识。

知识：（1）了解编程基本知识。

（2）通过课程学习控制机器人程小奔并了解传感器。

（3）学习使用简单机器语言。

（4）学习事件的定义。

（5）学习百分号，了解角度的应用。

能力：（1）学习能力。

（2）逻辑思维能力。

器材准备

（1）程小奔套装（蓝牙版）*1/ 人。

（2）装有慧编程的电脑 *1/ 人。

教学过程

一、情境导入（5mins）

介绍外星来的新朋友——程小奔，引出任务：和程小奔交朋友。

T：热爱星际旅游的程小奔又开始穿梭在宇宙中漫游啦，他在太阳系偶遇了一颗湛蓝色的星球，笼罩着薄薄轻纱的神秘星球吸引了程小奔的注意力，他决定降落一探究竟。穿过大气层，一片清新的青草味道袭来，程小奔发现自己被绿色植物包围了，周围还有黑白相间的动物在低头吃草。程小奔打开了扫描系统开始查阅周围环境的详情。原来自已降落在了名叫地球的行星上，而自己所处的位置，正是位于非洲的大草原上，面前黑白相间的动物名叫斑马，程小奔决定跟新朋友打声招呼。

二、任务分解（15mins）

通过互动小游戏，组织学生进入任务分解环节，尝试画出思维导图。

T：观察小程和小奔的组成，了解慧编程的界面。

Tips：鼓励学生主动思考，积极回答问题。

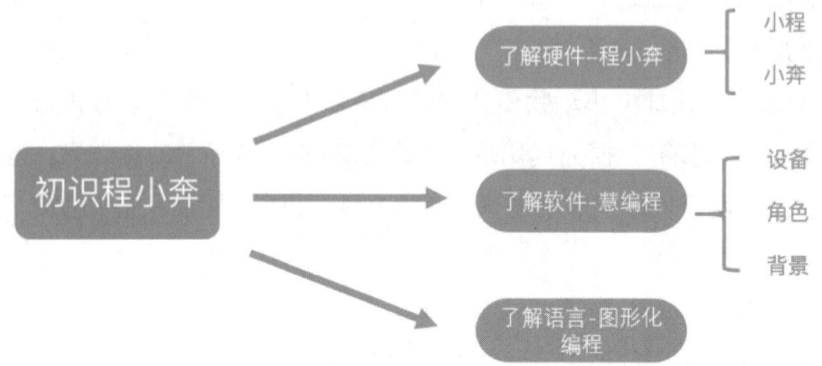

1. 硬件：程小奔

（1）小程

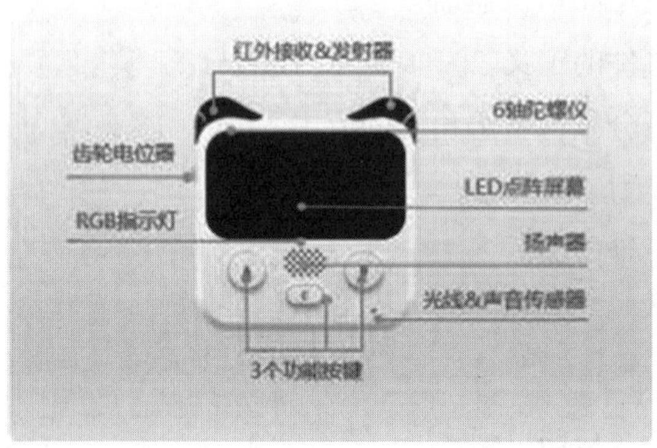

（2）小奔

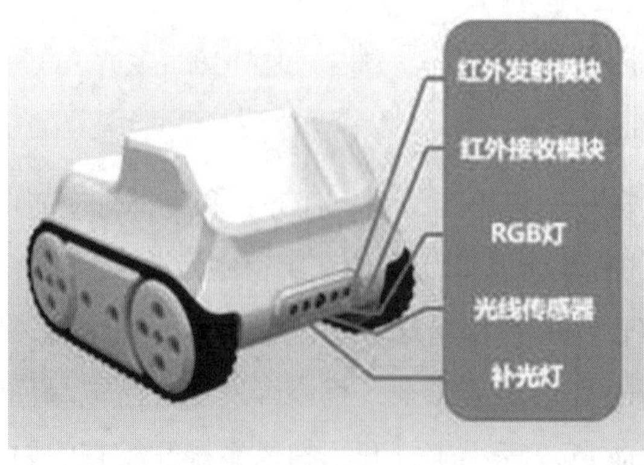

2. 软件慧编程

3. 语言：图形化编程语言

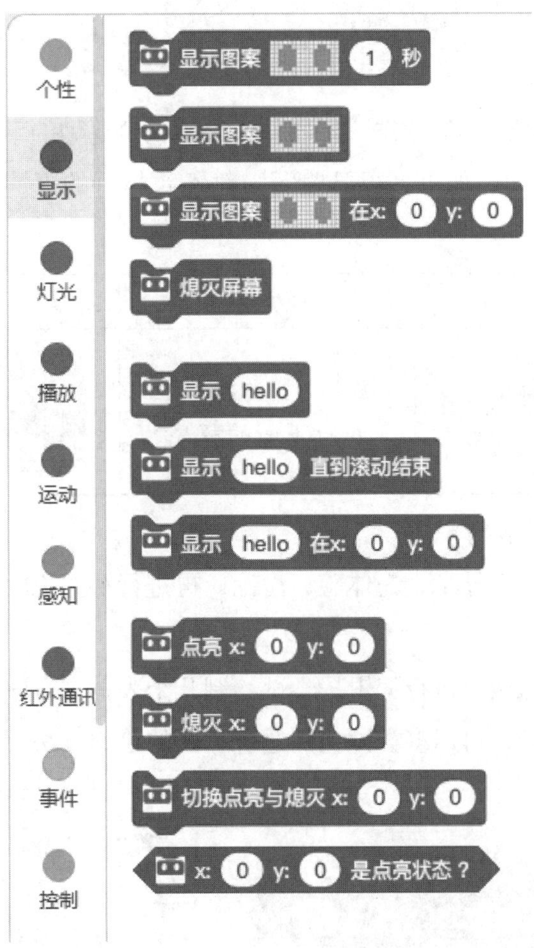

三、编程实战（25mins）

1. 自由体验

T：观察可以控制程小奔的积木块，尝试拖拽积木块到脚本区，并尝试删除积木块，梳理思路，想想将会用到哪些积木。

2. 探究学习

（1）第一步：连接设备——程小奔

T：程小奔右侧开关开启，蓝灯亮起。

T：使用数据线将程小奔和电脑连接。

T：点击连接。

（2）第二步：学习程序的开关——事件

T：事件是导致事情发生的动作，比如程小奔启动后要做的事情，就可以放到“当小程启动”这个事件的下面，如果是想要按下按键 A 再执行的事情，就可以放到“当按下按钮 A”的下面。

积木区	积木名称	功能	示例
事件	当按下按钮 A	按下小程的按钮 A 执行下面的程序	当按下按钮 A 前进以动力 50 % 1 秒

（3）第三步：显示表情

T：如何编辑图案？引导学生先体验、讨论，再进行补充说明。

Tips：

• 点击积木的矩形区域可进行编辑。尝试绘制几个表情进行体验。

• 有许多使用小技巧，可以多尝试找到适合自己的绘制方法（点击、拖拽鼠标）。

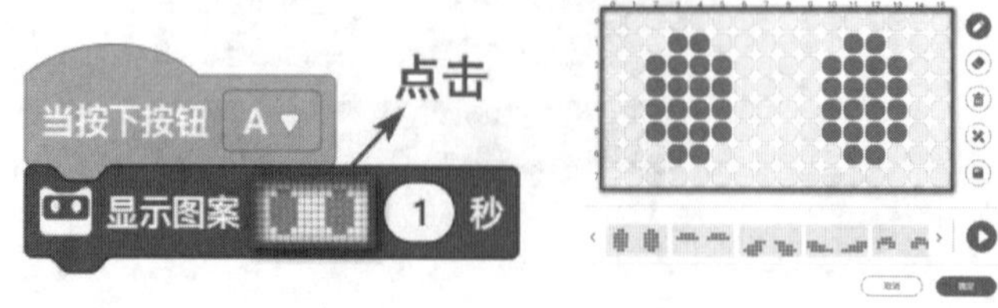

（4）第四步：实现程小奔打招呼——眨眼

T：首先要讲清楚程序的执行顺序是从上往下，先分解眨眼任务。

T：思考如何达到眨眼的效果？学生先尝试解决，再介绍“显示”积木。

T：合并整个过程的所有积木（参考下图）。

Tips：找 2~3 个同学来演示一下生活中怎么眨眼的，提问下面的同学眨眼分成了几个状态。

睁开—闭上—睁开：

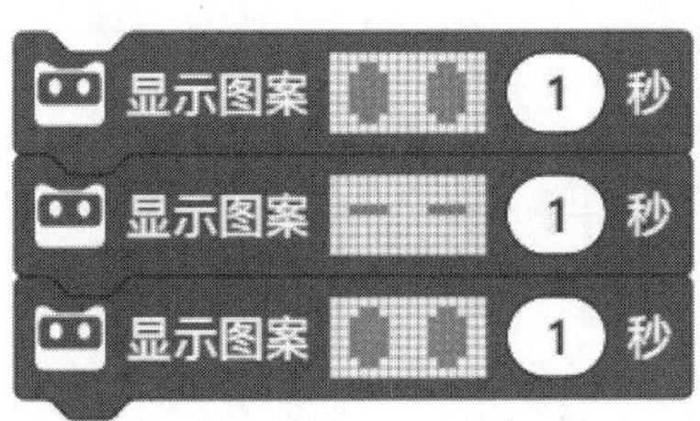

T：上传到设备后没有事件的情况下无法执行，讲明事件在程序里的重要性。

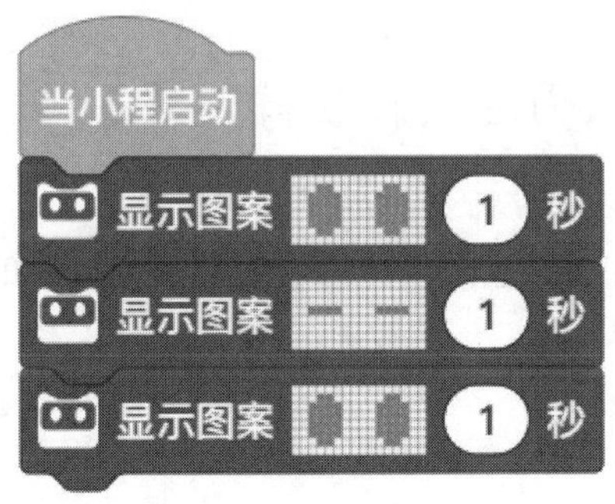

（5）第五步：完成程小奔向前运动的程序

积木区	积木名称	功能	示例
运动	前进以动力 50 % 1 秒	程小奔以某一速度向前运动几秒	当按下按钮 A ▾ 前进以动力 50 % 1 秒

Tips：动力，即程小奔奔跑的速度（速度最大为 100%，最小为 0%）。

百分比（举例）一共 100 个苹果，拿出 50 个，占 100 个的 50%，拿 70 个占 70%。

T：尝试一下控制程小奔前进、后退、转弯。

3. 测试程序

T：绘制眨眼程序时，关注学生的个性化，自由发挥即可，辅导学生完整完成作品。

Tips：提醒学生确认小程与电脑已经完成了配对、连接。

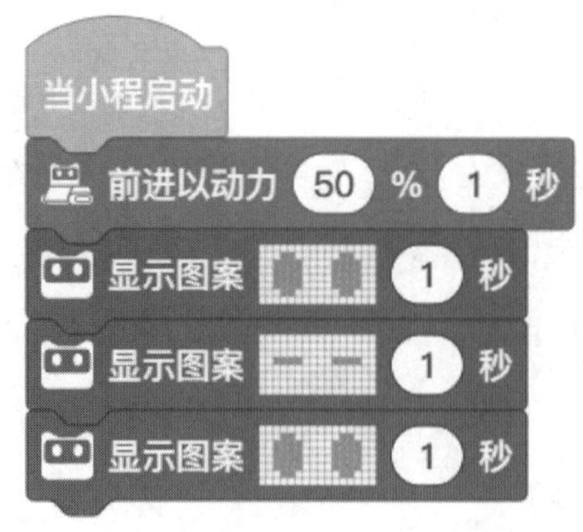

4. 作品命名、保存

T：完成的作品确认命名后及时保存。

四、挑战与游戏（35mins）

1. 挑战：完成前进后打招呼转身后退回原处

T：程小奔在草原上遇到了一只狮子，他向前和狮子打了一声招呼被狮子大吼吓得跑了回去。

① 简单介绍转向中的角度问题。（程小奔转一圈是 360 度，调头返回是 180 度）

② 在慧编程中完成程序实现，测试效果。

T：整个过程由学生自主进行探究学习，根据前边学习的简单程序，自己测试完成前进眨眼调头回到原点的程序。

T：完整程序参考如下：

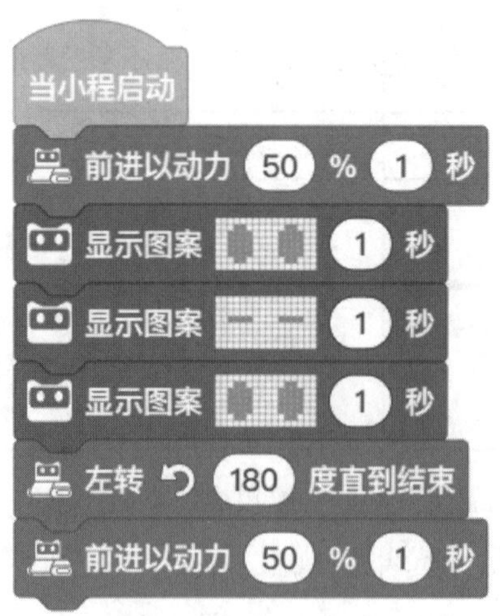

2. 挑战：走一个正方形

T：程小奔在草原上发现一个正方形的房子，他环顾整栋房子想要找到入口。

①介绍正方形的特点：四条边的长度相等，四个角的角度相同且都是 90 度。

② 在慧编程中完成程序实现，测试效果。

T：整个过程由学生自主进行探究学习，根据前边学习的简单程序，自己测试完成正方形程序。

T：完整程序参考如下：

3. 游戏时间：展示各自的作品，比比看谁的效果更有趣

T：依次向大家展示自己的作品。

五、分享与小结（10mins）

1. 引导学生从不同角度分享，鼓励学生尝试举一反三（知识迁移）

- 我学到了……
- 用 LED 点阵屏、利用显示积木实现眨眼。
- 学习了运动积木。
- 了解数学中百分比及角度的应用。
- 日常生活中要善待朋友，关心他人。

2. 结合学生的分享，适当点评后，进行课堂小结

- 事件是指导致某件事发生的动作。
- 可以通过事件和显示积木实现眨眼的程序。
- 通过使用运动积木控制程小奔的运动。
- 善待他人，关心朋友。

第2课　森林音乐会

课程概述

单元： 趣味编程基础。

课时： 2 课时，45mins/ 课时。

内容： 了解声音产生的原理，以及响度和音调的影响因素，认识和学会使用扬声器，了解序列概念，制作音乐序列，学会使用控制积木——等待，学会音符的音名和唱名的转换。

教学目标

情感： 在生活中做一个善于发现美，欣赏美的人，以积极的心态面对生活，这样快乐才能常伴你左右。

知识：（1）了解序列的概念。

（2）学会使用控制积木——等待。

（3）知道通过显示积木为 LED 点阵屏绘制图案。

（4）知道使用播放积木来播放音符组成音乐。

能力： 培养解决问题的能力。

器材准备

（1）程小奔套装（蓝牙版）*1/ 人。

（2）装有慧编程的电脑 *1/ 人。

教学过程

一、情境导入（15mins）

T：这节课，程小奔来到森林中，听到森林深处传来美妙的音乐声，“到底是谁发出的声音呢？”程小奔心里充满困惑，便走向森林深处一探究竟。走了一段时间后程小奔发现了一个舞台，原来是在举办森林音乐会啊，舞台上各种小动物都在展示自己美妙的歌声（老师播放小动物唱歌图片或者程序），程小奔也想参加表演，那么程小奔如何发出声音并播放旋律呢？

挑选几个同学作为音符，让每个同学发出一个音符的声音，对其排序来组成音乐。组成一首音乐后按顺序发出音符声音，成功后再次打乱顺序，看一看刚刚的音乐能否正常播放。不能播放则说明必须按照一定的顺序，否则将无法完成。

· 声音的产生、响度和音调

声音是由物体振动产生的，物体振动幅度影响响度，震动频率影响声调。

人耳能听到的音调范围是 20Hz~20000Hz。

· 序列

就像在刚刚的游戏中一样，如果改变同学发出音符的顺序，这首音乐将无法完成，计算机在编写程序的时候同样需要一定的步骤，而这个步骤顺序也不能去打乱，为完成某件事情所遵循的一套步骤，这就是序列，稍后我们一起来看一下慧编程中如何来完成序列。

· 音名和唱名

不同音高的乐音，是用 C D E F G A B 来表示的，这七个拉丁字母就是乐音的音名，它们一般依次唱成 DO RE MI FA SOL LA SI，即简谱的 1 2 3 4 5 6 7，相当于汉字“多来米发梭拉西”的读音。DO、RE、MI……是唱曲时乐音的发音，所以叫唱名。

二、任务分解（10mins）

小奔上台表演歌曲，组织学生进入分解任务环节，尝试画出思维导图。

T：观察小程，结合上台演唱全过程的步骤，尝试划分为几步来实现。

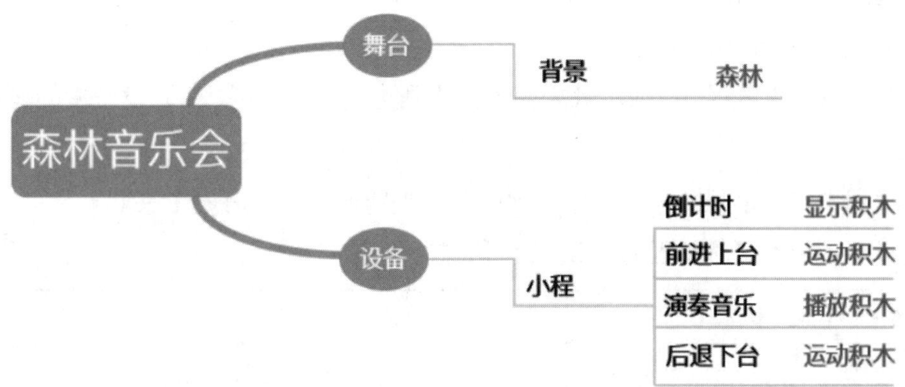

Tips：

· 说明音名和唱名的对应关系。

· 鼓励学生个性化创作。

三、编程实战（20mins）

1. 自由体验

T：观察设备相关的积木（根据学生对慧编程的熟悉程度，给予提示：显示积木），根据思维导图，尝试梳理思路，想想将会用到哪些积木。

2. 探究学习

（1）第一步：开始程序

T：程小奔开始表演的事件可以有哪些方式？键盘、按键、传感器等。

T：如何实现设备中的事件积木？

T：假如用按键 A 控制：

积木区	积木名称	功能	示例
事件	当按下按钮 A	按下小程的按钮 A 执行下面的程序	当按下按钮 A 显示图案 1 秒

（2）第二步：前进登台

T：认识小奔。从演示效果看到需要用到小奔来前进。打开设备中运动积木。

Tips：

• 运动积木，带程小奔图标，蓝色顶端有一个凹槽，底端有一个凸起。

• 通过运动积木可对小奔的履带运动进行编辑。

（3）第三步：显示倒计时

T：认识 LED 点阵屏。从演示效果知道需用到小程的显示屏，打开设备中的显示积木。

Tips：

• 显示积木，带小程图标，紫色，顶端有一个凹槽，底端有一个突起。

• 通过显示积木可对小程的 LED 点阵屏进行编辑。

积木区	积木名称	功能	示例
显示	显示图案	显示点阵屏编辑的图案 并且控制显示的时间	当按下按钮 A 显示图案 1 秒

T：使用。如何编辑图案？引导学生先体验、讨论，再进行补充说明。

Tips：

• 点击积木的矩形区域可进行编辑。尝试绘制几个表情进行体验。

• 有许多使用小技巧，可以多尝试找到适合自己的绘制方法（点击、拖拽鼠标）。

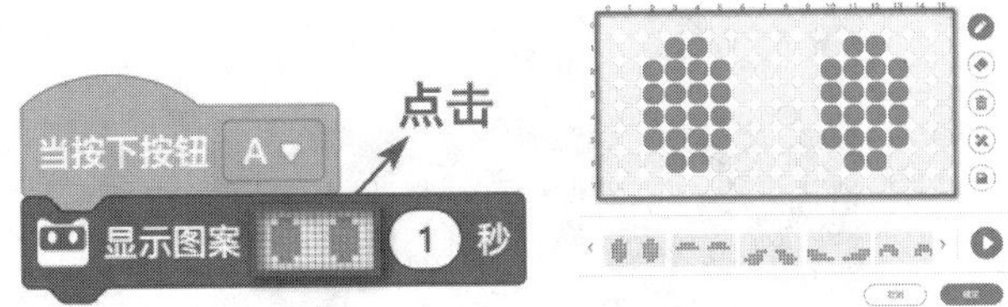

T：尝试完成倒计时（参考下图）。

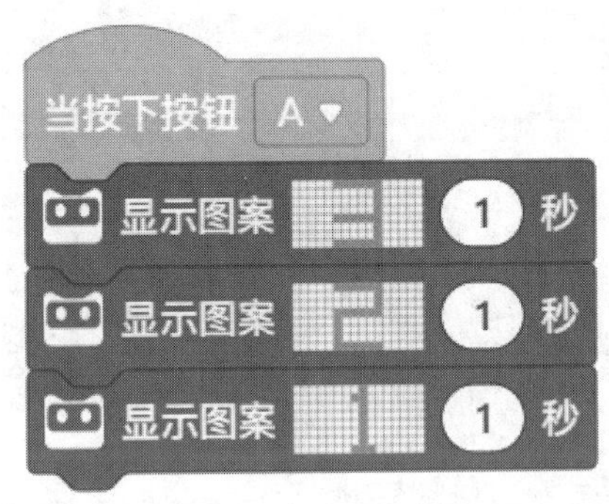

（4）第四步：发出声音

引导学生尝试添加声音：设备中的播放模块。

简单介绍小程的扬声器（生活中的“喇叭”），功能是发出声音。

（5）第五步：后退下台

使用运动积木中的后退（参考下图）：

T：思考如何达到倒计时熄灭的效果？学生先尝试解决，再介绍“熄灭屏幕”积木。

T：合并整个过程中的所有积木（参考下图）：

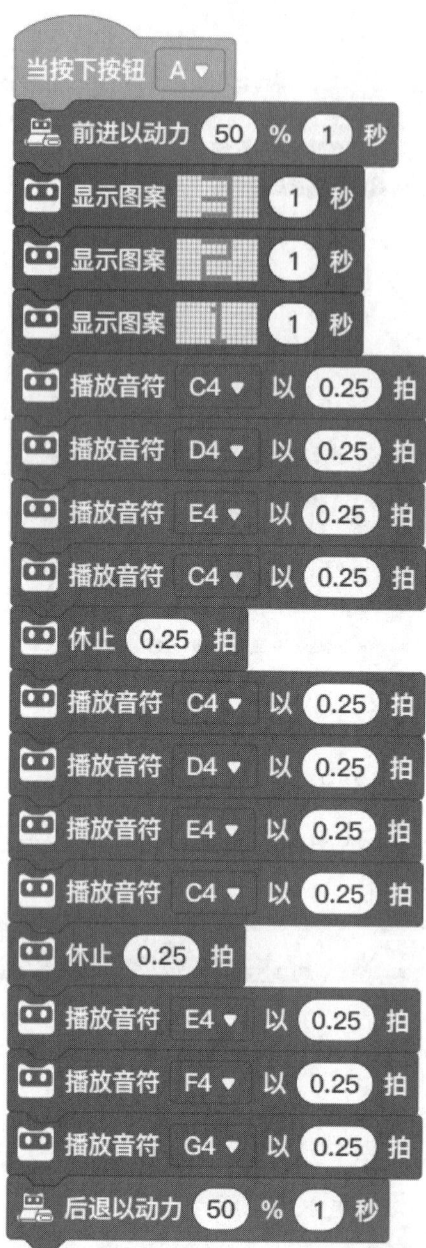

T：程小奔唱歌整个过程呈现了音符的顺序，清晰地表达了音乐演奏的步骤，这个顺序叫作序列，在编程中指执行指令的顺序。

Tips：鼓励学生列举序列例子：如刷牙：挤牙膏、刷牙、漱口；如种树：挖坑、放树苗、埋土、浇水。

3. 测试程序

T：绘制倒计时图案时，关注学生的个性化，自由发挥即可，辅导学生完成完整作品。

Tips：提醒学生确认小程与电脑已连接。

4. 作品命名、保存

T：完成的作品确认命名后及时保存。

四、挑战与游戏（30mins）

1. 挑战：完成三首音乐演奏

T：由于参加音乐会人数不够，程小奔需要在舞台上表演歌唱三首曲目要求：

① 引导学生梳理逻辑，画出思维导图。

② 在慧编程中使用播放积木完成音符组合。

③ 按要求编写程序，测试效果。

T：整个过程由学生自主进行探究学习，鼓励学生尝试对比不同积木的效果，寻求合理的解决方案，必要时候指导并引出“等待”即可。

2. 游戏时间：展示各自的作品，比比看谁的效果更有趣

T：依次向大家展示自己的作品。

五、分享与小结（15mins）

1. 引导学生从不同角度分享，鼓励学生尝试举一反三（知识迁移）

- 我学到了……
- 用 LED 点阵屏、显示积木可以制作有趣的效果。
- 在日常生活中，注意不要发出噪音打扰到他人。
- 探究生活中发出声音的物体是由哪里产生振动的。

2. 结合学生的分享，适当点评后，进行课堂小结

- 序列是指为完成某件事情所遵循的一套步骤，在编程中指执行指令的顺序。
- 可以通过在线模式，实现对程小奔的显示屏进行编辑和测试。
- 通过使用事件积木和播放积木，可以制作喜欢的音乐来播放。
- 通过控制积木“等待 * 秒”可以使两个指令之间有停顿效果。
- 声音是由物体振动产生的，物体振动幅度影响响度，震动频率影响声调。

第3课　弯道竞速

课程概述

单元：趣味编程基础。

课时：2 课时，45mins/ 课时。

内容：本节课以赛车弯道为学习背景，通过画圆圈的方式，探究如何实现程小奔的转向，学习显示积木、播放积木的用法。结合 S 形弯道的实现，熟悉运动模块和其他模块的应用。通过最后的小竞技，建立友谊第一、比赛第二的意识。

教学目标

情感：建立友谊第一、比赛第二的意识。

知识：（1）学习显示模块的应用。

（2）知道使用播放模块为设备添加特效。

（3）学习倒计时的几种实现方式。

（4）学习程小奔转向的三种方式。

能力：（1）学习能力。

（2）解决问题的能力。

器材准备

（1）程小奔套装（蓝牙版）*1/ 人。

（2）装有慧编程的电脑 *1/ 人。

教学过程

一、情景导入（5mins）

介绍赛车比赛，引出任务：弯道竞速。

程程和奔奔在看赛车比赛，他们发现赛车手们在弯道的时候可以完成很多高难度的汽车操作，看得他们热血沸腾，程程和奔奔也想进行一次刺激的赛车比赛，他们设置了高难度的跑道，想通过他们的机器人完成这次比赛，3、2、1 倒计时结束，程小奔冲出去沿着预定的直线跑道和弯跑道实现一次紧张激烈的比赛，但是比赛开始之前他们要先做好程小奔的调试，我们一起去看看他们遇上了什么困难，我们来帮助他们出出点子吧。

二、任务分解（10mins）

通过互动小游戏，组织学生进入任务分解环节，尝试画出思维导图。

和小朋友们进行互动，探究程小奔运动的几种方式：

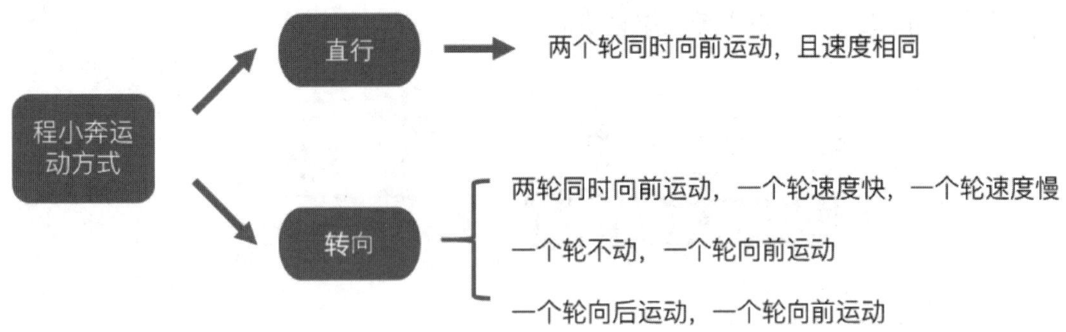

三、编程实战（30mins）

1. 自由体验

观察设备相关的积木（根据学生对慧编程的熟悉程度，给予提示：显示积木），尝试实现倒计时 3、2、1。

2. 探究学习

（1）第一步：控制程序开始开关

T：控制程序开始的开关有哪些方式？键盘、按键、传感器等。

T：如何实现设备中的事件积木？

T：假如用按键 A 控制开始。

积木区	积木名称	功能	示例
事件	当按下按钮 A ▾	按下小程的按钮 A 执行下边的程序	当按下按钮 A ▾ 显示图案 1 秒

（2）第二步：实现倒计时 3、2、1

T：认识 LED 点阵屏。

打开设备中显示积木，通过显示积木对小程的 LED 点阵屏进行编辑。

积木区	积木名称	功能	示例
显示	显示图案 1 秒	显示点阵屏编辑的图案并且控制显示的时间	当按下按钮 A 显示图案 1 秒

T：如何编辑图案？

引导学生先体验、讨论，再进行补充说明。

电机积木的矩形区域可以进行编辑绘制。

T：尝试完成倒计时。

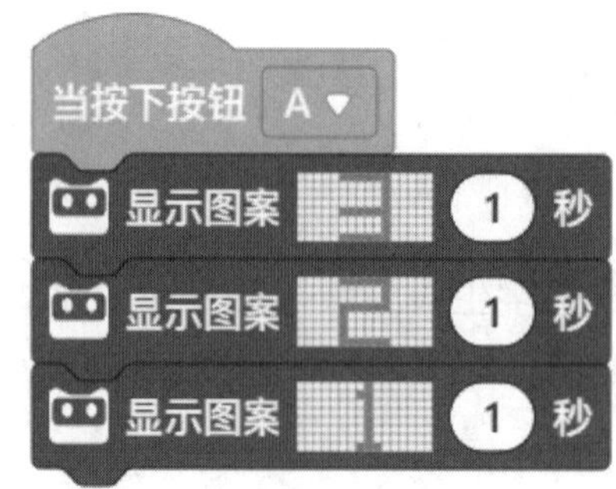

（3）第三步：发出声音

引导学生尝试添加声音——设备中的播放积木。

简单介绍小程的扬声器（生活中的“喇叭”），功能是发出声音。

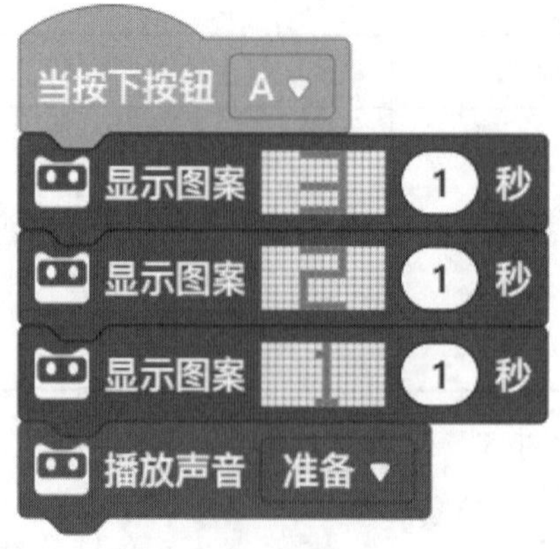

（4）第四步：完成程小奔转向功能

T：学习运动积木的应用（回顾三种转向方式）

积木区	积木名称	功能	示例
运动	移动 左轮以动力 50 % 右轮 50 %	可以给不同的轮设置不同的速度实现不同的运动规律	当按下按钮 A ▾ 移动 左轮以动力 50 % 右轮 50 %

T：需要控制转向的时间，运用等待模块。

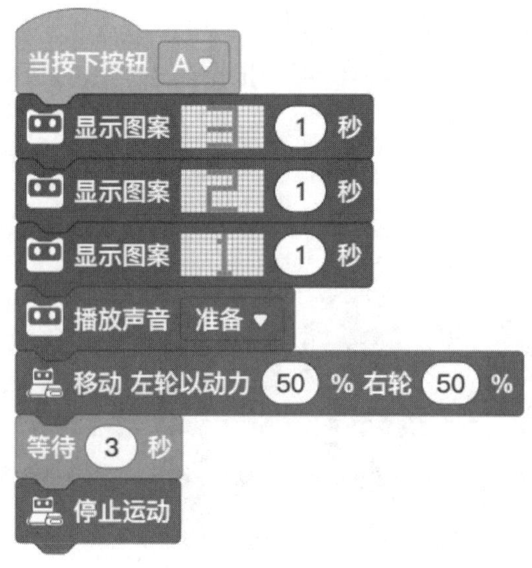

T：整个过程呈现了倒计时 3、2、1—转向—停止，清晰地表达了事情发生的顺序，叫作序列，在编程中指执行指令的顺序。

3. 测试程序

T：绘制倒计时数字，关注孩子个性化，自由发挥即可，辅导孩子完成完整程序。

T：倒计时程序也可以采取第二种实现方式：

4. 作品命名与保存

T：完成的作品确认命名后及时保存。

四、挑战与游戏（35mins）

1. 挑战：完成 S 形赛道地行驶

T：程小奔在运动过程中不只有圆形赛道，还有其他形状的赛道，那程小奔如何通过 S 形赛道?

① 简单介绍 S 形赛道的特点，引导学生梳理逻辑。

② 在慧编程中完成程序实现，测试效果。

T：整个过程由学生自主进行探究学习，根据前边学习的圆形轨道，自己测试完成 S 形轨道。

T：完整程序参考如下：

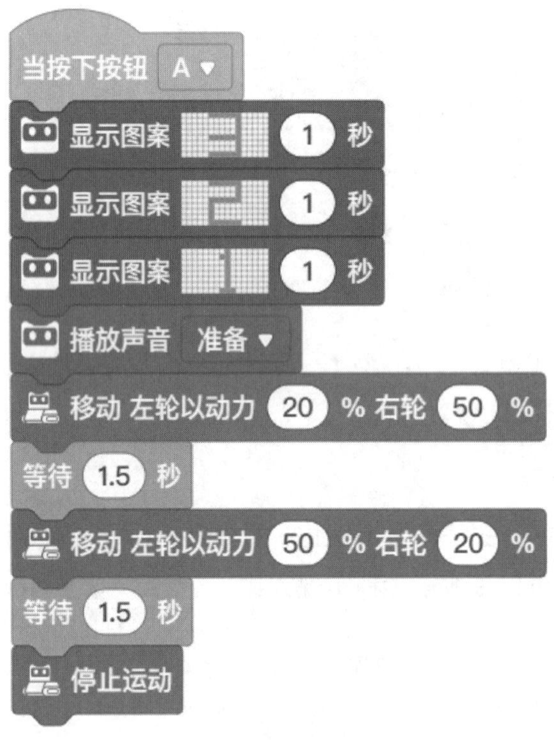

2. 游戏时间：展示各自的作品，比比看谁的效果更有意思

T：大家通过比赛展示自己的作品。

五、分享与小结（10mins）

1. 引导学生从不同角度分享，鼓励学生尝试举一反三（知识迁移）

• 我学到了……

• 用 LED 点阵屏显示数字，利用显示积木实现倒计时。
• 学习了小车转向的三种方式。
• 了解了三种转向方式的不同与应用场合。
• 建立友谊第一、比赛第二的意识，和同学友好的学习竞赛。
• 日常生活中要遵守交通规则。

2. 结合学生的分享，适当点评后，进行课堂小结

• 序列是指事情发展的顺序，在编程中指执行指令的顺序。
• 通过使用事件和显示积木可以实现倒计时的动画效果。
• 通过运动积木控制左右轮的速度设置小车的运动方式。
• 通过等待模块改变时间改变运动的轨迹。
• 遵守秩序，维护交通规则。

第 4 课　加法出题机

课程概述

单元：趣味编程基础。

课时：2 课时，45mins/ 课时。

内容：本节课以程小奔来到温暖的校园作为学习背景，通过完成老师的请求，帮助老师完成出题任务，探究运用变量以及按键和显示屏，了解变量、“重复执行直到”以及条件判断的概念，学习显示积木、运算积木、控制积木的用法。

教学目标

情感：（1）日常生活中要善于思考。

（2）学会有条理地分析解决问题。

知识：（1）了解编程基本知识。

（2）通过课程学习随机数的应用。

（3）学习区分条件判断以及“重复执行 – 直到”。

（4）学习变量的定义。

能力：（1）培养数学思维。

（2）逻辑思考能力。

器材准备

（1）程小奔套装（蓝牙版）*1/ 人。

（2）装有慧编程的电脑 *1/ 人。

教学过程

一、情境导入（5mins）

程小奔来到数学课堂上引出任务：制作加法出题机。

T：程小奔来到学校里，被教学楼里数学老师声情并茂的讲课声吸引，他悄悄溜到教室后排，跟着同学们一起学习了一堂数学课，课后数学老师想要给同学们布置一下课后练习，但是因为同学们人数太多，要给每个人布置不同的课后作业很困难。因此老师想让程小奔帮忙做一个程序，可以快速帮同学们出练习题并且判断正误。

二、任务分解（20mins）

通过互动小游戏，组织学生进入任务分解环节，尝试画出思维导图。

T：和小朋友们进行互动，探究制作出题程序需要哪些步骤。

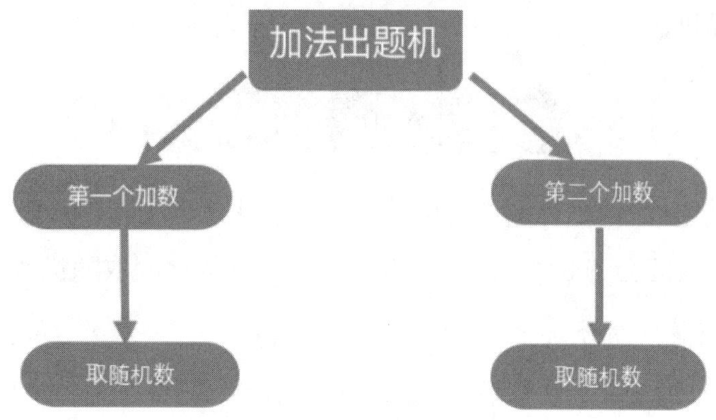

1. 加数的赋值

T：首先要实现给第一个加数和第二个加数赋值的操作，思考一个问题，两个加数是每次都是相同的值吗？

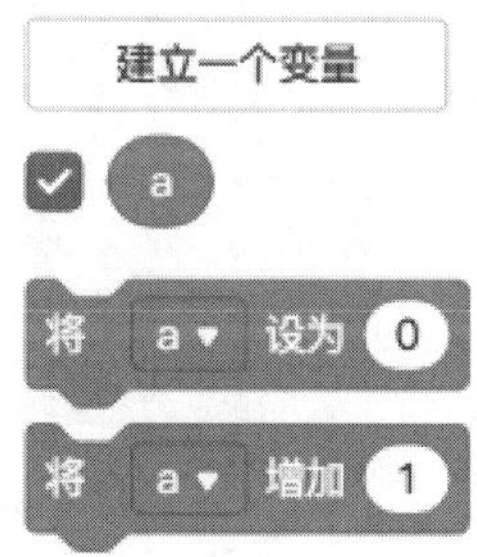

T：显然不是的。那么我们就需要学习如何每次给两个加数赋予不同的值。首先我们可以把每个加数当作一个容器盒子，在这个盒子里，每次可以存放不同的值。这种存放可更改信息的容器叫作变量。

Tips：这节课我们重点学习变量的赋值。

T：将变量设为多少，即往变量这个容器内存放多少数值。

因为有两个加数，因此我们需要新建两个加数的变量，可命名为 a 变量和 b 变量。

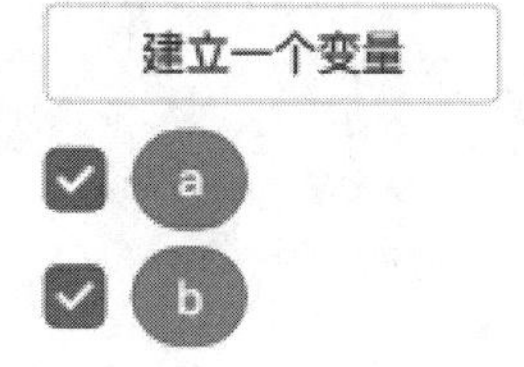

T：那么我们需要往两个加数的容器里放置多少数值呢？

2. 随机数的应用

因为要给每个孩子出不同的难题，那么变量内存放的数值应该是一个变化的未知数。而这就需要学习随机数。

T：随机数是在固定范围内随机选中一个数字。可以回忆一下掷骰子，骰子一共六个面，抛出骰子后，可能会有 6 种情况。这相当于在 1 和 6 之间取随机数。

3. 随机数与变量的结合

T：我们需要把取到的随机数放到变量这个容器里。因此，要完成的程序如下：

三、编程实战（20mins）

1. 实现按下 A 键时显示一个随机数，按下 B 键时显示第二个随机数

T：首先，事件是：

其次，将两个变量取随机数：

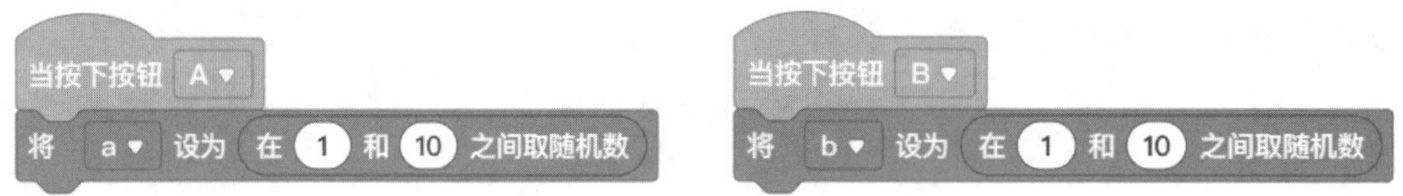

最后，要将变量显示在屏幕上：

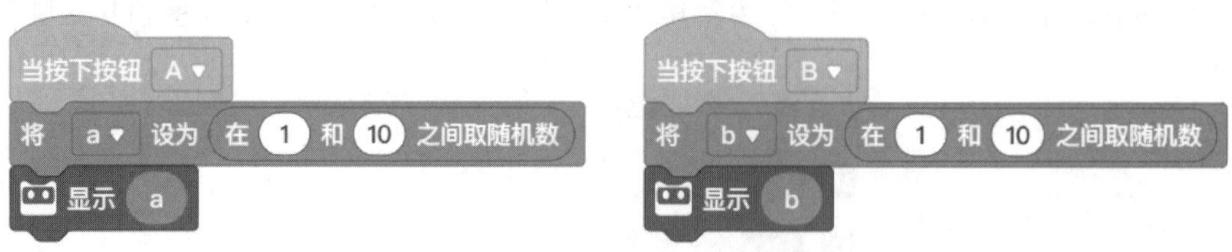

2. 用齿轮电位器读数来表示和，回答问题

T：按下 C 键来回答问题。

T：我们需要一直显示齿轮电位器读数直到找到计算结果。因此我们要学习使用一个新的积木——重复执行 - 直到。

积木区	积木名称	功能	示例
控制	重复执行直到	重复执行内容直到满足条件，跳出循环	当按下按钮 C 重复执行直到 被摇晃? 显示 齿轮电位器读数

3. 测试程序

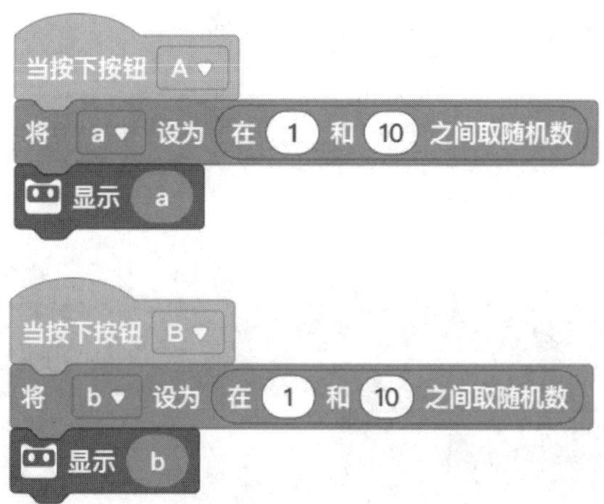

T：按下 A、B 键分别可以取随机数，按下 C 键滚动齿轮电位器，可以得到 0~100 围内的数字。

4. 作品命名与保存

T：完成的作品确认命名后及时保存。

四、挑战与游戏（30mins）

T：在我们要实现的功能里，重复执行的内容是显示齿轮电位器读数，直到满足被摇晃，跳出循环执行判断。

积木区	积木名称	功能	示例
控制	如果 那么 否则	条件判断，满足条件执行“那么”，否则执行其他	当按下按钮 C 重复执行直到 被摇晃? 显示 齿轮电位器读数 如果 齿轮电位器读数 = a + b 那么 播放声音 正确 否则 播放声音 生气

T：此时思考一个问题，要做判断，判断的内容是什么？

是我们给出的答案和 a、b 两个加数和是否相等：

齿轮电位器读数 = a + b

将条件放到判断内：

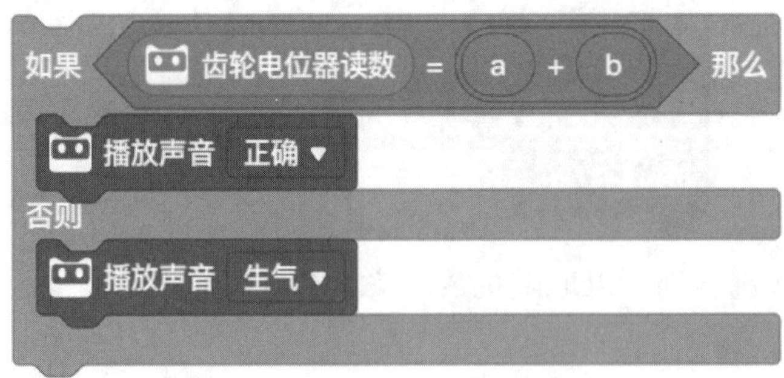

最后，要执行判断，是在摇晃后才能执行的程序，应放在“重复执行直到”的外面。

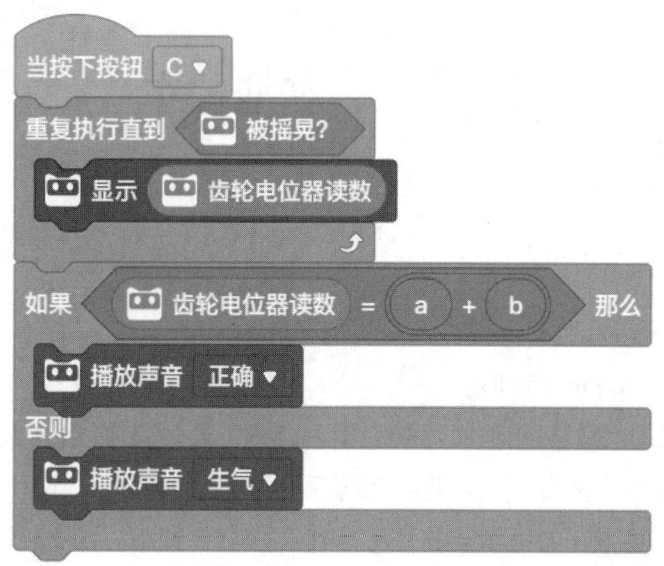

五、分享与小结（15mins）

1. 引导学生从不同角度分享，鼓励学生尝试举一反三（知识迁移）

- 我学到了……
- 变量的赋值。
- 学习了随机数的取值范围。
- 了解了“重复执行直到”以及条件判断。
- 日常生活中要善于思考，学会有条理地分析解决问题。

2. 结合学生的分享，适当点评后，进行课堂小结

- 变量是指存储可更改信息的容器。
- 通过使用变量和显示积木可以显示变量的值。
- 齿轮电位器读数范围是 0~100。
- 通过“重复执行直到”以及条件判断可以做出判断。
- 要善于思考，学会有条理地分析解决问题。

第 5 课　智能校车

课程概述

单元：趣味编程基础。

课时：2 课时，45mins/ 课时。

内容：本节课以汽车智能辅助驾驶为学习背景，通过引入硬件颜色红外传感器，探究如何实现程小奔的自动急停、躲避障碍等，并学习序列程序、循环 + 判断程序的定义及书写方式、运用场景。通过场景和任务搭建，学习“如果 – 那么 – 否则”积木的功能和用法。通过最后的小挑战，让学生可以将本课内容融会贯通，学会如何分析、分解任务并逐步完成的思维方式。

教学目标

情感：培养学生遵守交通秩序，维护交通规则的意识。

知识：（1）学习循环 + 判断程序的写法和用途。

（2）知道序列程序的运行顺序与循环 + 判断程序的运行顺序的相同和不同点。

（3）学习小奔上红外颜色传感器避障的功能及用法。

能力：（1）学习分析能力。

（2）分解任务的思维方式和逐步解决问题的能力。

器材准备

（1）程小奔套装（蓝牙版）*1/ 人。

（2）装有慧编程的电脑 *1/ 人。

（3）附件内的地图（需老师打印）*1/ 人。

教学过程

一、情景导入（5mins）

介绍汽车智能辅助驾驶的一些功能，引出任务：辅助驾驶汽车送学生回家。

今天小程的爸爸妈妈有事儿不能来接小

程回家了，我们能不能给学校的校车设置一个智能辅助驾驶的程序，让它可以送小程回家呢。

二、任务分解（10mins）

通过互动（回家之路的各种情况）探索，组织学生进入任务分解环节，尝试画出思维导图。

和小朋友们进行互动，探究回家之路上可能发生的几种情况。

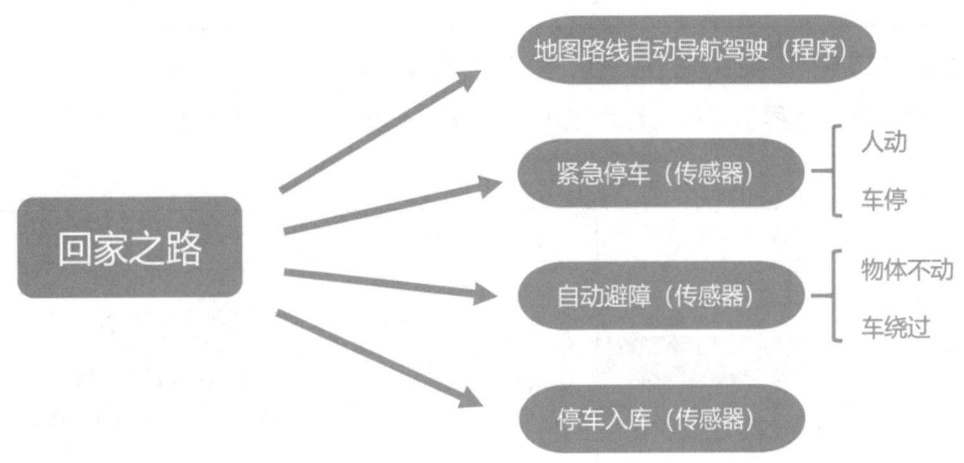

三、编程实战（30mins）

1. 自由体验

观察给定的地图，编写自动导航驾驶程序。（直线行驶，地图可以自行提供）

2. 探究学习

Step1：

（1）第一步：控制程序开始开关

T：控制程序开始的开关有哪些方式？键盘、按键、传感器等。

T：如何实现设备中的事件？

T：假如用按键 A 控制开始。

积木区	积木名称	功能	示例
事件	当按下按钮 A ▾	按下小程的按钮 A 执行下边的程序	当按下按钮 A ▾ 前进以动力 50 % 4 秒

（2）第二步：实现直线行驶一段距离之后停下

T：根据之前课程学习过的运动区内的前进积木完成，可以有两种不同的写法：

第一种：

积木区	积木名称	功能	示例
运动	前进以动力 50 % 1 秒	让程小奔前进，动力为 50%，时间为 1 秒	当按下按钮 A ▾ 前进以动力 50 % 4 秒

第二种：

积木区	积木名称	功能	示例
运动	前进 ▾ 以动力 50 %	让程小奔前进，动力为 50%	当小程启动 前进 ▾ 以动力 50 % 小程启动以 50% 的速度前进
控制	等待 1 秒	等待时间为 1 秒钟	当按下按钮 A ▾ 前进 ▾ 以动力 50 % 等待 4 秒 停止运动 按下按钮 A 以 50% 的速度前进 4 秒后停止运动

续表

积木区	积木名称	功能	示例
运动	停止运动	让程小奔停止运动	当小程启动 前进 以动力 50 % 等待 5 秒 停止运动 小程启动以 50% 的速度前进 5 秒后停止

Step2：

T：紧急停车（传感器）——人动，车停。

小奔上具备颜色红外传感器：可实现颜色检测、躲避障碍、距离感应、巡线等功能。

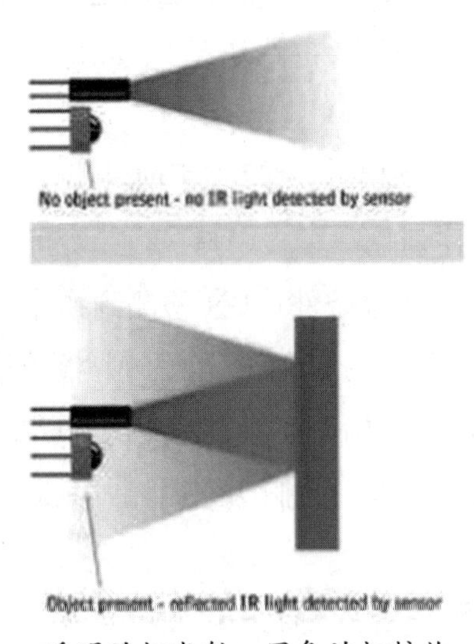

透明的灯发射，黑色的灯接收

T：尝试完成遇见行人停车。

第一种：

设计思路：由于人是在运动的，需要我们看见人之后停下，因此我们要用等待条件，当条件达成，则继续执行，也就是让车停下。

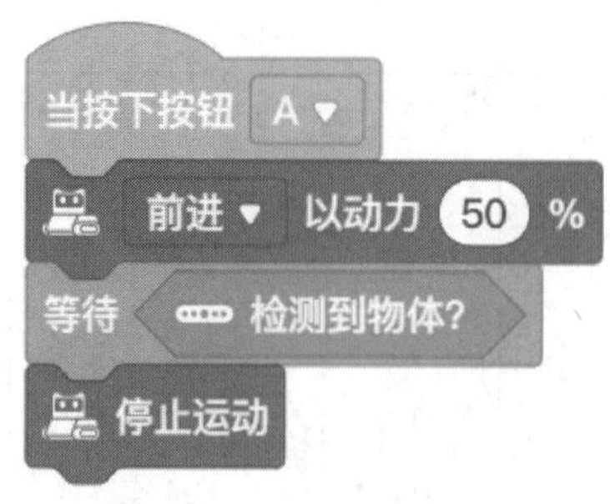

（车运动，直到检测到行人，之后停下，程序结束。）

第二种：

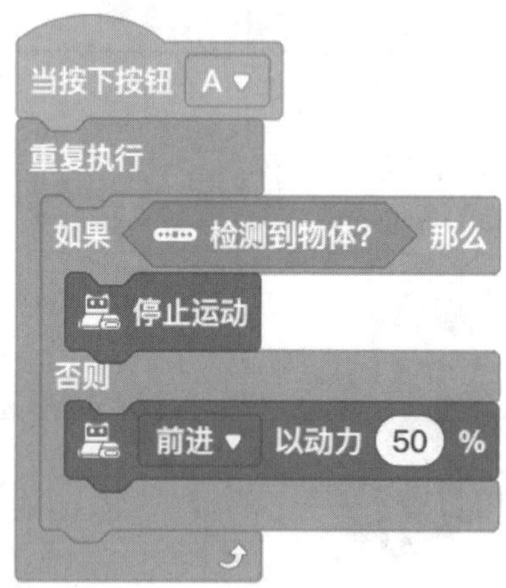

设计思路：由于人是在运动的，需要我们看见人之后停下，因此我们可以用“如果－那么－否则”，当条件达成，则执行那么，也就是停下。如果条件没有达成，则执行否则内的，即车运动。（车要么运动，要么停下。）

T：第一种编写程序的方式，整个过程呈现了前进、检测到物体、停止运动，清晰地表达了事情发生的顺序，叫作序列，在编程中指执行指令的顺序。

T：第二种编写程序的方式，如果条件达成（检测到物体）就会执行“那么”中的内容，即停止运动，如果条件未达成，就会执行否则中的内容，即前进。必须在此积木外部添加循环（重复执行），不然程序在开始时就会进行一次判断，程序会瞬间结束。这种需要不断进行选择和重复的程序书写方式，我们叫它循环＋判断。

Step3：

T：如果行驶路上，车的前方有块大石头出现呢？

引导学生尝试使用刚刚学到的“如果－那么－否则”积木。

设计思路：由于石头是固定不动的物体，需要我们绕行，因此需要在“如果－那么－否则”这个积木里，在“那么”后编写可以绕过物体的程序。（建议用转向度数直到结束积木块，方便操作）

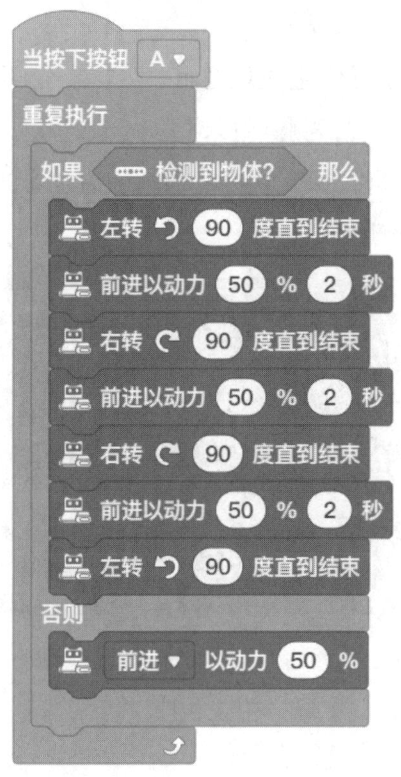

Step4：

T：怎样可以让车自己停车进车位？

设计思路：利用程小奔前方的颜色红外传感器可以看见前方的物体，可以提前放置物品在车位前方，这样当程小奔行驶过来后，看见目标，完成回到车位的任务。

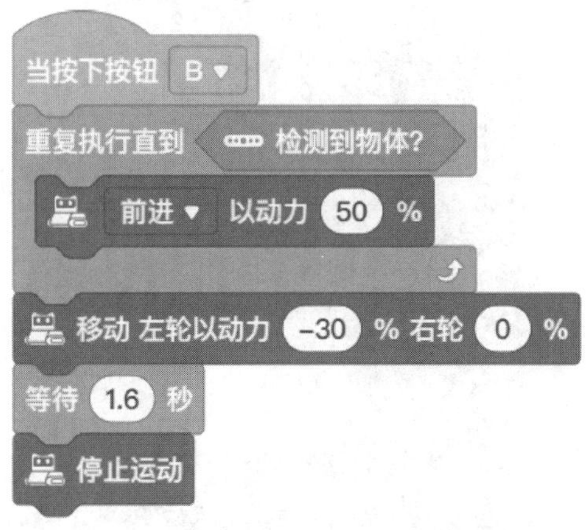

如果满足条件（检测到物体），则从循环跳出，继续执行循环下面的程序，直到程序结束。

四、挑战与游戏（35mins）

1. 挑战：回家之路

T：从 A 点出发，如果街上突然有行人走过，就停下来等他过去，回到家之后，进

入旁边的车位停下？（固定位置出现行人）

① 简单分析全部任务，引导学生梳理逻辑，分析、分解任务。

② 在慧编程中完成程序实现，测试效果

T：整个过程由学生自主进行探究学习，根据前边学习的颜色红外传感器（检测到物体积木块），完成避障行人的任务。

T：完整程序参考如下：

可根据需要自行设置地图，并编写相关程序。

程序思路：

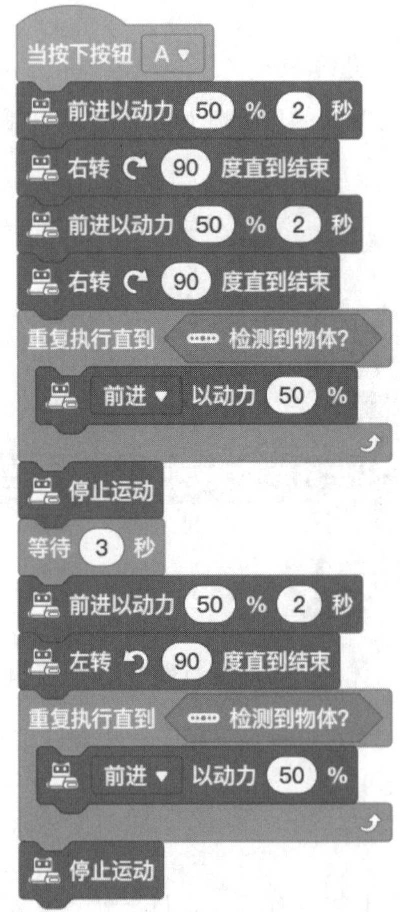

直行、转弯、直行、转弯、直行、检测到物体、停止运动、等待若干秒、直行、转弯、直行、检测到物体、停止运动。（车位位置需要提前放置物体，让程小奔检测到后停止）

2. 游戏时间：测试和展示各自的作品，看看谁的效果更有意思

T：大家展示自己的作品，看看谁可以完成这个任务，之后跟大家分享一下你是如何分析、分解任务，并完成每一个阶段的。

五、分享与小结（10mins）

1. 引导学生从不同角度分享，鼓励学生尝试举一反三（知识迁移）

• 我学到了……

• 序列程序和循环 + 判断程序的不同执行方式。

• 了解了颜色红外传感器的基本功能。

• 学习使用颜色红外传感器进行避障的程序编写方式。

• 学习“如果 – 那么 – 否则”及“重复执行直到”两个积木的执行方式，并运用到程序中。

• 练习建立任务分析、分解的建构方式，并逐步完成。

• 日常生活中要遵守交通规则，遵守红绿灯，礼让行人

2. 结合学生的分享，适当点评后，进行课堂小结

• 序列是指事情发展的顺序，在编程中指执行指令的顺序。

• 循环 + 选择从程序开始就不断地进行选择，如果不加循环，程序开始会立即选择，只会选择一次。

• 通过等待积木改变时间。

• 遵守秩序，维护交通规则。

第6课　测距仪

课程概述

单元：趣味编程基础。

课时：2 课时，45mins/ 课时。

内容：程小奔集合了多种传感器（红外传感器、颜色传感器、灰度传感器、环境光强度传感器、反射光强度传感器、红外反射光强度传感器），今天我们要使用程小奔的红外测距传感器来实现距离测量，它位于小奔前方的颜色红外传感器组之中。

教学目标

情感：本节课孩子们通过理解设计测距仪，增强孩子们的逻辑性思维、数学意识、独立性。

知识：（1）学习显示积木应用。

（2）学习计时器的用法。

（3）了解红外传感器的工作原理。

能力：（1）逻辑思维能力。

（2）创新能力。

器材准备

（1）程小奔套装（蓝牙版）*1/ 人。

（2）装有慧编程的电脑 *1/ 人。

教学过程

一、情景导入（5mins）

引出任务：

学者和航海者都十分清楚，如果能在海面上准确测量出天体的位置，那么海员们便可以比较肯定地知道他们所在的纬度。要做到这一点，需要的是精密的测量仪器。

托勒密曾经描绘过星盘（又叫测星仪）。体积大些的星盘用在天文台里，体积小的用在船上。星盘的使用需要三个人合作——一个人抓住星盘上的拇指环，一个人瞄准，另外一个人读出表盘上的结果。当船晃动得比较剧烈时，得出的结果自然也就不是很准确。只要可能，海员们就会上岸测量。

古代的天文学家使用十字标尺来测量星星的纬度，后来水手们也把它应用于航海中。这件仪器由一根标尺和一个十字形尺组成，十字形尺较低的一端置于水平位置。沿着标尺观察天体的同时，滑动十字形尺直到它在你的视野里接触到观察物（太阳或星星），然后读出标尺上的度数。这种仪器只需一个人便可以操作。

星盘和十字标尺都需要观察者直接观察太阳。晴天，过强的光线会使观测无法进行。为了解决这个问题，英格兰船长、航海家约翰·戴维斯发明了背标尺。它由一根标尺和一根可以滑动的横木制成。观察者观测时先背朝太阳，然后滑动横木直到它在前方的小盘里投下阴影。通过这种方法，观察者可以观测地平线。

今天我们如何利用程小奔实现测距呢？让我们跟着老师一起来实现吧。

二、任务分解（15mins）

任务分解环节：

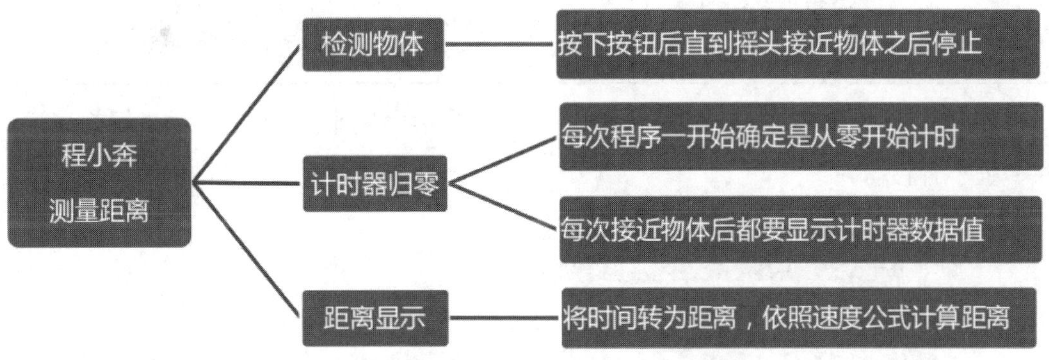

三、编程实战（35mins）

1. 自由体验

观察设备相关的积木（根据学生对慧编程的熟悉程度，给予提示：检测物体积木），尝试实现检测到物体后程小奔停止移动。

2. 探究学习

（1）第一步：控制程序开始开关

T：控制程序开始的开关有哪些方式？键盘、按键、传感器等。

T：如何实现设备中的事件积木？

T：假如用按键 A 控制开始。

积木区	积木名称	功能	示例
事件	当按下按钮 A ▾	按下小程的按钮 A 执行下边的程序	当按下按钮 A ▾ 显示图案 1 秒

（2）第二步：实现检测物体

T：认识等待积木与检测到物体积木。

• 通过检测到物体积木检测物体。

积木区	积木名称	功能	示例
控制	等待	等待指定条件成立，执行其后程序。	当小程启动 指示灯亮起 等待 检测到物体? 熄灭指示灯
感知	检测到物体?	判断小奔是否检测到前方有物体	

T：如何实现检测到物体程小奔运动停止？引导学生先体验、讨论、再进行补充说明。

• 程小奔移动。

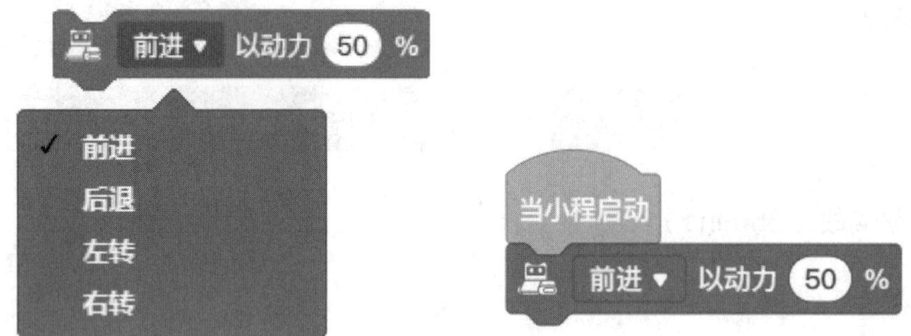

T：尝试检测物体。

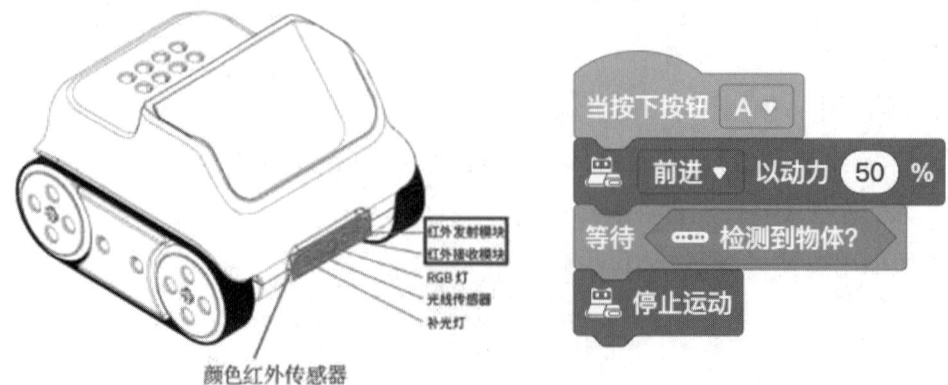

（3）第三步：实现时间显示

引导学生尝试添加计时器。

T：如何计算程小奔从出发到停止一共花了多少时间。

积木区	积木名称	功能	示例
感知	计时器	Codey 每次上电后，计时器从零开始计时。此积木报告 Codey 本次上电后运行的时长。	当按下按钮 A ▾ 显示 计时器

（4）第四步：完成程小奔测距

T：学习距离公式（$s=vt$）

我们需要将时间转为距离，依照速度公式，我们可以得知以动力 50% 的速度前进一秒会前进 18cm，速度也就是 18cm/s。现在得知时间和速度，需要计算距离。用速度乘时间就可以得到距离了。

T：最后还有一个问题，程小奔和检测到的物体还有一段距离，我们需要实际测量并且加入，才会知道真的总距离哦。这个检测距离是 1.5cm，所以我们要在程序中加上 1.5。

3. 测试程序

这样就完成了程小奔的测距设计，以下是完整的程序和执行效果。

4. 作品命名与保存

T：完成的作品确认命名后及时保存。

四、挑战与游戏（25mins）

1. 挑战：测量课桌的长度

T：程小奔检测到物体后有一个提示音并显示桌子的长度。

T：完整程序参考如下：

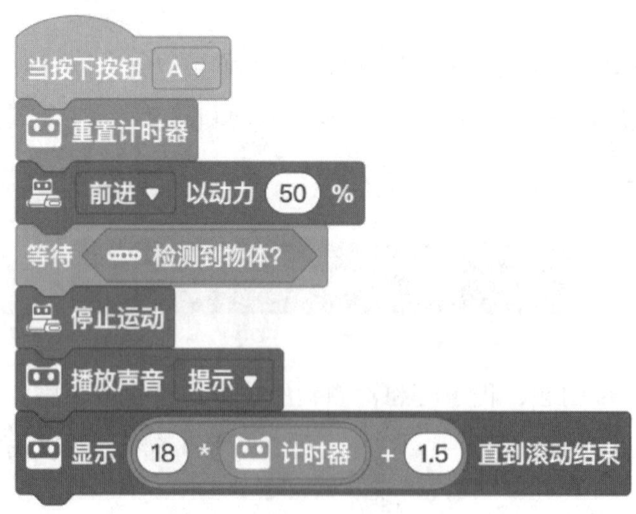

2. 游戏时间：展示各自的作品，比比看谁的效果更有意思

T：大家通过比赛展示自己的作品。

五、分享与小结（10mins）

1. 引导学生从不同角度分享，鼓励学生尝试举一反三（知识迁移）

• 我学到了……

• 友谊第一、比赛第二，和同学友好地进行学习、竞赛。

2. 结合学生的分享，适当点评后，进行课堂小结

• 序列是指事情发展的顺序，在编程中指执行指令的顺序。

• 重置计时器：将小程的计时器重置为零。

• 检测到物体：判断小奔是否检测到前方有物体。

• 计时器：报告计时器的值。

第 7 课　送餐机器人

课程概述

单元：趣味编程基础。

课时：2 课时，45mins/ 课时。

内容：本节课以现代餐饮中的自动送餐机器人作为学习背景，通过实现巡线的任务，探究如何运用传感器来感应发射光强度，了解巡线逻辑，学习控制和运算积木的用法。探究多种方法来实现巡线，熟悉“如果 – 那么”积木与其他积木应用的同时，建立创新意识。

教学目标

情感：生活中，我们要积极利用自己的能力帮助身边需要帮助的人。

知识：（1）了解比较数值的概念。

（2）学会使用控制积木“如果 – 那么 – 否则”。

（3）知道通过反射光强度实现巡线。

（4）了解光的反射在生活中的应用。

能力：（1）逻辑思维能力。

（2）创新能力。

器材准备

（1）程小奔套装（蓝牙版）*1/ 人。

（2）装有慧编程电脑 *1/ 人。

（3）地图（附件内的地图需老师打印）或者黑色胶带（贴地面或者桌子上）*1/ 人。

教学过程

一、情境导入（10mins）

介绍目前餐饮行业中的送餐机器人，引出任务：制作巡线送餐机器人

T：目前许多餐饮门店都使用到了送餐机器人来进行传菜，不仅提高了传餐效率，不会出错，还能与人们进行互动，可以吸引更多顾客前来就餐。而且成本仅仅是员工成本的三分之一，除了在餐馆吃饭，也可以在多种现场送水倒茶，带来人气，尽管存在很多

争议，但人工智能在未来的发展方向必须是在技术发展的趋势下。

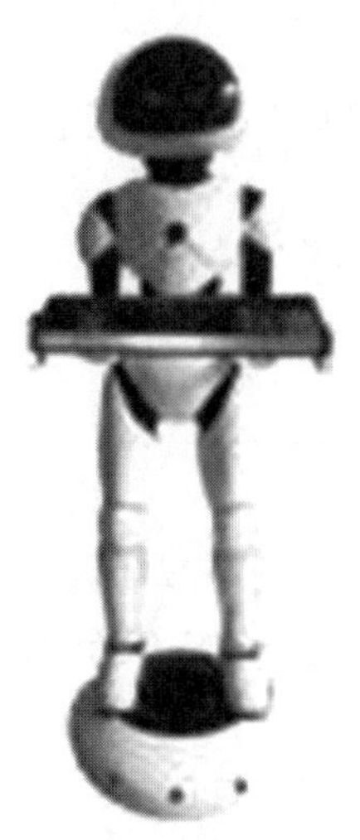

T：程小奔所在的社区有一家餐厅生意非常火爆，常常因为人手不足而送餐不及时，餐厅老板就招聘志愿者前来帮忙，程小奔在看到招聘信息后，立即报了名，跟随志愿者队伍来到这家餐馆进行帮忙。

T：程小奔来到餐厅后接到派下的任务，负责给大厅的餐桌进行传菜，但总是记不清路线，餐厅老板制作一条线路来为程小奔导航，程小奔需要依靠自己的传感器来实现巡线功能。

二、任务分解（10mins）

展示程小奔巡线效果，组织学生进入分解任务环节，尝试画出思维导图。

T：观察小程，结合巡线过程中的细节，尝试划分为几步来实现。

Tips：

• 说明巡线设置，使用颜色红外传感器检测地图的反射光强度，需要将传感器朝下。

• 鼓励学生个性化创作。

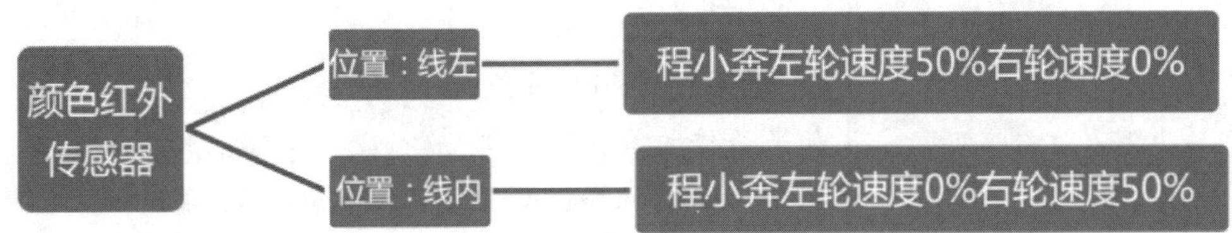

三、编程实战（25mins）

1. 自由体验

T：观察设备相关的积木（根据学生对慧编程的熟悉程度，给予提示：重复模块、“如果－那么－否则”），根据思维导图，尝试梳理思路，体验将会用到哪些积木。

2. 探究学习

（1）第一步：开始触发开关

T：程序开始的触发开关可以有哪些方式？键盘、按键、传感器等。

T：如何实现设备中的事件积木？

T：假如用按键 A 控制开始。

积木区	积木名称	功能	示例
事件	当按下按钮 A	按下小程的按钮 A 执行下面的程序	当按下按钮 A 前进以动力 50 % 1 秒

（2）第二步：如何实现重复检测下方反射光强度

T：用重复模块可以不停地执行重复程序内的内容，只要将检测颜色放到重复执行的里面就可以不停地判断。

通过控制模块和侦测模块对小程进行编辑。

积木区	积木名称	功能	示例
控制	重复执行	程序内的模块开始重复执行	当按下按钮 A 重复执行 指示灯亮起 熄灭指示灯
控制	如果 那么 否则	将“如果–那么–否则”放到重复执行里面。“如果”的后面加判断条件，如果条件为真执行“那么”后面的程序，如果条件为假执行“否则”后面的程序	如果 颜色红外传感器 红外反射光强度 < 50 那么 否则

T：使用控制模块的顺序，引导学生先体验、讨论，再进行补充说明。

Tips：“如果 – 那么”和“如果 – 那么 – 否则”如何区分：

如果 – 那么：判断完后只会执行一条语句。符合条件执行语句 1，不符合继续执行下面的指示灯亮起程序。

如果 – 那么 – 否则：判断完后会执行两条语句中的一条。符合条件执行语句 1，不符合执行语句 2，之后才会继续执行指示灯亮起。

T：判断只有两种情况时，以上两种形式都可以使用。

（3）第三步：实现判断反射光强度大小

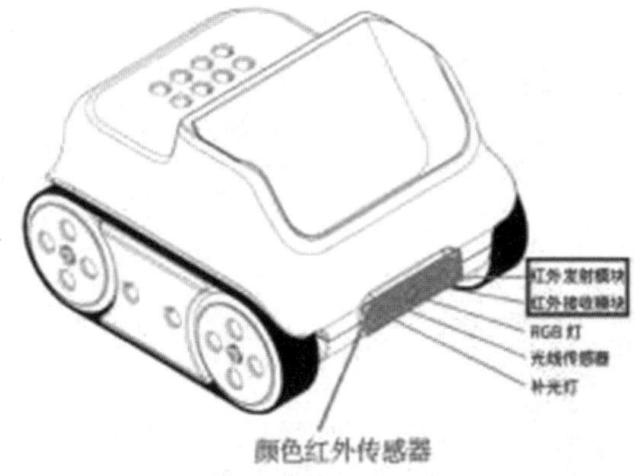

T：如何感知反射光强度并判断大小？

Tips：引导学生尝试添加感知模块与运算模块。

积木区	积木名称	功能	示例
感知	颜色红外传感器 红外反射光强度	测量反射光的数值	颜色红外传感器 红外反射光强度 < 50

续表

积木区	积木名称	功能	示例
运算	< 50 > 50	前后的积木空位可以放入变量或者数字；如果符合大小关系，它的值就为真；否则为假	如果 颜色红外传感器 红外反射光强度 < 50 那么 否则

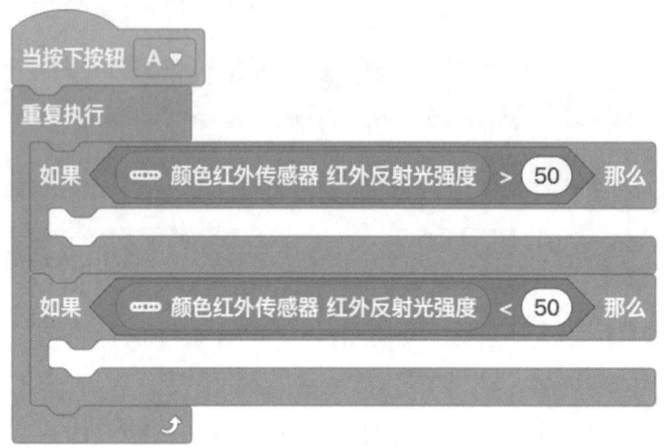

（4）第四步，识别不同反射光强度执行左转或者是右转

T：学习运动模块的应用（回顾三种转向方式）。

积木区	积木名称	功能	示例
运动	移动 左轮以动力 50 % 右轮 50 %	可以给不同的轮设置不同的速度实现不同的运动规律	当按下按钮 A 移动 左轮以动力 50 % 右轮 50 %

3. 测试程序

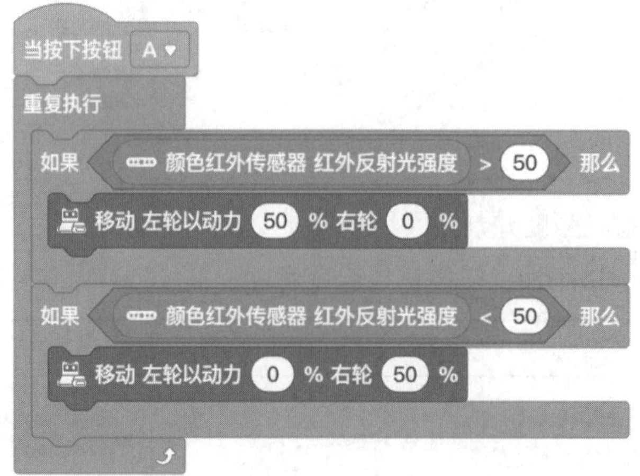

T：测试反射光强度中间值时，由于环境因素影响，需要使用显示模块实际测量一下，具体问题具体分析，关注学生的个性化，自由发挥即可，辅导学生完成完整作品。

Tips：提醒学生确认小程与电脑已通过蓝牙适配器完成配对、连接。

4. 作品命名、保存

T：完成的作品确认命名后及时保存。

四、挑战与游戏（35mins）

1. 挑战：用 LED 点阵屏实时显示巡线过程中的反射光强度

T：程小奔在巡线时反射光强度在不停地变化。

要求	方案	程序积木
实时显示反射光强度	将显示变量模块放入循环中	显示 颜色红外传感器 红外反射光强度

T：完整程序参考下图。

Tips：思考如果将检测到的黑白结果显示出来该如何去做呢？

2. 游戏时间：展示各自的作品，比比看谁的效果更有趣

T：依次向大家展示自己的作品。

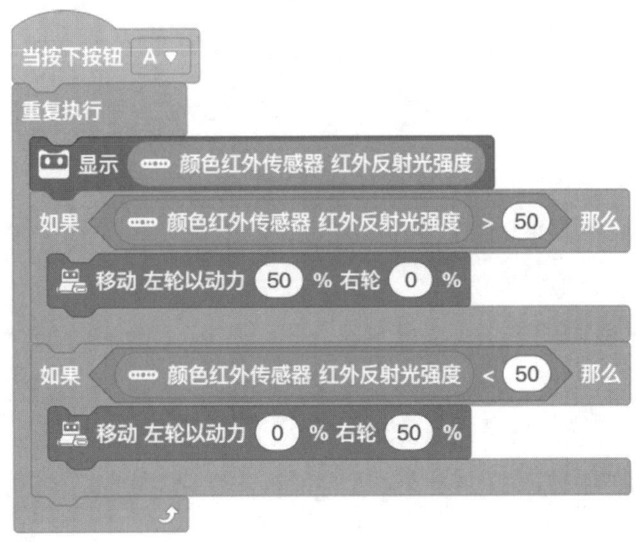

五、分享与小结（10mins）

1. 引导学生从不同角度分享，鼓励学生尝试举一反三（知识迁移）

• 我学到了……

• 使用颜色红外传感器来检查反射光强度。

• 了解“如果 – 那么”与“如果 – 那么 – 否则”的区别。

- 现代科技发展的成果在我们生活中处处都存在，我们要善于发现。
- 我们积极利用自己的能力帮助身边需要帮助的人。

2. 结合学生的分享，适当点评后，进行课堂小结

- “如果 – 那么”模块并列使用的话可以实现多种情况的判断。
- 可以通过在线模式，实现实时地显示反射光强度。
- 通过检测不同颜色的反射光强度可以实现巡线功能。

第 8 课　包裹分拣机

课程概述

单元：趣味编程基础。

课时：2 课时，45mins/ 课时。

内容：本节课以快递包裹为学习背景，通过检测颜色的方式，探究如何实现程小奔的检测运输，学习控制积木、运动积木的用法。用多种不同颜色的包裹来实现分拣，熟悉运动模块和其他模块的应用。通过最后的小实验增强孩子的逻辑思维和动手能力。

教学目标

情感：在整理物品的时候要分类放好，这样下次用会更加方便。

知识：（1）学习使用颜色红外传感器。

（2）学习程小奔前进如何控制速度，持续的时间。

（3）区分如果那么模块和如果那么否则模块以其运用。

能力：（1）逻辑思维能力。

（2）学习能力。

器材准备

（1）程小奔套装（蓝牙版）*1/ 人。

（2）装有慧编程的电脑 *1/ 人。

（3）红色小方块 *1/ 人。

（4）蓝色小方块 *1/ 人。

教学过程

一、情景导入（5mins）

介绍快递是如何送到你最近的位置，如何分辨不同的包裹，引出任务：包裹分拣机。

程小奔进入一座大城市，想通过工作的方式来融入进去。

他观察到有一些人或开着车或骑车将很多包裹运输到一个小屋中，有许多人就从中取到自己的包裹，程小奔非常好奇，赶忙询问，你们怎么知道这是你们的包裹？路人回答道如果你想了解原理就去包裹分拣的工厂看看吧。

程小奔来到了分拣包裹的工厂，发现他们贴了一张纸，上面有很多信息，他赶忙询问这个是不是可以分辨不同人的包裹，工作人员回答道这是条形码，可以非常方便地记录，并且分辨出每个人的包裹。

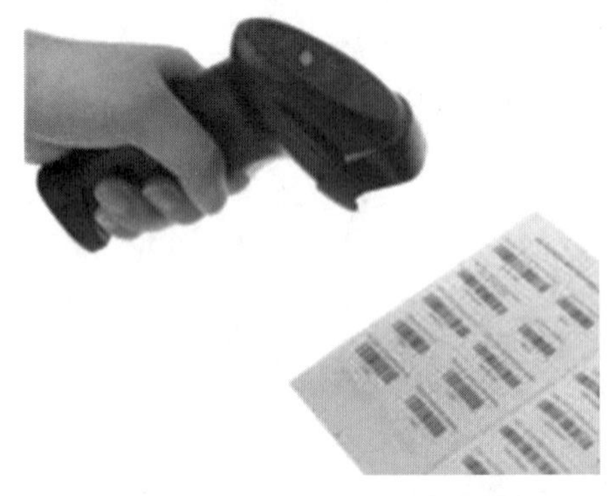

程小奔说我也有一个办法可以分辨包裹，和程小奔一起来看看吧。

二、任务分解（15mins）

通过互动小游戏，组织学生进入任务分解环节，尝试画出思维导图。

和小朋友们进行互动，探究如何检测不同颜色的包裹。

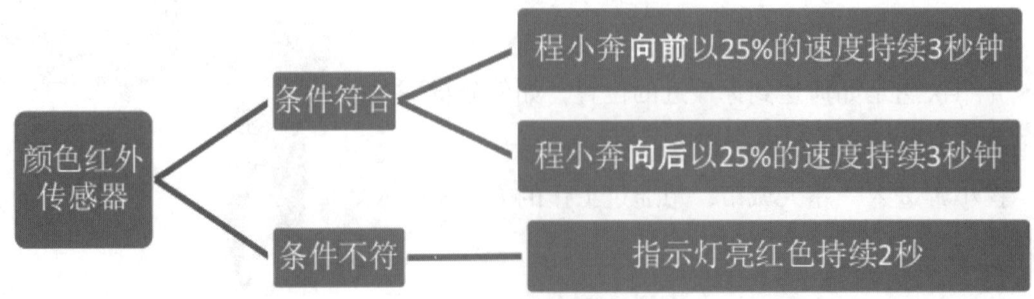

三、编程实战（25mins）

1. 自由体验

观察设备相关的积木（根据学生对慧编程的熟悉程度，给予提示：重复模块、如果－那么－否则），尝试实现检测颜色。

2. 探究学习

（1）第一步：控制程序开始开关

T：控制程序开始的开关有哪些方式？键盘、按键、传感器等。

T：如何实现设备中的事件模块？

T：假如用按键 A 控制开始。

积木区	积木名称	功能	示例
事件	当按下按钮 A ▾	按下小程的按钮 A 执行下边的程序	当按下按钮 A ▾ 显示图案 1 秒

（2）第二步：如何实现重复检测前方物体颜色

T：用重复模块可以不停地执行重复程序内的内容，只要将检测颜色放到重复执行的里面就可以不停地判断。

Tips：通过控制模块和侦测模块对小程进行编辑。

积木区	积木名称	功能	示例
控制	重复执行	程序内的模块开始重复执行	当按下按钮 A ▾ 重复执行 指示灯亮起 熄灭指示灯
控制	如果 那么 否则	将“如果－那么－否则”放到重复执行里面。“如果”的后面加判断条件，如果条件为真执行“那么”后面的程序，如果条件为假执行“否则”后面的程序	当按下按钮 A ▾ 重复执行 如果 检测到的颜色是 蓝色 ▾ ? 那么 否则

续表

积木区	积木名称	功能	示例
运动	前进以动力 25 % 3 秒 后退以动力 25 % 3 秒	前进以25%的速度持续3秒，到达驿站，后退以25%的速度持续3秒，到达原点。（放在“那么”后面）	当小程启动 前进以动力 25 % 3 秒 后退以动力 25 % 3 秒
灯光	指示灯亮起 2 秒	程小奔的指示灯亮红色（可换），持续2秒	当小程启动 指示灯亮起 1 秒

T：使用控制模块的顺序，引导学生先体验、讨论，再进行补充说明“如果－那么”和“如果－那么－否则”如何区分。

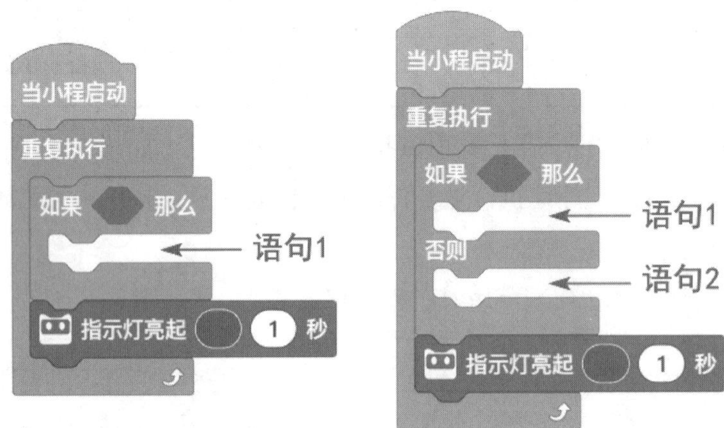

如果－那么：判断完后只会执行一条语句。符合条件执行语句1，不符合继续执行下面的指示灯亮起程序。

如果－那么－否则：判断完后会执行两条语句中的一条。符合条件执行语句1，不符合执行语句2，之后才会继续执行指示灯亮起。

T：尝试完成检测颜色的程序。

3. 测试程序

T：指示灯亮起的颜色可以根据孩子自己的喜好改变。

T：前进后退的动力也可以根据到达驿站的路程改变速度或者持续的时间。

4. 作品命名与保存

T：完成的作品确认命名后及时保存。

四、挑战与游戏（35mins）

1. 挑战：区分前方有物体后再进行检测，如果是红色包裹那么前进推到驿站并回到原点，如果不是那么亮红灯

T：程小奔可以检测颜色，也可以检测前方是否有物体。

① 介绍检测到前方有物体程序用法，引导学生梳理逻辑。

② 在慧编程中完成程序实现，测试效果。

T：整个过程由学生自主进行探究学习，根据前边学习的检测蓝色包裹，自己测试完成检测红色包裹。

T：完整程序参考如下：

2. 游戏时间：展示各自的作品，比比看谁的效果更有意思

T：大家通过比赛展示自己的作品。

3. 挑战：试试写一条程序，判断是红色包裹还是蓝色包裹（方法不限）

T：如果判断的是红色包裹，显示红灯；如果是蓝色包裹，显示蓝灯，也可以自己放一些显示的模块。

① 介绍检测到前方有物体程序用法，引导学生梳理逻辑。

② 在慧编程中完成程序实现，测试效果。

T：整个过程由学生自主进行探究学习，根据前边学习的检测蓝色包裹，自己测试完成检测红色包裹。

T：完整程序参考 1 如下：

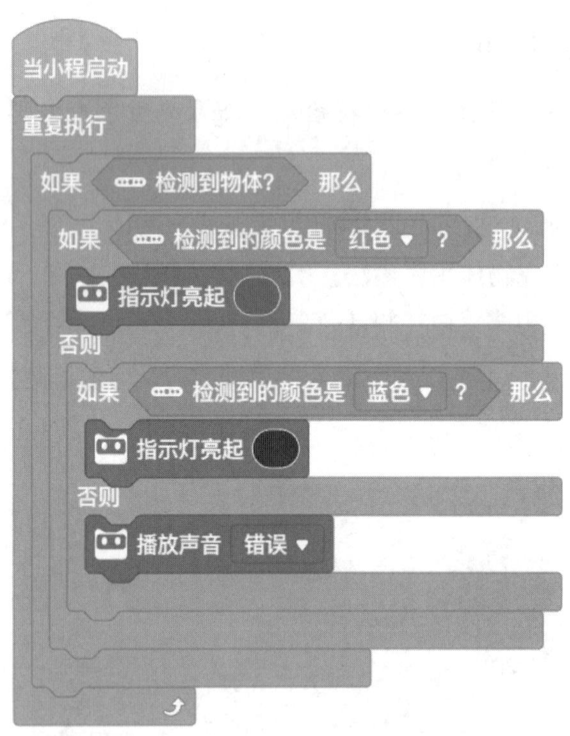

T：完整程序参考 2 如下：

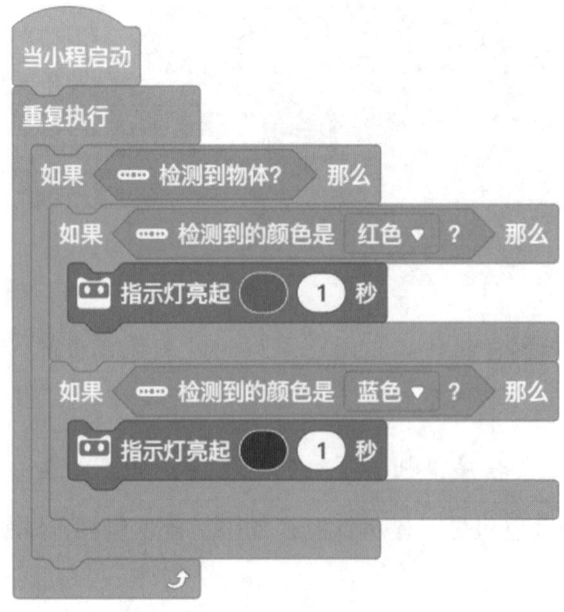

4. 游戏时间：展示各自的作品，比比看谁的效果更有意思

T：大家通过比赛展示自己的作品

五、分享与小结（10mins）

1. 引导学生从不同角度分享，鼓励学生尝试举一反三（知识迁移）

• 我学到了……

• 用颜色红外传感器检测不同颜色。

• 学习了小车前进如何控制速度并且在几秒钟后停止。

• 了解了“如果 – 那么”和“如果 – 那么 – 否则”的区别。

• 工作中正在运行的机器千万不要碰否则会很容易受伤。

2. 结合学生的分享，适当点评后，进行课堂小结

• 在检测颜色的时候，一定要将要检测的颜色离这颜色红外传感器近一点。

• 通过使用灯亮起 2 秒我们发现只有两秒钟以后才能继续检测。

• 要离着工作中的机器远一点避免受伤。

第 9 课　公平对决

课程概述

单元：趣味编程基础。

课时：2 课时，45mins/ 课时。

内容：本节课以足球比赛掷硬币决定开球权为学习背景，通过摇晃小程的方式，探究陀螺仪的功能，寻找陀螺仪 x、y、z 三轴的位置。学习生成随机数的方式，从而与摇晃小程结合，模拟掷硬币这一随机事件。最后参照本节课学习的程序，制作猜拳小游戏，与同学在竞技中收获知识。

教学目标

情感：任何比赛都需要在公平的规则下进行，生活中我们无论是与伙伴们进行娱乐游戏还是参加考试和竞赛，都要遵守比赛的规则，做一个公平正直的人。

知识：（1）学习显示积木的应用。

（2）学习如何取随机数。

（3）找到陀螺仪 x、y、z 三轴的方向。

（4）学习摇晃小程的运用。

能力：（1）逻辑思维能力。

（2）解决问题的能力。

器材准备

（1）程小奔套装（蓝牙版）*1/ 人。

（2）装有慧编程的电脑 *1/ 人。

教学过程

一、情境导入（5mins）

介绍生活中足球比赛开球的规则，从而引出任务：掷硬币。

T：足球比赛中，决定两支球队谁先开球时，裁判员会扔一枚硬币，进行猜正反面的小游戏，猜对的队伍拥有开球的权利，这样对于每支球队都是公平公正公开的，因为猜硬币是正面还是反面是一件完全随机的事件。生活中，除了足球比赛，我们有时也会遇到需要决定先后的情境，今天我们就通过程小奔来编写一个类似于猜硬币的公平且随机的程序吧。

T：今天通过小程要做出的就是这个游戏。

二、任务分解（10mins）

模拟开球时掷一次硬币，让学生猜正反，分析这一过程组织学生进入分解任务环节，尝试画出思维导图。

T：亲身体验猜正反后，结合之前说过的掷硬币流程，尝试划分为几步来实现。

Tips：

• 说明需要绘制两个图案表示正反面。

• 用摇晃小程代替掷这一动作。

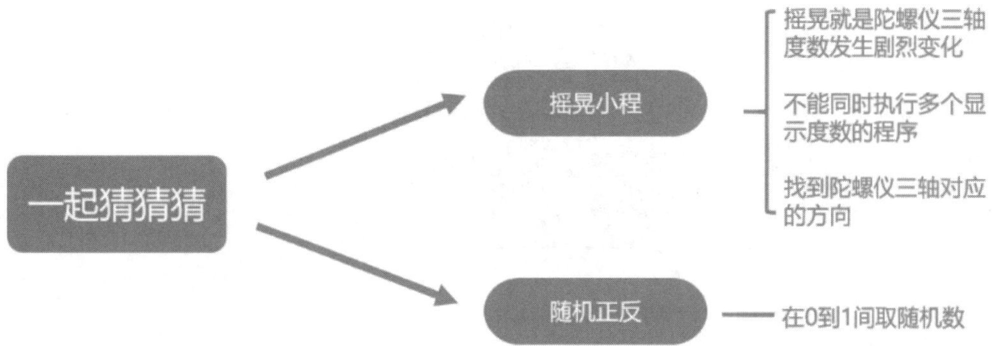

三、编程实战（探究学习第一部分 30mins）

1. 自由体验

T：观察设备相关的积木（根据学生对慧编程的熟悉程度，给予提示：显示积木），从感知类别中找到绕各轴转过的角度。

2. 探究学习

（1）第一步：按 A、B、C 分别显示出小程绕 x、y、z 轴中的度数

T：如何将转过的角度的度数显示在小程的屏幕上。

T：如何实现？设备中的事件积木。

T：假如用按键 A 控制开始。

积木区	积木名称	功能	示例
事件	当按下按钮 A	按下小程的按钮 A 执行程序	当按下按钮 A 显示 绕 x 轴转过的角度°
感知	绕 x 轴转过的角度°	表示绕 x 轴的度数	当按下按钮 A 显示 绕 x 轴转过的角度°
显示	显示 hello	显示度数	当按下按钮 A 显示 绕 x 轴转过的角度°

T：通过视频了解清楚什么是坐标系，我们来试着找找小程陀螺仪的 x、y、z 三轴都是什么方向。

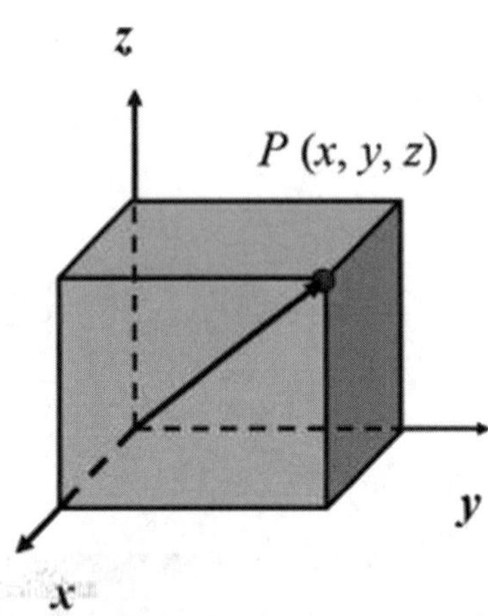

T：想要按一次按键后，让显示的度数一直能够随着角度变化而变化，我们需要让显示的程序重复执行。

积木区	积木名称	功能	示例
控制	重复执行	度数可以变化	当按下按钮 A 重复执行 显示 绕 x 轴转过的角度°

T：但是这样做（如下图），当按下单独按键时，确实可以显示绕某轴的角度度数，但是会导致按下 A 后再按下 B 时，左右两边的程序同时执行，屏幕会在两种度数间不停闪烁。

T：为了解决刚刚出现的问题，我们应该给重复执行加入条件，满足按下别的按键时这一条件即跳出循环，这样才能保证屏幕显示的度数不会闪烁为另外方向的度数。

T：现在动手向各个方向偏转小程，找出陀螺仪的 x、y、z 三轴的方向。

（2）第二步：编写随机显示正或反的程序（探究学习第二部分 20mins）

T：通过运算类别中的取随机数，设置好范围，默认取的是整数，因此在 1 和 0 之间只有它们两个数字，取到各数字的概率均为 50%，跟扔硬币相同。

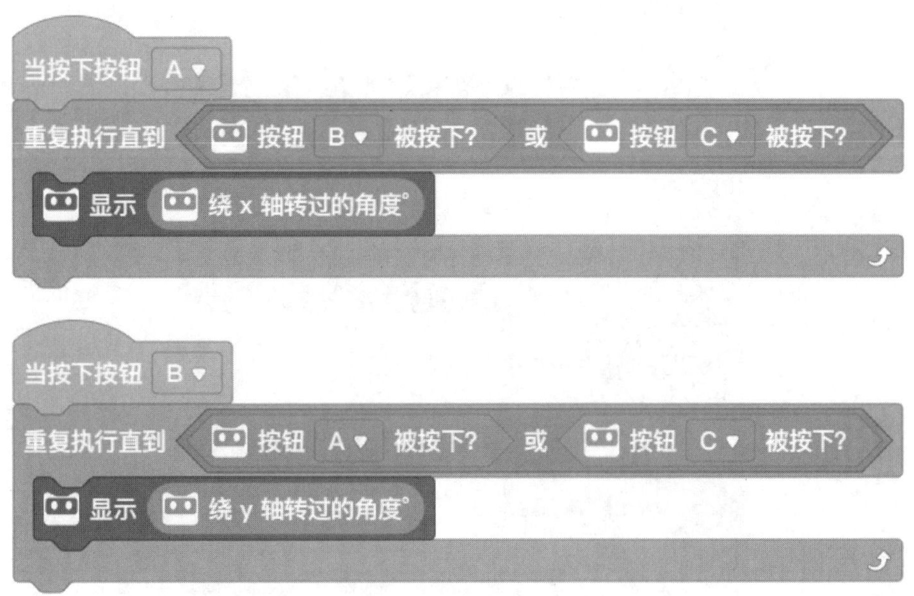

积木区	积木名称	功能	示例
运算	在 1 和 10 之间取随机数	生成随机数	在 0 和 1 之间取随机数
运算	( ) = 0	判断正反	在 0 和 1 之间取随机数 = 0

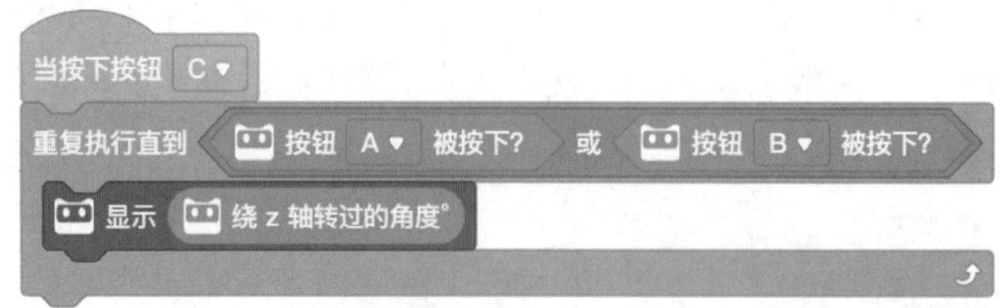

T：在显示图案中，绘制好代表正反面的图案，通过随机生成的数字是否等于 0 对应如果 – 那么 – 否则积木中的条件，就可以用 0 和 1 分别代表硬币的反面和正面了。

T：别忘了显示出图案后要等待 1 秒再显示下一次，不然图案会有一直变换的可能。

T：合并整个程序的所有积木（参考下图）。

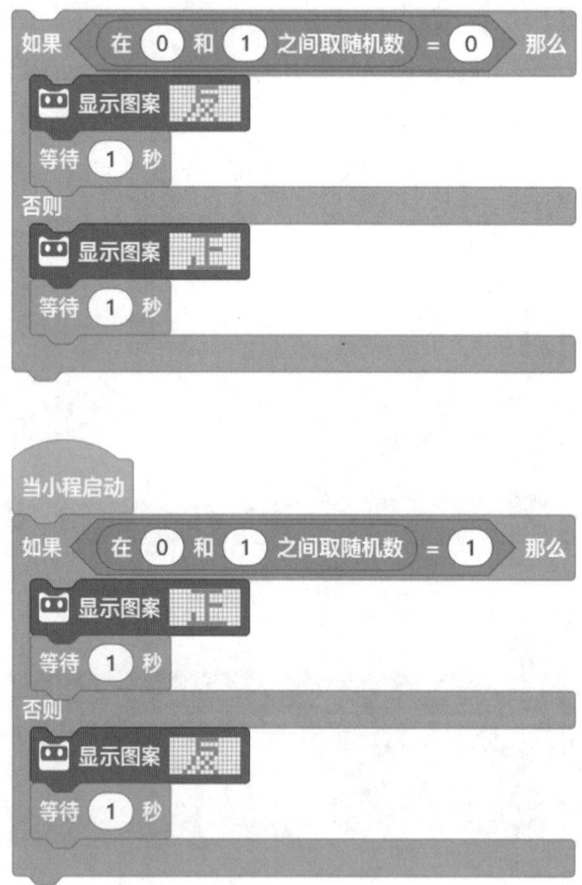

T：通过第一步，我们了解到了，小程能够通过陀螺仪检测到绕各轴的度数变化，因此当小程发生剧烈的度数变化时，就代表小程摇晃了，我们只需要以事件——小程摇晃作为程序的启动即可。

T：别忘了不仅硬币可以重复扔，我们今天的程序也可以通过重复执行再次运行。

Tips：可以找一些程序有问题的作品，进行游戏，帮助学生发现问题，一起改进程序。

3. 测试程序

T：绘制正反图案时，关注学生的个性化，自由发挥即可，辅导学生完成完整作品。

Tips：提醒学生确认小程与电脑已通过蓝牙适配器完成配对、连接。

4. 作品命名、保存

T：完成的作品确认命名后及时保存。

四、挑战与游戏（15mins）

1. 挑战：石头剪子布

学生间可以互相进行石头剪子布的游戏，来体会程序的流程。

T：生活中还有一个我们经常做的随机游戏，可以帮助我们在遇到先后问题时公平地裁决，就是石头剪子布，与猜正反相同的原理，我们一起来通过摇晃小程，随机出石头剪子布吧。

要求：

- 自由绘制代替石头剪子布的图案。
- 通过摇晃小程生成随机数。
- 设置三个随机数，分别代表石头剪子布。
- 不可以使用变量积木。

T：石头剪子布有三个图案要显示，跟扔硬币的程序异曲同工，只是多加了一个“如果－那么－否则”的条件，随机数也变为了1、2、3三个数字中的一个。

要求	方案	程序积木
石头剪子布图案	绘制显示图案	显示图案 2 秒
模拟出拳动作	摇晃小程来模拟动作	当小程摇晃时

要求	方案	程序积木
随机出拳	使用随机数代替	在 1 和 3 之间取随机数
不可以使用变量	判断随机数是否等于代表石头的数字	在 1 和 3 之间取随机数 = 1

T：完整程序参考下图。

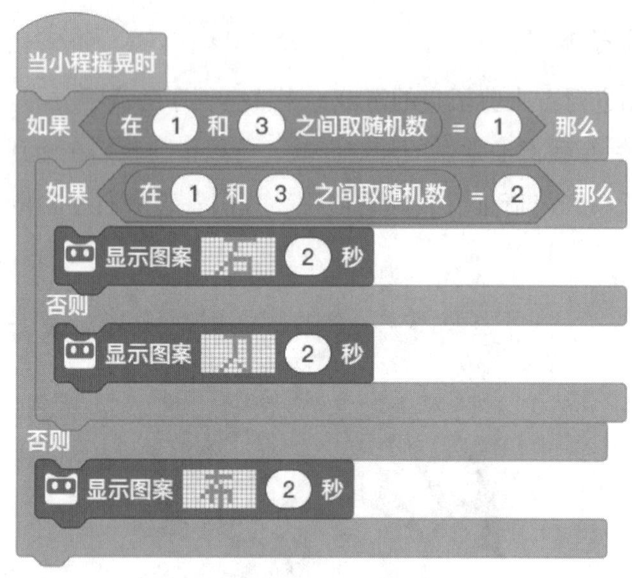

Tips：思考为什么三个随机数，只判断两个数字。

2. 游戏时间：展示各自的作品，和自己的小程比比看谁能赢

T：大家依次展示自己的作品。

五、分享与小结（10mins）

1. 引导学生从不同角度分享，鼓励学生尝试举一反三（知识迁移）

- 我学到了……
- 随机生成数字，可以代表随机事件。
- 小程陀螺仪 x、y、z 轴的方向。
- 陀螺仪角度剧烈变化即为摇晃。

2. 结合学生的分享，适当点评后后，进行课堂小结

- 摇晃小程会被陀螺仪传感器检测到。
- 教师演示三轴的转动方向。
- 在 0 和 1 之间取随机数时，只取整数，只有 0 和 1，没有小数。
- 检测三轴度数时，不能用重复执行，应该结束了一轴的程序，再运行另一轴的程序。

第10课　密码锁

课程概述

单元：趣味编程基础。

课时：2 课时，45mins/ 课时。

内容：本节课以旅途物品安全作为学习背景，通过创作密码锁的任务，探究如何运用LED点阵屏和齿轮电位器实现实时显示电位器读数和设定密码，了解匹配对比的概念，学习显示积木、重复执行直到积木、运算逻辑“与”等积木的用法。结合旅途物品安全主题，在设定密码锁安全性的过程中，建立学员爱惜财物的意识。

教学目标

情感：培养学生有财产安全的意识，注意个人和公共财产安全。

知识：（1）了解运算逻辑“与”的概念，并学会使用。

（2）学会使用控制积木“重复执行直到”。

（3）学会任务分解和分析情况编写对应程序。

（4）学会用设备与角色互动增加作品完成度。

能力：（1）学习能力。

（2）逻辑思维能力。

器材准备

（1）程小奔套装（蓝牙版）*1/ 人。

（2）装有慧编程的电脑 *1/ 人。

教学过程

一、情境导入（5mins）

介绍家庭旅行的情节，引出任务：为旅行箱制作密码锁。

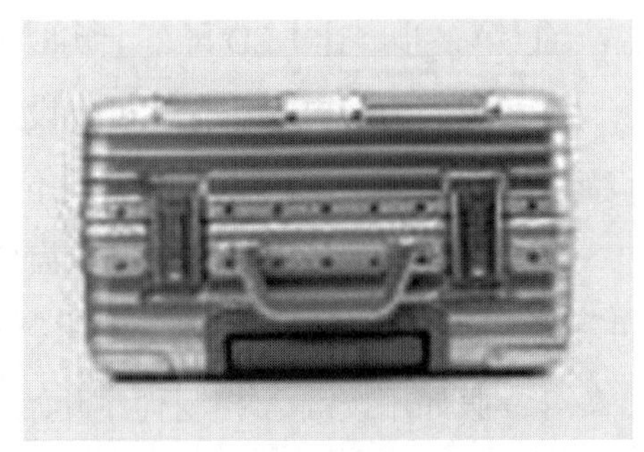

T：今天小程的爸爸妈妈要带小程出去旅行了，他们需要带很多的行李，里面要装一些重要的物品，如何增加它的安全性呢？

T：如果能给它添加一个密码锁，让它变成密码箱，就再好不过了，那么我们现在一起研究一下吧。

二、任务分解（15mins）

设定密码（齿轮电位器、按钮、变量）

T：同学们，密码锁需要有哪些功能呢？我们一起头脑风暴一下吧！

Tips：

• 先进行头脑风暴，鼓励学生自己进行思考，让学生可以发散思维，养成独立思考的习惯。

• 鼓励学生个性化创作，适当添加一些个性细节增加作品还原度。

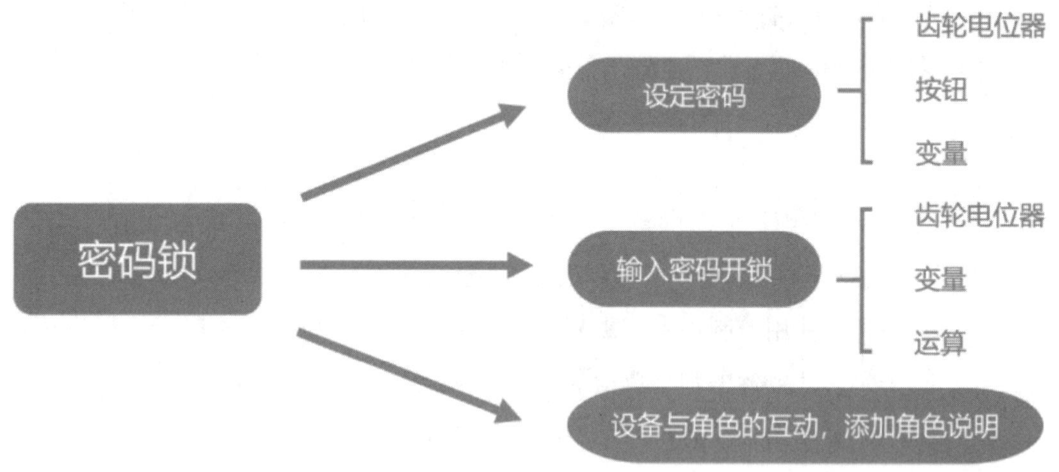

三、编程实战（25mins）

1. 自由体验

T：观察设备相关的积木（根据学生对慧编程的熟悉程度，给予提示：显示积木），根据思维导图，尝试梳理思路，体验将会用到哪些积木。

2. 探究学习

（1）设定密码

① 第一步，让 LED 屏幕上实时显示齿轮电位器的读数。

T：我们为了更加安全，可以设定两组数字的密码，怎样在小程上显示数字和调节并设定数字呢，我们需要用到齿轮电位器。

T：如何实现可以在不断调节齿轮电位器的过程中一直显示它的读数呢？设备中的事件积木和重复执行以及显示等积木，相信同学们经过一段的学习都可以搞定它。

T：假如用按键 A 控制程序开始。

积木区	积木名称	功能	示例
事件	当按下按钮 A ▾	按下小程的按钮 A 启动程序	当按下按钮 A ▾ 重复执行 显示 齿轮电位器读数
控制	重复执行	重复执行程序内的显示积木	
显示	显示 hello	在 LED 屏幕上显示内容	
感知	齿轮电位器读数	将感知内容加入显示积木的括号内，以便显示齿轮电位器的读数	

② 第二步，当按下按钮 B，可以设定密码 1 和设定密码 2。

T：因为密码 1 和密码 2 都是可以变化的数字，是通过我们调节齿轮电位器后确认才得到的，所以要提前建立两个变量“密码 1”和“密码 2”，又因为是按下 B 键之后才确定密码，之前一直是可以调节齿轮电位器的，所以要用到“重复执行直到”这个积木。

Tips：先建立两个变量，分别对应两个密码。

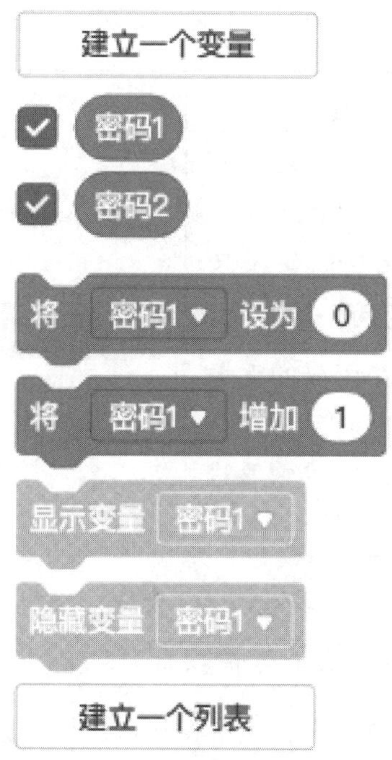

T：设定密码，重复执行显示齿轮电位器的读数，直到我们按下按钮B，程序跳出，给变量密码1和密码2分别赋值当前电位器的读数，所以我们需要用到“重复执行－直到”积木与“将变量设为”积木。

（2）输入密码开锁

T：程序的最后需要进行判断，如果两次输入的密码分别都与设定的密码相符，就打开，如果有一个不符，就不打开，所以我们要用到“如果－那么－否则”积木，还要用逻辑运算“与”。

积木区	积木名称	功能	示例
运算	与	当两个布尔值表达式都为true时，结果为true（布尔值为逻辑值，只有真，伪两个结果）	密码1 = 输入密码1 与 密码2 = 输入密码2
运算	= 50	需要让设定密码的变量与输入密码的变量相同才能为真，所以需要进行比较	

T：参考上一步设置密码思路，编写输入密码的程序。有一点不同的是，输入密码开锁这条程序应该是在设定密码程序执行之后才需要被开始，所以我们应该在设定密码这条程序的最后发送广播，在输入密码开锁这条程序的序列最前用接收广播这个事件作为开始。

T：为了更好地互动操作，我们可以在每次设定和输入密码的间隔（设定和输入分别共有两组密码），增加一定时间的等待和显示 done 或 ok 等内容，便于操作。

T：整个过程中我们都是用重复执行直到进行设定密码和输入密码开锁，这是一种跳出重复的方式，在每一段任务中间适当加一点等待和显示的文字提醒，造成间隔，可以方便我们的使用，最后，写程序之前，重要的是先想好做什么，做好任务的分解，梳理明白即可。

3. 测试程序

T：在写入间隔和 LED 屏幕提醒时，可以让学生有充分的个性化，辅导学生完成完整作品。

Tips：提醒学生确认小程与电脑已通过蓝牙适配器完成配对、连接，并切换到在线模式，方便以后角色互动。

4. 作品命名、保存

T：完成的作品确认命名后及时保存。

四、挑战与游戏（35mins）

1. 挑战：同学们，如果我们设定好了密码，想要让爸爸或妈妈帮忙开锁，虽然告诉他们密码是什么了，但是他们不会操作密码锁，是不是也不能打开呀，这样就太不方便了，能不能给他们设计一个提示，让他们可以更容易地使用它呢

T：如果可以在密码锁程序中，进行多处提示，让它可以与我们进行一定的实时互动，是不是就可以让使用者更好的使用了呢？

要求：

- 建立角色，在每个环节开始和结束后，进行语音播报提醒，指引下一操作。
- 可以建立任意样式的角色，根据自己的表达，清楚明晰即可，内容不做具体限制。
- 每个阶段有一点间隔延迟（等待时间）。
- 在特定时段设定重复和跳出条件（输入开锁之前）。
- 可以增加适当的音效提示。

按要求编写程序，测试效果。

T：整个过程由学生自主进行探究学习，针对要求“在开锁之前设定重复提醒和跳出条件”的解决方法探究过程，鼓励学生尝试对比不同积木的效果，寻求合理的解决方案，必要时候指导并引出“重复执行直到按下按钮和内容为发送广播”即可。

Tips：必须让广播一一对应（设备与角色之间每次广播名称一定要统一）。

T：完整程序参考下图。

设备部分（程小奔）

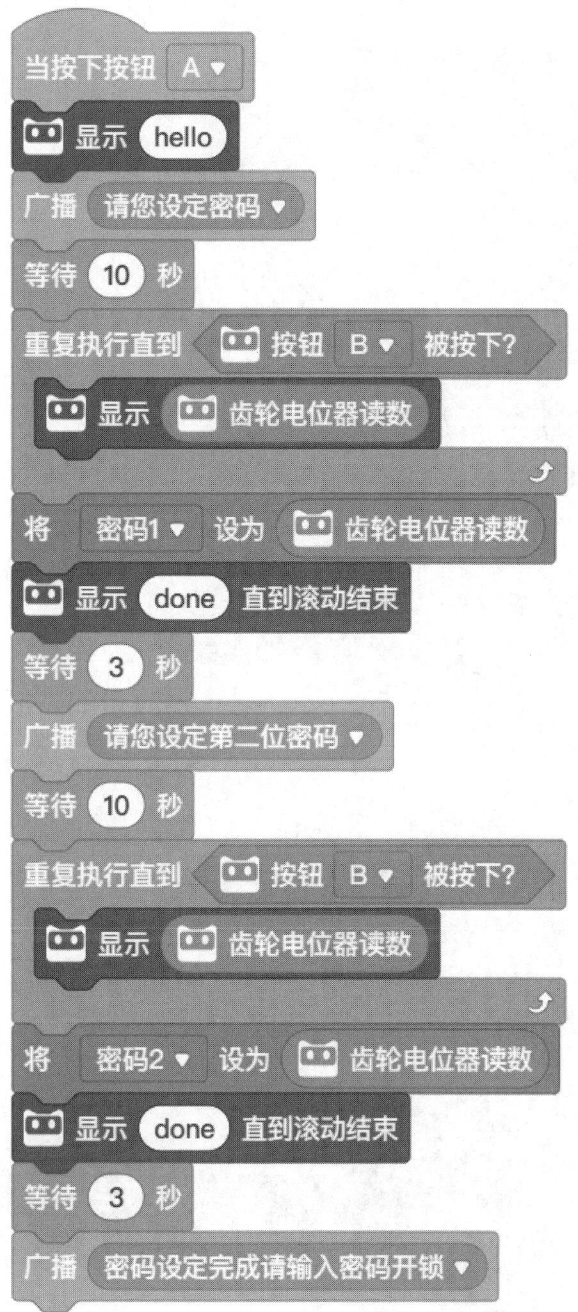
当按下按钮 A
显示 hello
广播 请您设定密码
等待 10 秒
重复执行直到 按钮 B 被按下?
显示 齿轮电位器读数
将 密码1 设为 齿轮电位器读数
显示 done 直到滚动结束
等待 3 秒
广播 请您设定第二位密码
等待 10 秒
重复执行直到 按钮 B 被按下?
显示 齿轮电位器读数
将 密码2 设为 齿轮电位器读数
显示 done 直到滚动结束
等待 3 秒
广播 密码设定完成请输入密码开锁

当接收到 密码设定完成请输入密码开锁
重复执行直到 按钮 B 被按下?
广播 开锁信息
等待 10 秒
显示 OK 直到滚动结束
重复执行直到 按钮 C 被按下?
显示 齿轮电位器读数
将 输入密码1 设为 齿轮电位器读数
显示 done 直到滚动结束
等待 1 秒
广播 输入密码第二位
重复执行直到 按钮 C 被按下?
显示 齿轮电位器读数
将 密码2 设为 齿轮电位器读数
显示 done 直到滚动结束
如果 密码1 = 输入密码1 与 密码2 = 输入密码2 那么
播放声音 正确 直到结束
显示 Open
否则
播放声音 错误 直到结束
显示 Wrong

角色部分：

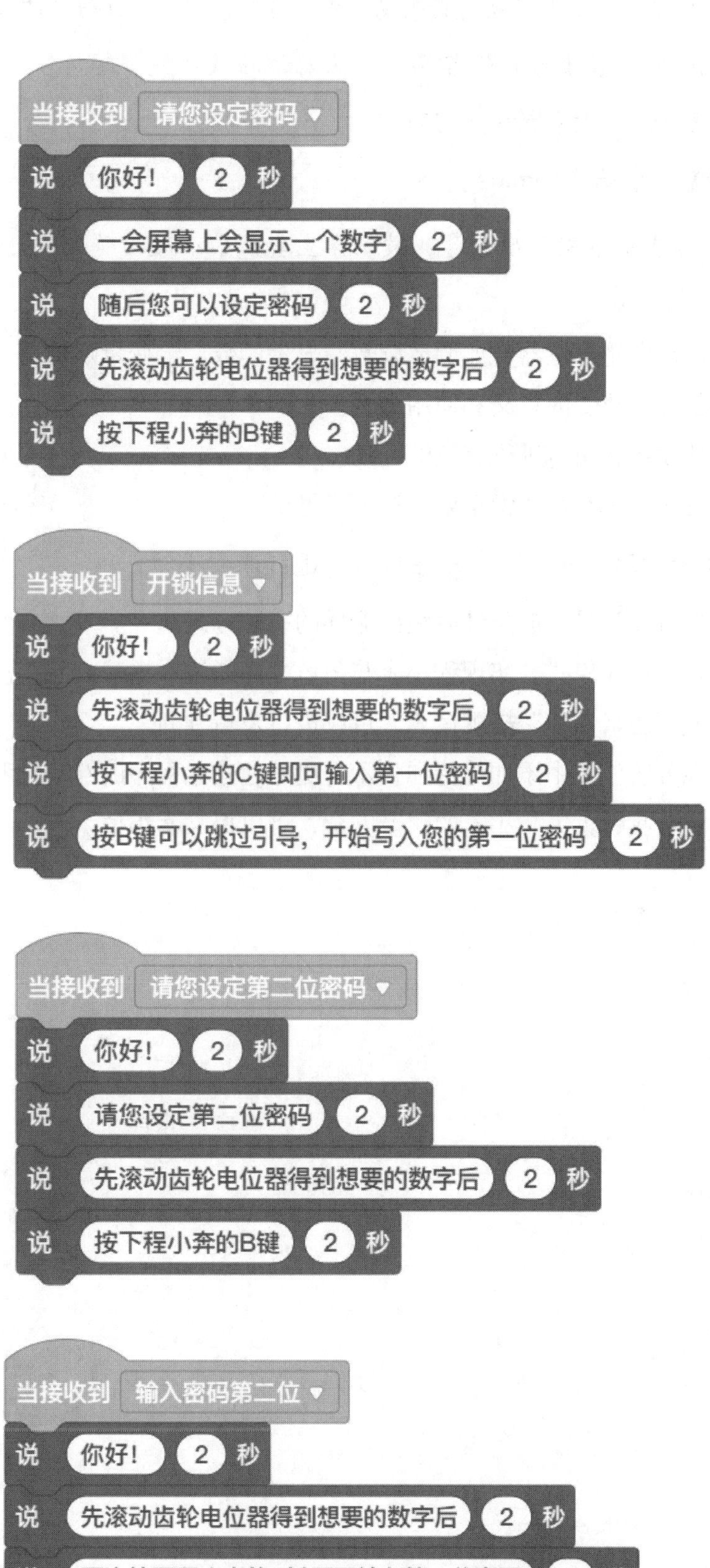
当接收到 请您设定密码
说 你好! 2 秒
说 一会屏幕上会显示一个数字 2 秒
说 随后您可以设定密码 2 秒
说 先滚动齿轮电位器得到想要的数字后 2 秒
说 按下程小奔的B键 2 秒
当接收到 开锁信息
说 你好! 2 秒
说 先滚动齿轮电位器得到想要的数字后 2 秒
说 按下程小奔的C键即可输入第一位密码 2 秒
说 按B键可以跳过引导，开始写入您的第一位密码 2 秒
当接收到 请您设定第二位密码
说 你好! 2 秒
说 请您设定第二位密码 2 秒
说 先滚动齿轮电位器得到想要的数字后 2 秒
说 按下程小奔的B键 2 秒
当接收到 输入密码第二位
说 你好! 2 秒
说 先滚动齿轮电位器得到想要的数字后 2 秒
说 再次按下程小奔的C键即可输入第二位密码 2 秒

Tips：思考为什么在这里需要重复广播“开锁信息”，目的是什么。

2. 游戏时间：展示各自的作品，比比看谁的效果更有趣

T：大家依次向大家展示自己的作品。

五、分享与小结（10mins）

1. 引导学生从不同角度分享，鼓励学生尝试举一反三（知识迁移）

- 我学到了……
- 如何使用齿轮电位器，如调节读数、显示读数、给变量赋值等。
- 逻辑运算“与”的意义和使用方法。
- 如何让设备和角色进行有效的互动。
- 财产安全对你我都非常重要（辩证思维）。

2. 结合学生的分享，适当点评后后，进行课堂小结

- 重复执行直到是达成条件后跳出循环的一种方式。
- 可以通过在线模式，实现程小奔与角色之间通过广播建立互动。
- 通过使用逻辑“与”搭配运算，可以进行逻辑判断。
- 通过在分段任务中添加等待和显示，更好地建立程序的互动性和优化使用感觉。
- 保护你、我、大家、小家的财产安全，可以提高幸福值。

第 11 课　见缝插针

课程概述

单元：创意编程设计。

课时：2 课时，45mins/ 课时。

内容：本节课以程小奔逛商场作为学习背景，通过学习编写见缝插针的游戏，探究运用变量以及克隆积木解决问题，学习舞台区角色的应用，了解克隆体的概念，学习控制积木、侦测积木的用法。

教学目标

情感：尽量运用一切时间、空间和机会去完成目标。

知识：（1）学习自己绘制角色。

（2）角色的坐标使用和学习。

（3）利用广播和变量设置关卡。

（4）学习克隆的使用。

能力：培养逻辑思维能力，学习能力。

器材准备

（1）程小奔套装（蓝牙版）*1/ 人。

（2）装有慧编程的电脑 *1/ 人。

教学过程

一、情境导入（5mins）

T：今天程小奔兴致勃勃来到商场，看到商场门口一个机器面前围满了人。他十分好奇，想要上前围观试玩，可惜试玩的排队非常长，于是他迫不及待准备回家自己制作一个这样的游戏，让我们一起来帮助他完成这个游戏吧。

二、任务分解（10mins）

通过情景导入，组织学生进入任务分解环节，尝试画出思维导图。

T：首先我们来看一下完成这个游戏需要哪些必需的角色。

Tips：

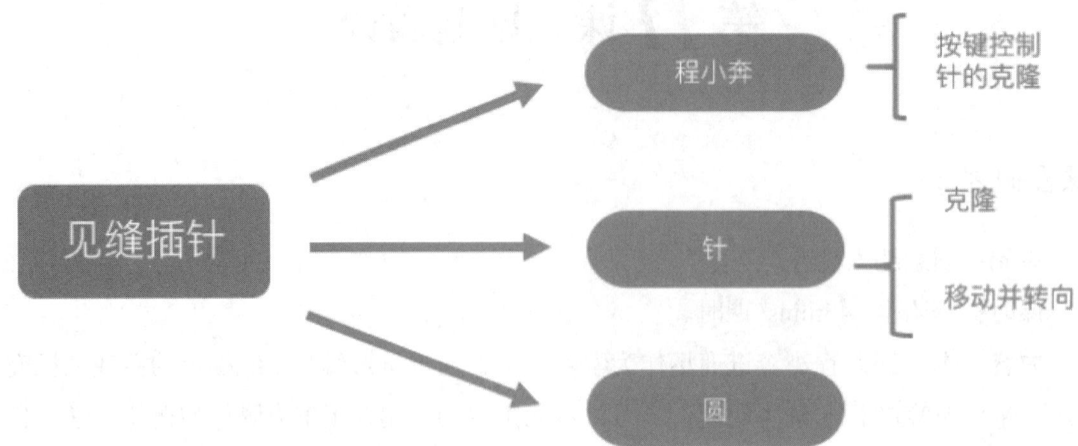

T：见缝插针分为三个部分：一是用程小奔的按键控制针的发射；二是针要不停克隆自己，克隆出来的针要移动到圆上，并且不停旋转；三是圆要放置在指定位置。

Tips: 鼓励学生通过还原游戏，主动思考，积极回答问题。

三、编程实战（30mins）

1. 自由体验

T：注意角色需要自己绘制，大小和位置需要自己调整。

2. 探究学习

（1）第一步：程小奔按键控制游戏的进行

T: 程小奔要控制舞台区针的克隆，可以通过改变变量的值来控制是否对针进行克隆。

T: 但并不是程小奔按下 C 键后无限制克隆，设定 0. 1 秒后改变变量的值，停止克隆。

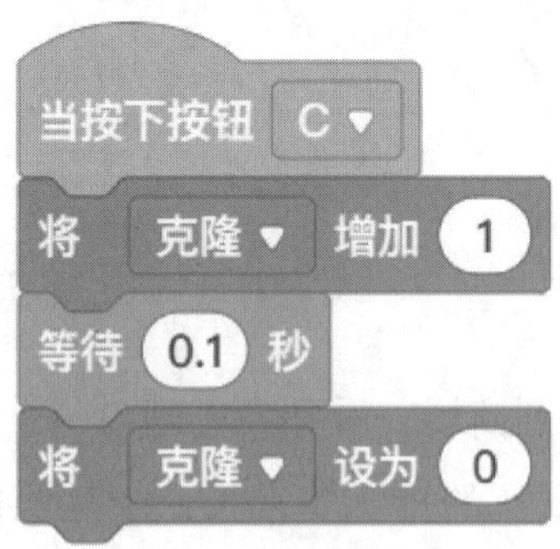

（2）第二步：在角色区绘制角色——针

T：注意一点，为了避免后续针在判断与其他克隆针的关系时出现问题，在绘制针时要将中心点放置在针尖偏上的位置。

打开慧编程，边演示边讲解：怎么绘制角色

（3）第三步：针的克隆

T：针克隆自己的条件是变量——克隆等于 1，也就是程小奔按下按键时才会发生克隆。

T：将判断克隆与否的程序套上重复执行，在游戏开始后需要不停判断变量——克隆是否等于 1。如果是，则执行克隆的程序。

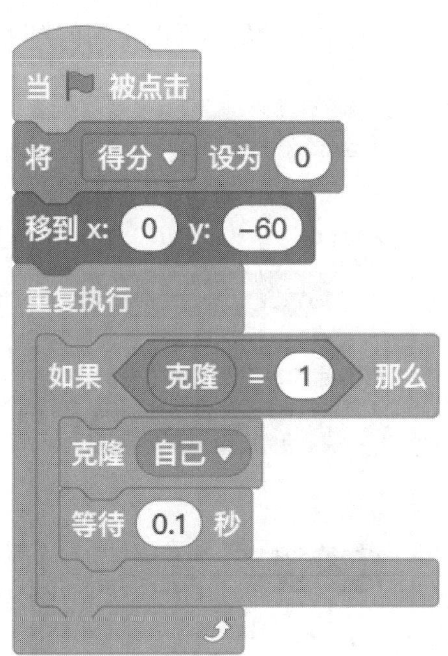

（4）第四步：克隆体程序

T：克隆体需要向上滑行到针的位置。

T：刚刚被克隆出的针是完全继承角色针的特点，停留在原来针的坐标位置。

T：我们需要编写程序让克隆体针在被克隆出来以后向上滑行到圆的位置。

Tips：滑行后只有 y 坐标发生变化。

T：针不可以插到同一位置，也就意味着每个针都需要判断自己有没有碰到其他针头。

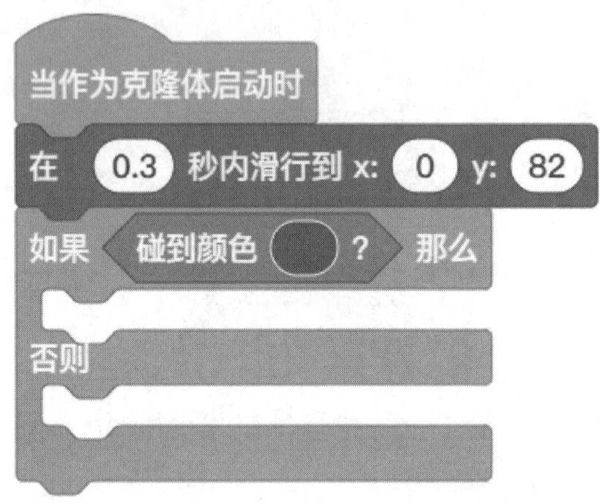

T：判断克隆出的针有没有撞到前面的针，可以用颜色判断，用吸管吸取针头的颜色。

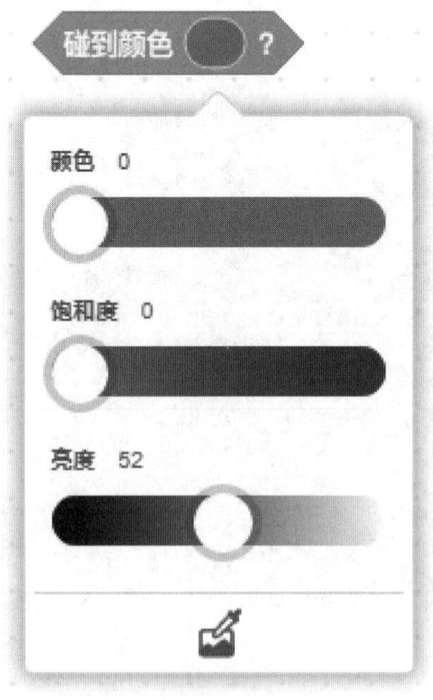

T：克隆体如果碰到其他克隆体，则停止游戏，否则，得分加一。

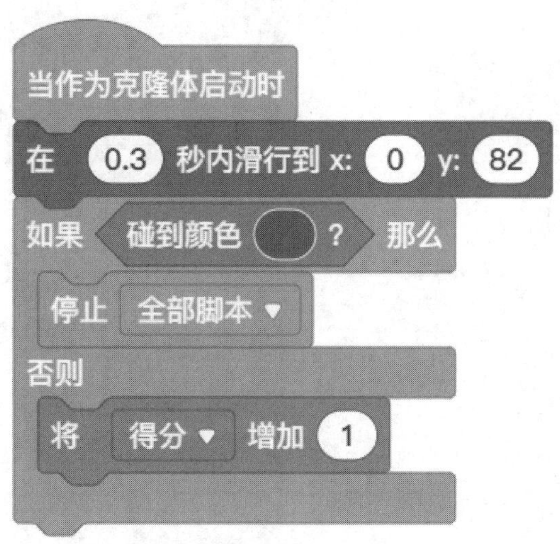

T：（开始之前先让学生猜测是针在移动还是圆在旋转）克隆体在滑行上去之后不停旋转。

T：转的度数越大，速度越快。

（5）第五步：圆的绘制和放置

T：圆要放置在针的前面，中心点位置与针滑行的目标坐标相同即可。

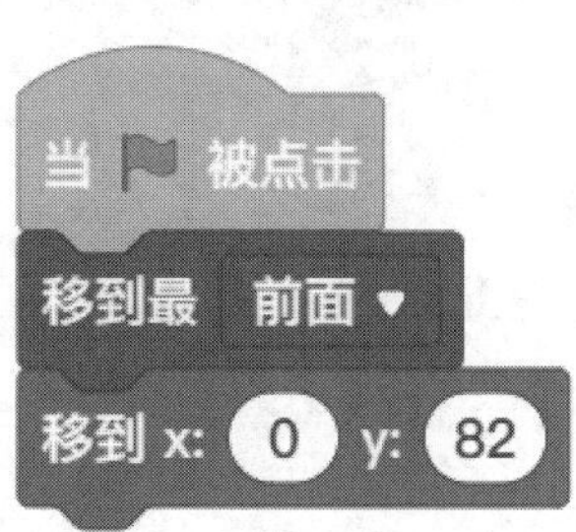

3. 测试程序

T: 完成见缝插针程序时，关注学生的个性化，自由发挥即可，辅导学生完成完整作品。

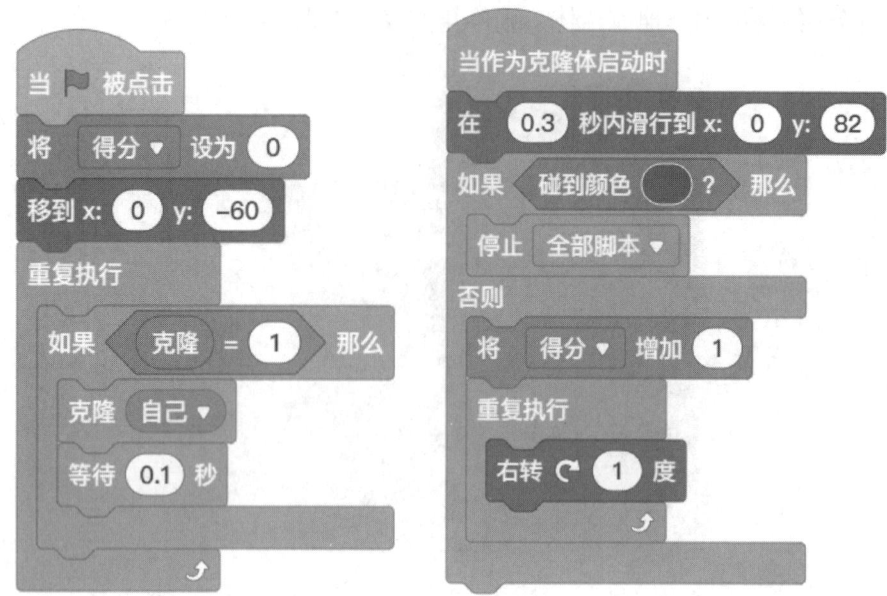

Tips：提醒学生确认小程与电脑已经完成了配对、连接，能够通过按键来控制克隆体的出现。

4. 作品命名、保存

T：完成的作品确认命名后及时保存。

四、挑战与游戏（35mins）

1. 挑战：游戏难度升级模式

T：设置关卡，加强难度。

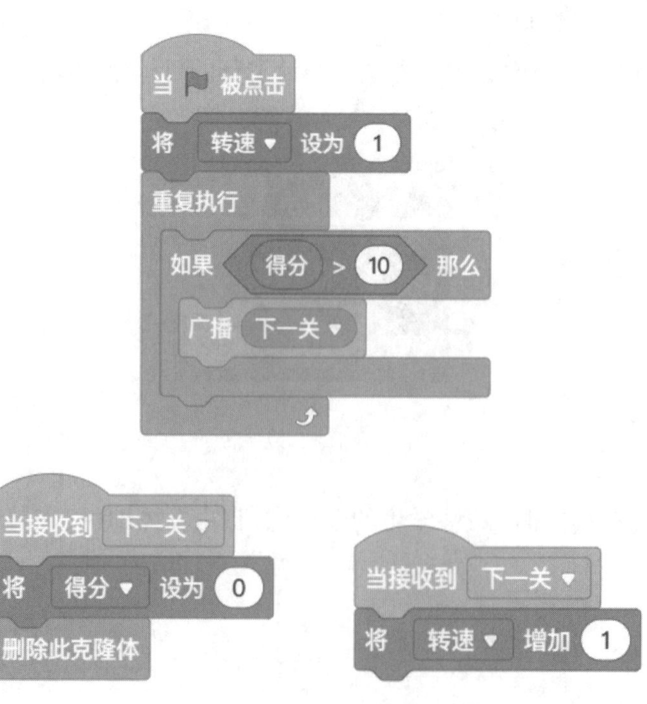

T：增加转速这一变量，每升级一关，则转速加快。

T：每闯过一关，则分数从 0 重新开始。

2. 游戏时间：展示各自的作品，比比看谁的效果更有趣

T：依次向大家展示自己的作品。

五、分享与小结（10mins）

1. 引导学生从不同角度分享，鼓励学生尝试举一反三（知识迁移）

- 我学到了……
- 学习自己绘制角色。
- 角色的坐标使用和学习。
- 利用广播和变量设置关卡。
- 学习克隆的使用。
- 尽量运用一切时间、空间和机会去完成目标。

2. 结合学生的分享，适当点评后，进行课堂小结

- 如何实现针的发射?
- 运用克隆体以及克隆体的滑行。
- 如何开始旋转?
- 重复执行左转或者右转。
- 学习自己绘制角色。
- 角色的坐标使用和学习。
- 利用广播和变量设置关卡。
- 学习克隆的使用。
- 尽量运用一切的时间、空间和机会去完成目标。

第 12 课　Flappy bird

课程概述

单元：创意编程设计。

课时：2 课时，45mins/ 课时。

内容：本节课以飞行的鸟为学习背景，通过发现问题提出问题的方式，探究如何利用坐标轴增大减小完成小鸟飞翔的任务，学习运算“与”、显示、运动的用法。结合变量积木的应用，熟悉判断积木和重复执行直到积木的应用。通过最后的小挑战，建立孩子们发现问题解决问题的意识。

教学目标

情感：生活中看见小动物时不要伤害他，我们要尊重大自然的每一条生命。

知识：（1）学习如何添加造型。

（2）学习如何改变造型的旋转方向。

（3）学习如何使用测距传感器测距来改变小鸟的飞行高度。

能力：建立发现问题、解决问题的意识。

器材准备

（1）程小奔套装（蓝牙版）*1/ 人。

（2）装有慧编程的电脑 *1/ 人。

（3）神经元 _ 测距传感器模块组 *1/ 人。

（4）小鸟角色素材（提前拷入电脑）。

（5）背景音乐（扇动翅膀的声音提前拷入电脑）。

教学过程

一、情景导入（5mins）

大家平常见到的小鸟是不是都是在天空中飞翔的？那么小鸟刚开始从蛋壳里孵化的时候其实还是不能飞的，刚刚孵化的小鸟分为早成鸟和晚成鸟。

早成鸟：早成鸟又称早成雏。眼睛已经睁开，全身有稠密的绒羽，腿足有力，立刻就能跟随亲鸟自行觅食。这样的雏鸟，叫作早成鸟。鸡、鸭、鹅、雁等的雏鸟是早成鸟。

晚成鸟：雏鸟从卵壳出来时，发育还不充分，眼睛没有睁开，身上的绒羽很少，甚至全身裸露，腿和足也软弱，没有独立生活的能力，需要留在巢内由亲鸟来喂养。这样的雏鸟，叫作晚成鸟。家鸽、燕子、啄木鸟、麻雀等的雏鸟都是晚成鸟。

左图为早成鸟——雏鸡，右图为晚成鸟——燕子。

本次我们要帮助小鸟学会飞翔，做一个小游戏飞行的鸟——Flappy bird。

二、任务分解（15mins）

通过对会飞的鸟简单介绍，组织学生进入任务分解环节，尝试画出思维导图。

观看会飞的鸟和小朋友们进行互动，探究如何实现小鸟按下空格键向上飞。

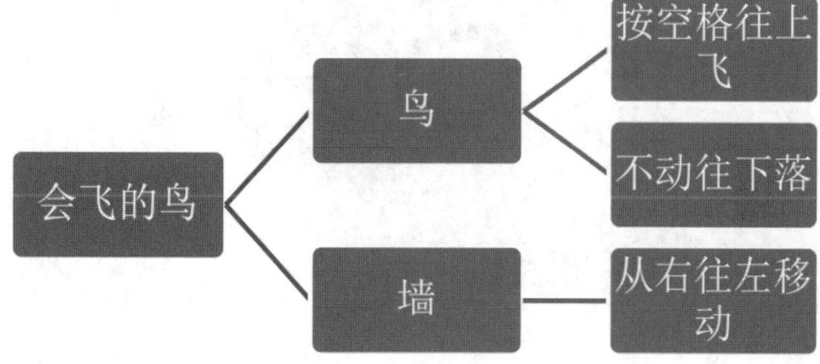

三、编程实战（上 25mins+ 下 20mins）

1. 编辑小鸟的初始状态

首先在 U 盘中将小鸟的人物拷贝到电脑。

老师打开慧编程带领学生一起编辑：

点击角色→删掉小熊猫→点击添加→点击上传角色→点击小鸟→打开→确定。

点击造型，再次添加一个小鸟。

接下来我们需要编辑小鸟的旋转方向，当小鸟向上飞的时候需要头偏上，小鸟向下飞的时候头偏下。

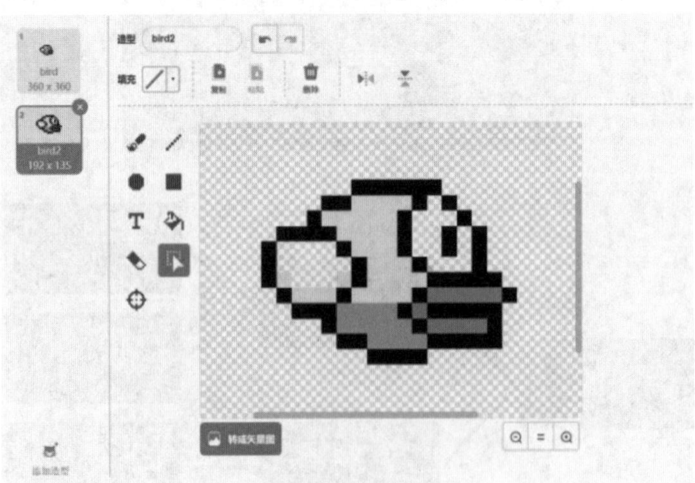

将小鸟括起来，然后点击下方的旋转箭头调整一下方向。

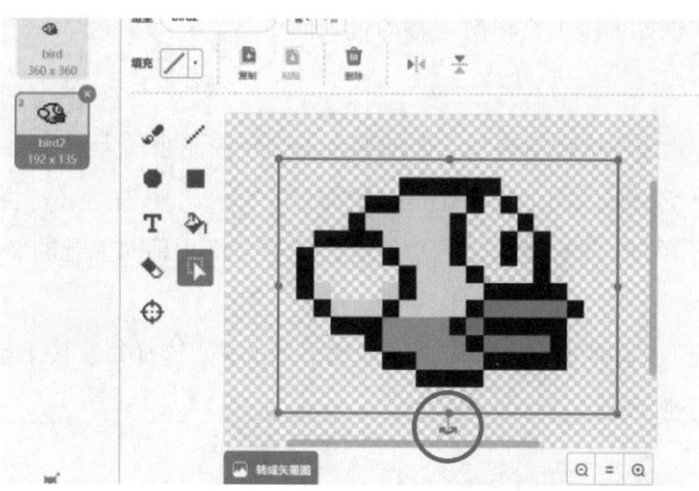

调整后如下图所示：

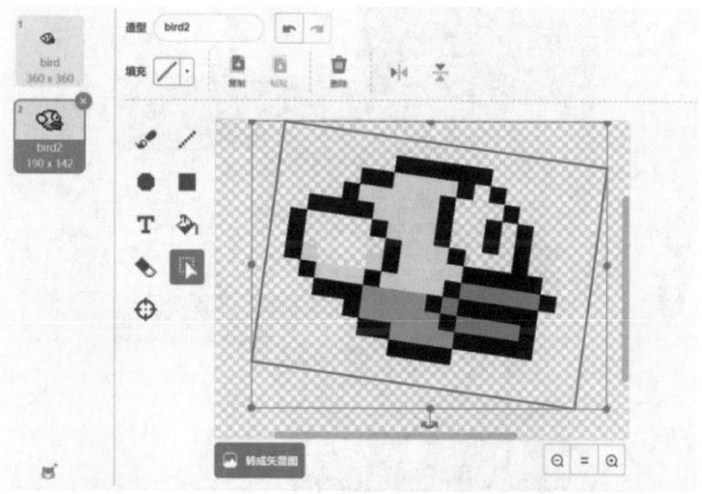

这个是小鸟头偏下的，我们再编辑一个造型使小鸟头偏上。

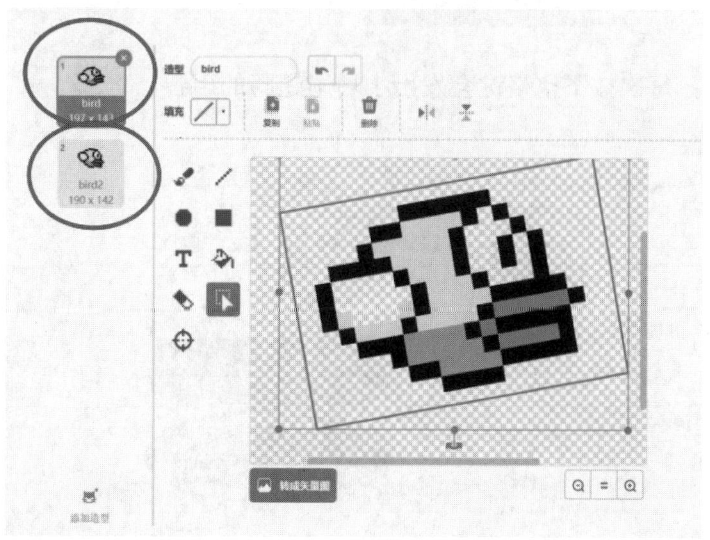

回到编程界面观察设备相关的积木（根据学生对慧编程的熟悉程度，给予提示：运动积木），尝试实现如何按下空格向上移动否则向下落。

2. 探究学习

（1）第一步：使用按键空格和“如果那么否则”控制小鸟上下移动

T：如果按下空格那么向上是 x 还是 y 增加？

T：小鸟往下落的 x 坐标应该是一个负值，按下空格小鸟向上升的 x 坐标应该是一个正值。

T：小鸟在向上移动的时候 y 轴应该增加比下落的多，这样每次按下空格都会向上飞，不按空格就会向下慢慢落。

（2）第二步：每次按下空格键会发出小鸟扇翅膀的声音

T：点击声音

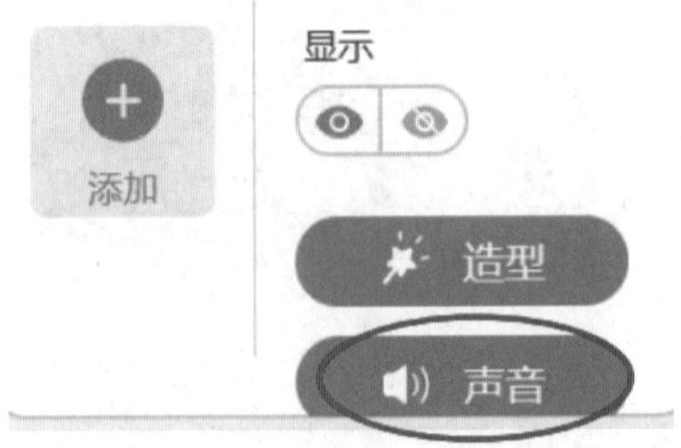

①点击添加声音。

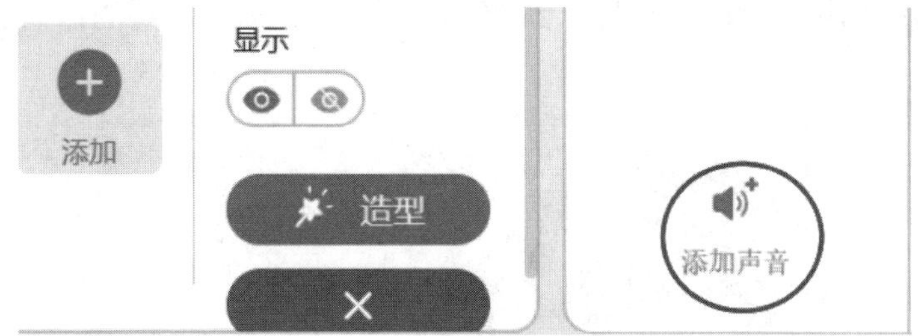

②找到上传声音，从文件夹中找到小鸟扇动翅膀的声音，并打开。

③点击扇翅膀，并打开。

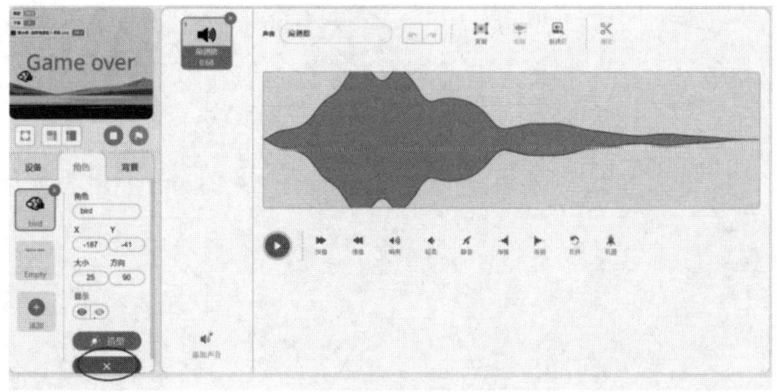

T：完成添加后就可以关闭了。

Tips：使用播放声音等待播放完，编辑按下空格播放扇翅膀的声音，根据学的知识完成任务。

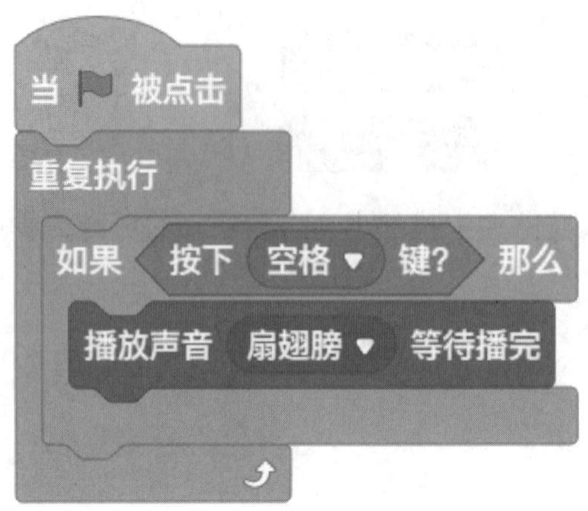

3. 编辑墙

（1）自己绘制两面墙

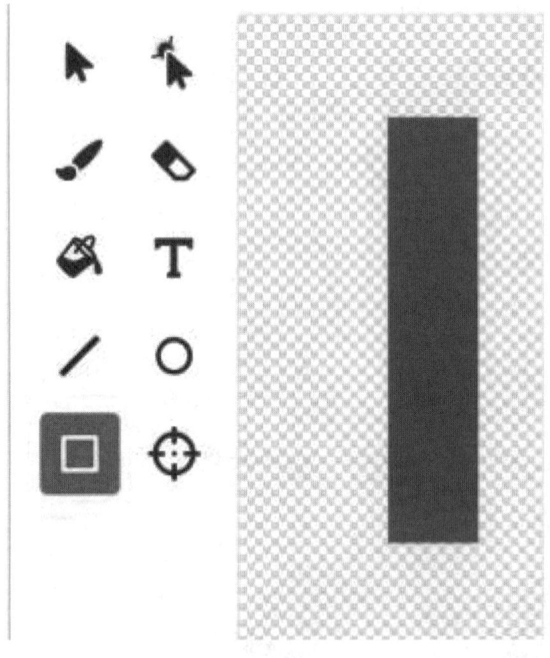

T：绘制两个墙后，上下各放一半，中间漏出来，使小鸟可以从中间钻过去。

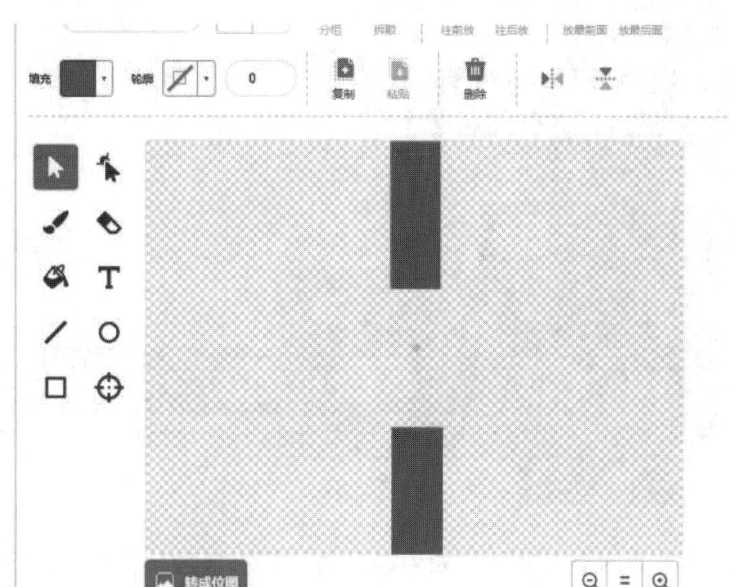

（2）编辑墙的程序

Tips：

• 墙的移动是由最右边移动到最左边，然后重复循环。

• 首先编辑墙的初始位置，可以使用 x、y 轴来确认。

T：接下来重复执行使墙向左移动，直到移动至最左边的墙。

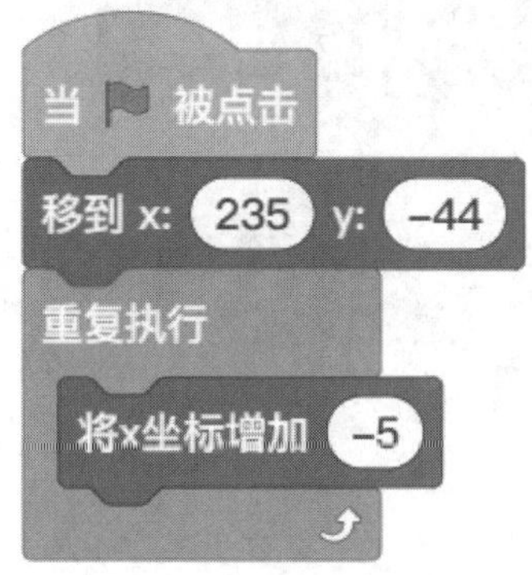

T：如果到达最左边，那么应该再次回到最右边，这个可以使用 x 轴来控制，但是 y 轴是一个固定的坐标吗？（y 轴应该是一个随机的值）。

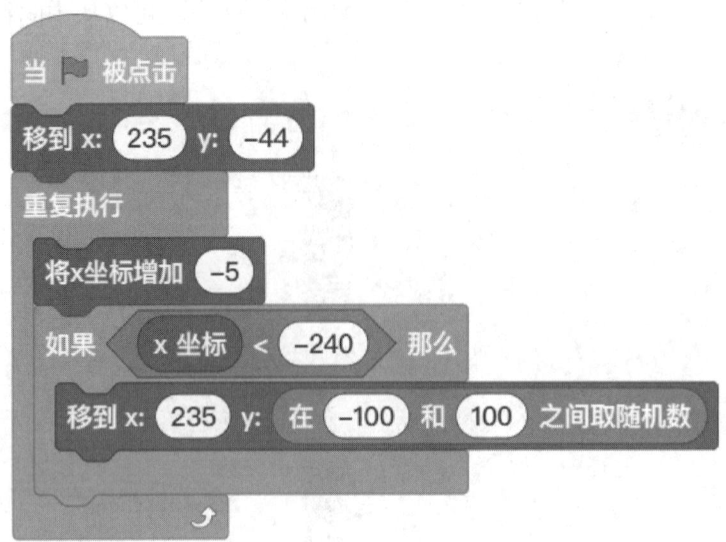

T：那么墙如果碰到鸟会怎么样？如果碰到鸟，那么播放撞到墙的声音，然后停止全部脚本。

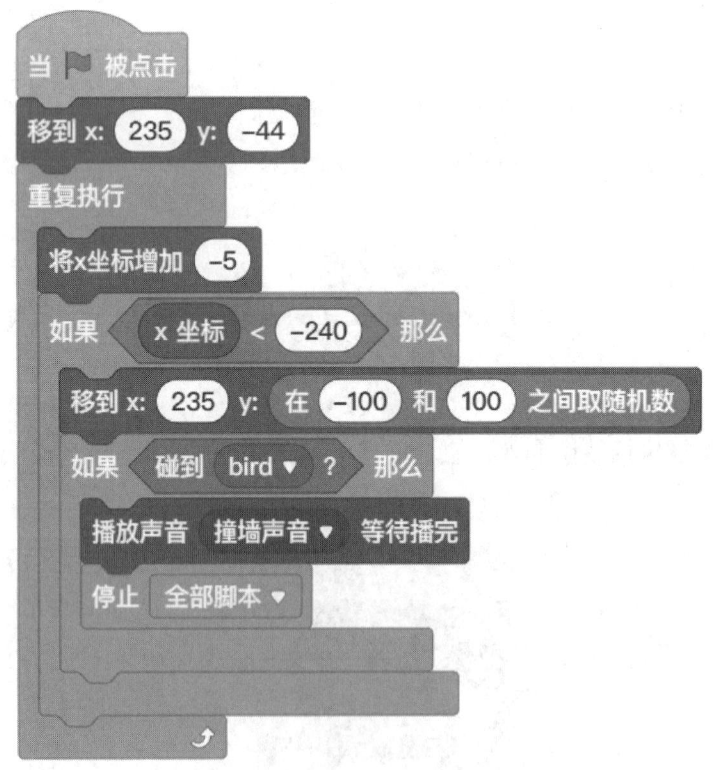

4. 测试程序

T：关注孩子个性化，自由发挥即可，辅导孩子完成完整程序。

5. 作品命名与保存

T：完成的作品确认命名后及时保存。

四、挑战与游戏（15mins）

1. 挑战：使用测距传感器控制小鸟的飞行高度，并在小鸟碰到墙以后出现“game over”

T：可以使用神经元的测距传感器来控制小鸟的飞行高度，测距传感器的有效范围为 2~200cm，由于我们在桌子上进行实验所以可以试用 10cm 来做区分，只要大于 10cm 那么就向上飞，小于 10cm 就向下飞。

① 在程小奔编程界面中将变量放入测距传感器，然后可以在小鸟中使用此变量，控制小鸟高低。

② 在慧编程中完成程序实现，测试效果。

T：整个过程由学生自主进行探究学习，根据前边学习的内容，自己测试完成停止状态。

T：完整程序参考如下：

程小奔：

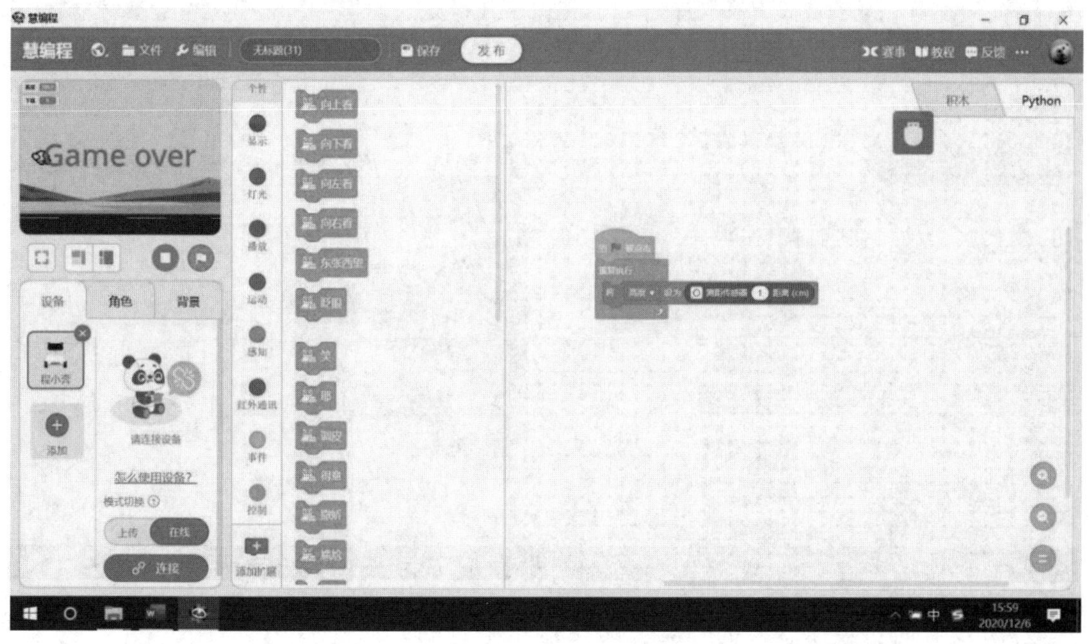

角色小鸟：

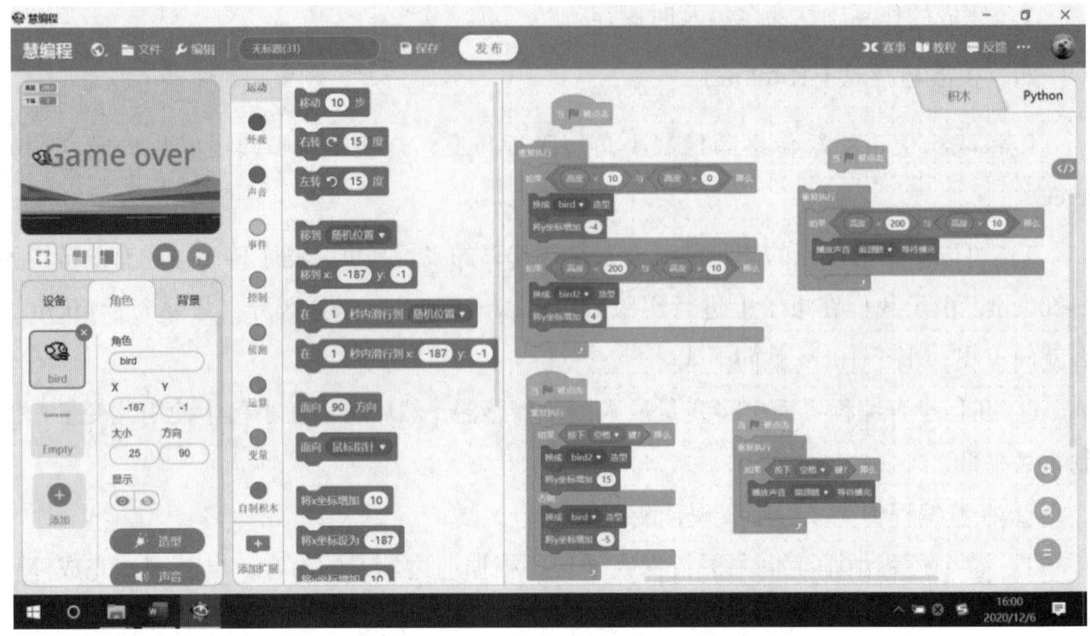

角色墙和 game over：

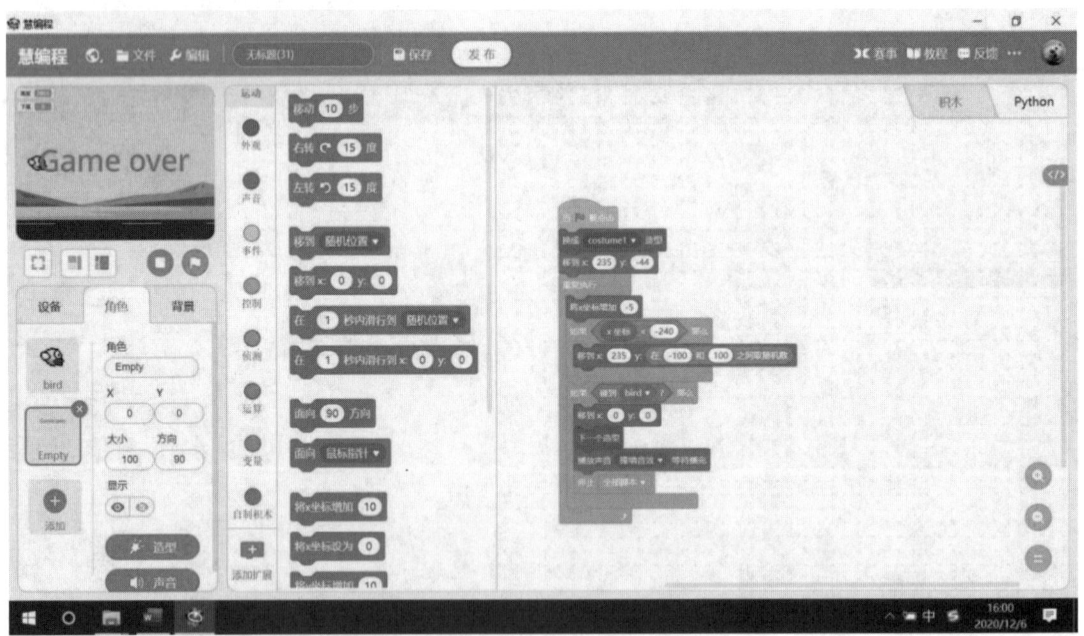

2. 游戏时间：展示各自的作品，比比看谁坚持的时间更长

T：大家通过比赛展示自己的作品。

五、分享与小结（10mins）

1. 引导学生从不同角度分享，鼓励学生尝试举一反三（知识迁移）

• 我学到了……

- 通过将变量里面放入测距传感器，可以在角色中使用。
- 学习了如何使用 x 轴和 y 轴控制小鸟和墙移动。
- 学习了如何进行条件的判断，并且不同的条件执行不同的语句。
- 学习了添加角色和添加声音。
- 学习了满足条件结束重复执行语句的应用
- 树立了发现问题、解决问题的意识。
- 生活中要保护动物爱护动物。

2. 结合学生的分享，适当点评后，进行课堂小结

- 通过使用运算积木和变量积木的应用可以对变量大小进行判断。
- 通过测距传感器的距离变化控制小鸟的飞行高低。
- 通过 x、y 轴来实现小鸟和墙的移动。
- 生活中看见小动物时不要伤害他，我们要尊重大自然的每一条生命。

第13课　剪羊毛

课程概述

单元：创意编程设计。

课时：2 课时，45mins/ 课时。

内容：本节课以程序为主，探究如何控制一个界面上出现多把剪刀向下掉落，并且完善程序使程序不会出现漏洞。学习克隆积木、定时器积木的用法。结合隐藏和显示积木，熟悉克隆积木的应用。通过最后的小挑战，建立孩子们发现问题解决问题的意识。

教学目标

情感：在家中使用工具的时候要注意不要使用尖锐的工具，也不要使用有电的工具，以免受伤。

知识：（1）学习克隆的应用。

（2）学习运用坐标轴判断剪刀出现和掉落的位置。

（3）学习变量和计时器的应用。

（4）学习如何发现并修复漏洞

能力：建立发现问题、解决问题的意识。

器材准备

（1）程小奔套装（蓝牙版）*1/ 人。

（2）装有慧编程的电脑 *1/ 人。

教学过程

一、情景导入（5mins）

观看一段剪羊毛的小游戏引出问题。

①这段小游戏的小羊是在躲剪刀还是在接剪刀？

②这段小游戏里小羊一共有可以被剪几次？

③这段小游戏中一共有几个角色？

答：①小羊是在接剪刀。

②一共可以被剪 3 次，并且每一次小羊的造型都不一样。

③两边的剪刀、向下掉落的剪刀和小羊一共四个角色。（小羊是一个角色三个造型）

下面我们来一起看今天的程序应该怎么编辑。

二、任务分解（15mins）

①最开始编辑小羊的造型。

②编辑背景。

③编辑小羊的移动程序。

④编辑剪刀下落的程序，然后通过发现漏洞的方式编辑第三和第四个角色。

⑤最后编辑计时器。

Tips：注意在编程过程中引导孩子独立思考的能力。

T：编辑小羊角色的程序。小羊是如何移动的？我们要怎么用键盘上的左右箭头来控制呢？首先我们通过小游戏观看得到小羊是左右移动的，那么我们可以用 x 坐标轴来实现小羊的左右移动。

三、编程实战（上 25mins+ 下 20mins）

1. 添加小羊的造型

由于小羊的造型没有出现在慧编程的角色中，因此需要添加造型。将准备好的造型羊、羊 2、羊 3，进行添加。点击添加→点击上传角色→点击桌面找到羊添加。三个造型需要添加三次。

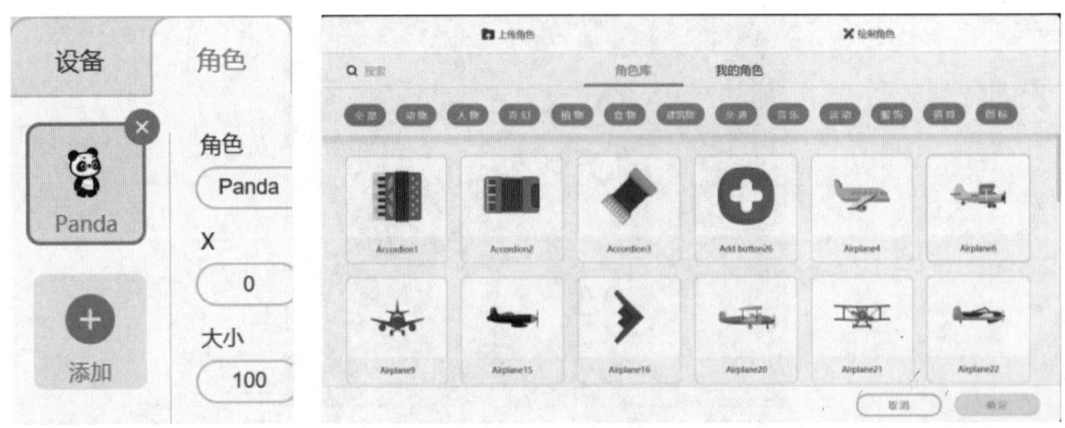
设备
角色
Panda
添加
角色
Panda
X
0
大小
100
上传角色
绘制角色
搜索
角色库
我的角色

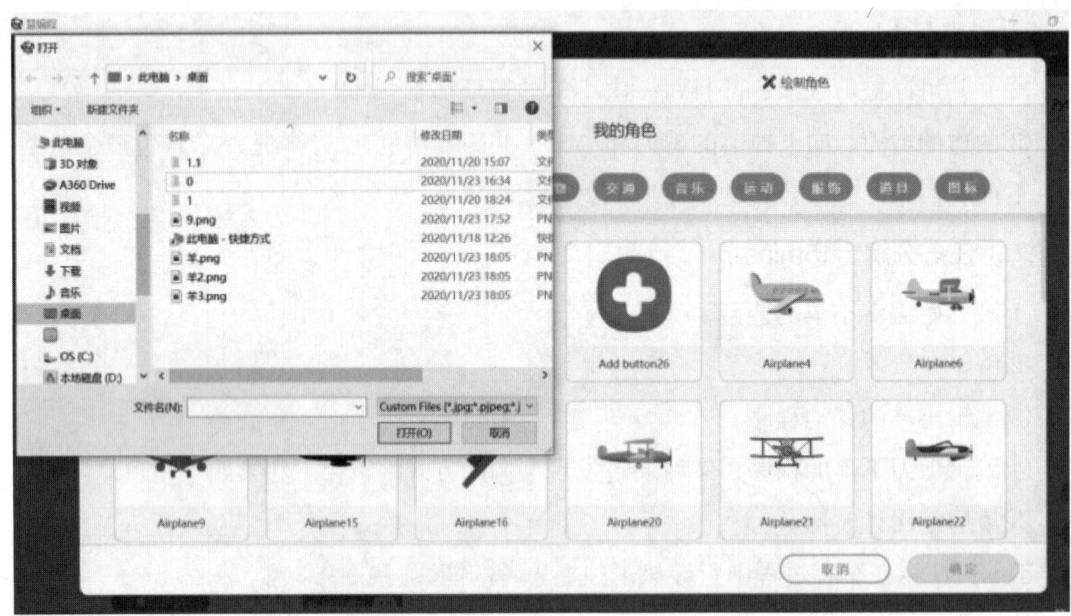
打开
此电脑 › 桌面
名称
修改日期
1.1
0
1
9.png
羊.png
羊2.png
羊3.png
文件名(N):
打开(O)
取消
绘制角色
我的角色
Add button26
Airplane4
Airplane6
Airplane9
Airplane15
Airplane16
Airplane20
Airplane21
Airplane22
取消
确定

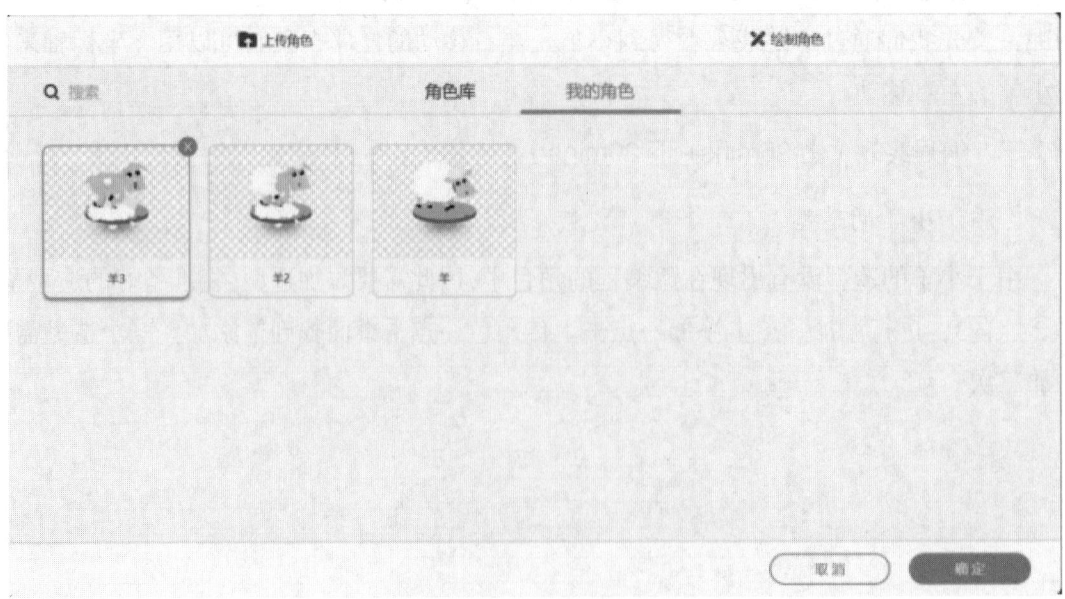
上传角色
绘制角色
搜索
角色库
我的角色
羊3
羊2
羊
取消
确定

2. 编辑小羊的角色

（1）第一步：创建小羊的角色

T：刚刚我们说小羊一共有几个造型?

T：小羊是一个角色，三种造型，所以在创建角色时不要创建三个角色。

（2）第二步：调整小羊角色的大小

T：点击大小将 100 改为 50 变为一半大小。

T：我们观察一下小羊，是不是小羊的毛太白了，已经与背景融为一体了。所以我们需要添加一个背景。

（3）第三步：添加一个自己喜欢的背景

T：调整一下小羊的位置，小羊应该处于屏幕的中间偏下的位置。

接下来就要准备正式编程了。

首先小羊的初始位置需要编辑我们可以找到运动，移到 x、y 坐标。

T：根据之前所学知识，尝试完成小羊左右移动的任务。要求使用“如果那么”完成程序。

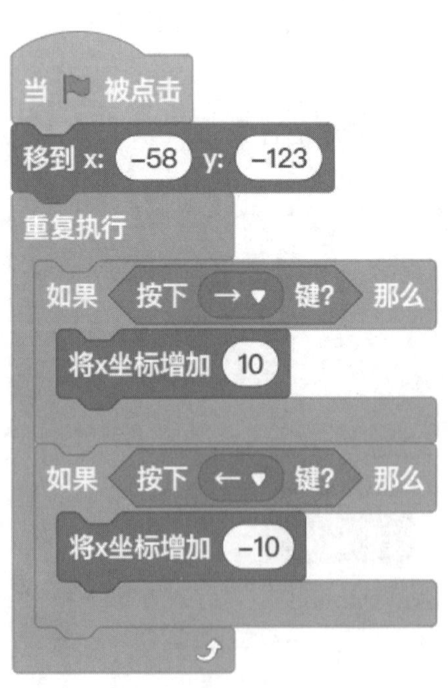

T：向左移动用的是 x 坐标增加 10，那么向右是 x 坐标增加多少？（答：-10）

Tips: 使用侦测中的按下左右箭头键来移动小羊。编辑完试一试小羊能不能左右移动。

积木区	积木名称	功能	示例
控制	如果 ◆ 那么	判断条件执行语句	如果 按下 →▼ 键? 那么 将x坐标增加 10

T：接下来编辑剪刀掉落的程序。首先需要添加道具第 2 页的橙色剪刀。

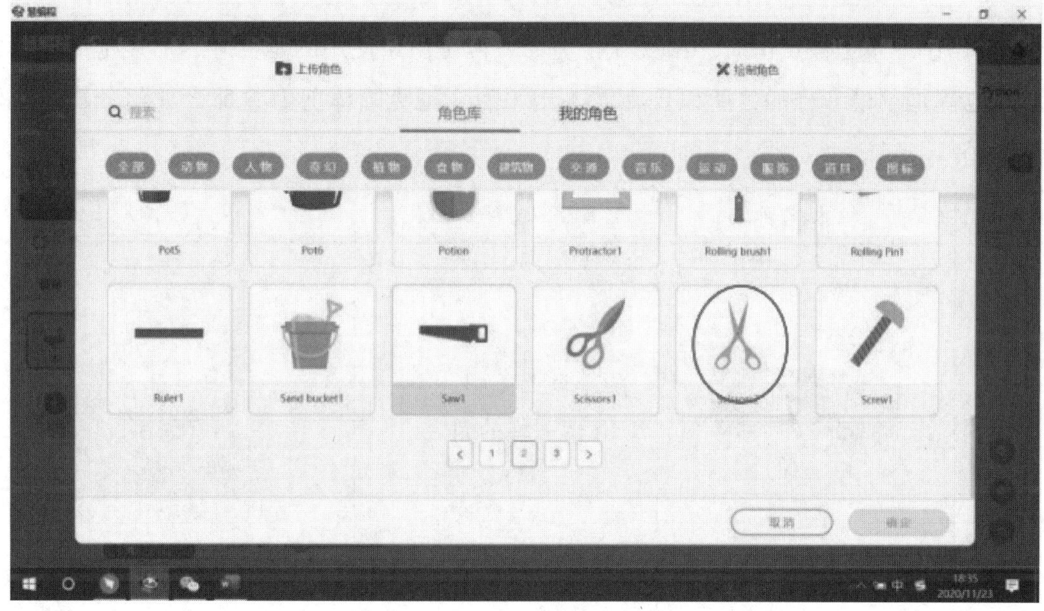

T：然后编辑一下剪刀的大小，100 改为 50，剪刀的刃口向下，由 90 变为 –90。准备好了就开始编辑剪刀的程序了。

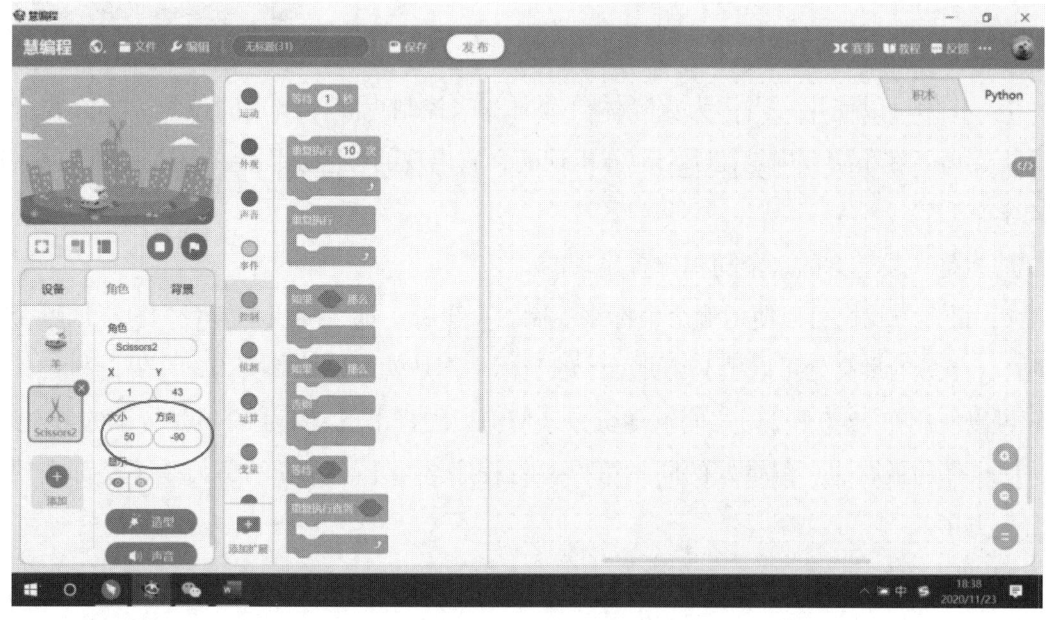

（4）第四步：使用克隆来实现剪刀同时出现多把

T：当小绿旗子被点击时会出现 3 把剪刀，但是由于使用的是克隆，所以他的坐标大小方向也都是一模一样的，所以现在看不出来有 3 把克隆体剪刀，那么如何分辨克隆体的剪刀呢？

积木区	积木名称	功能	示例
控制	克隆 自己	在舞台上复制一个一模一样的角色	当 被点击 重复执行 3 次 克隆 自己
控制	当作为克隆体启动时	每当有克隆体出现时就会执行这条程序	当作为克隆体启动时 移到 x: −58 y: 1

T：我们可以使用“当作为克隆体启动时”来控制克隆体出现的位置。那么我们思考一下，剪刀在小游戏中是在哪个地方出现的，它出现的位置是固定的还是随机的？（邀请同学来回答）

剪刀是在最上方的一个随机位置出现的。

T：最上方我们可以使用哪个坐标来控制？ y 坐标。那么随机位置我们可以用哪个来实现？ y 坐标的最高处可以填 170，那么 x 的坐标是不是就可以控制剪刀的左右随机位置？我们可以使用在 −240 和 240 之间取随机数来使剪刀随机出现，因为 −240 是屏幕的最左边，240 是屏幕的最右边。编辑好的同学可以运行程序试一下，克隆的剪刀是不是都出现在舞台上方了。

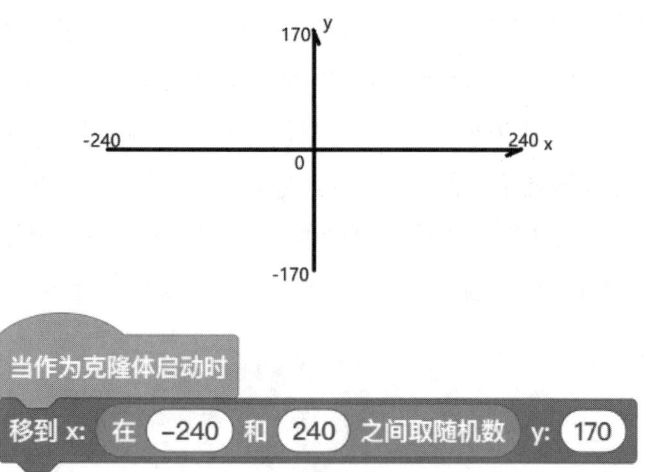

但是我们发现屏幕上还有一个本体的剪刀，这个剪刀只有一个克隆本体的程序，所以不能移动，那么我们将它隐藏就可以了。但是由于克隆体也将会隐藏一起克隆所以我们在作为克隆体启动时写上一个显示。

（4）第五步：编辑剪刀掉落的程序

T：剪刀掉落的过程是一直重复不停的，所以要使用重复循环。要使剪刀不停地往下掉落需要使 y 坐标不停地减少，所以我们可以加 y 坐标增加 –10 来实现剪刀掉落。

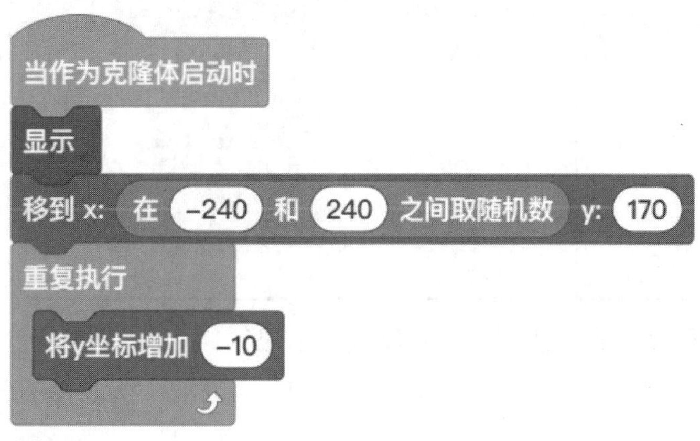

T：接下来就要检测剪刀是否到达地面和是否碰到羊了。如果检测到地面了那么剪刀回到最上方，如果碰到羊了也是回到最上方，但是羊还要换一个角色。

T：使用“如果那么”来判断，那么如何检测剪刀已经碰到地面了呢？我们可以观察坐标轴 y 在 –170 的时候是处于最低点，所以如果 y 坐标处于 –170 的时候，复制一个自己，那么刚刚复制的自己又会执行“当作为克隆体启动时”的程序。删除此克隆体，删除的是处于屏幕最下方的克隆体，这样屏幕上才会一直只有三个克隆体。

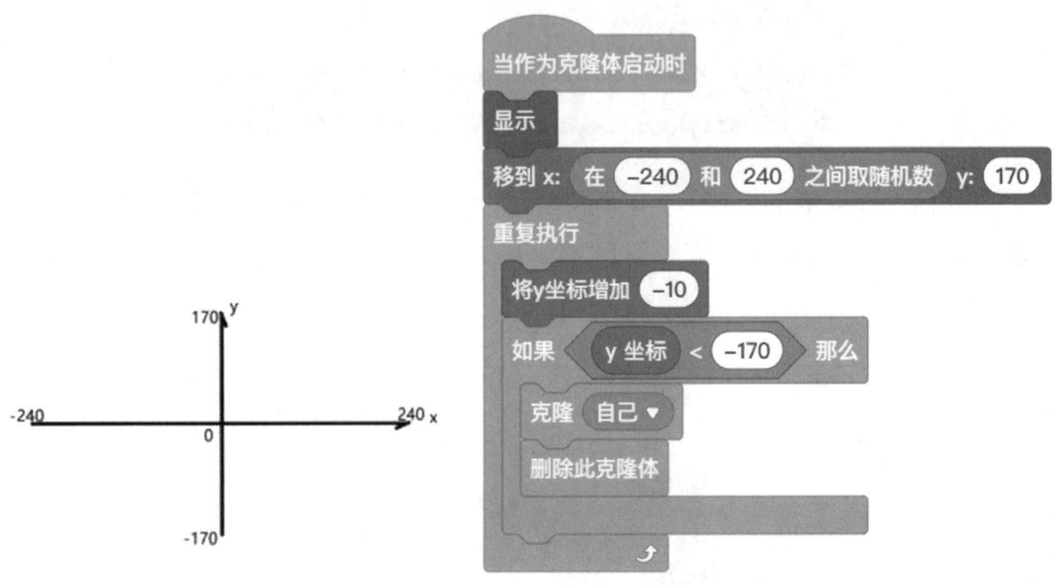

积木区	积木名称	功能	示例
控制	删除此克隆体	删除正在执行这条程序的克隆体	当作为克隆体启动时 显示 移到 x: 在 –240 和 240 之间取随机数 y: 170 重复执行 将y坐标增加 –10 如果 y 坐标 < –170 那么 克隆 自己 删除此克隆体

T：对照以上程序将剪刀碰到羊的程序编出来吧。

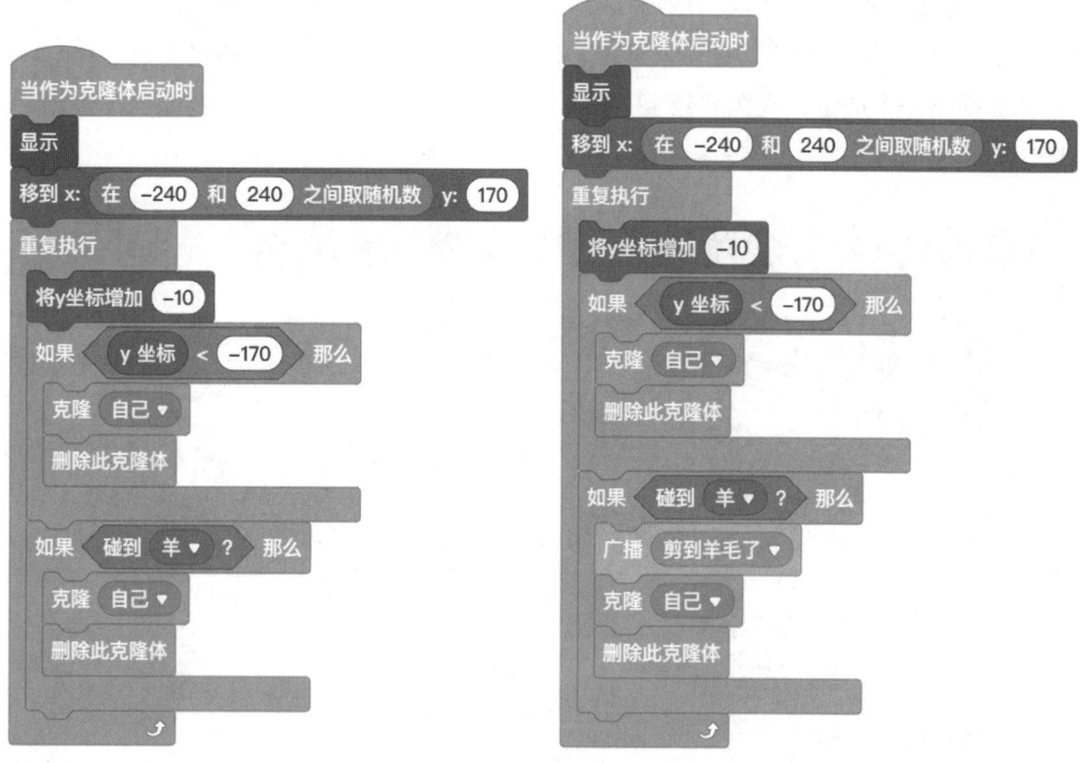

T：剪刀碰到羊之后羊也应该换一个造型，我们可以使用广播的方法来告诉羊角色换下一个造型。回到羊角色，编辑接收到程序换下一个造型。编辑好可以测试一下了。

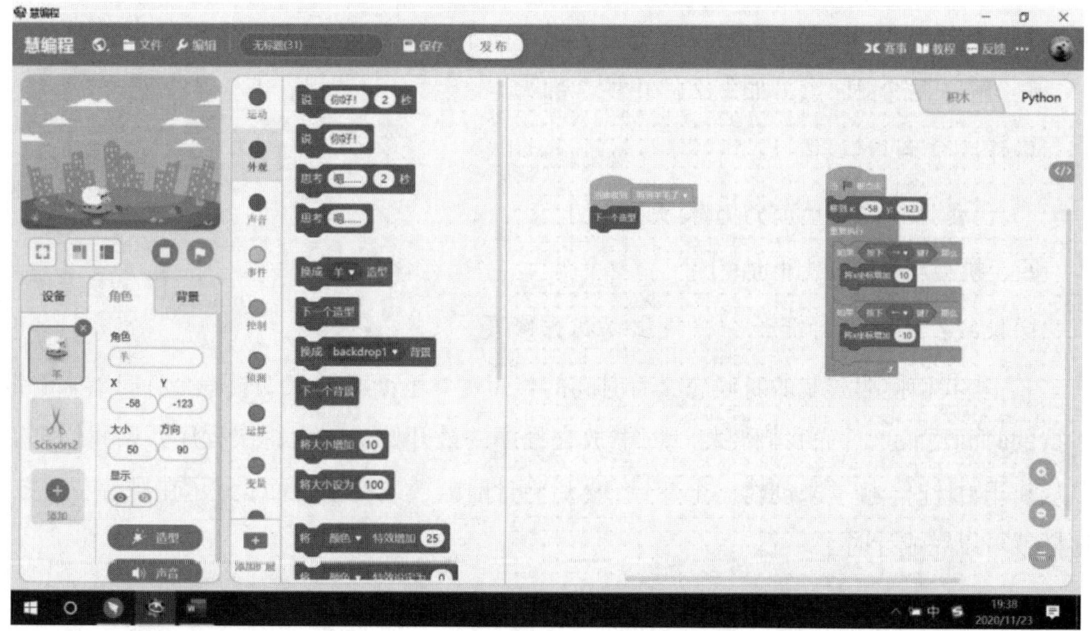

T：我们发现虽然造型改变了，但是造型会一直循环程序也不会停止。当然，我们还没有写停止的程序，现在我们在接收到剪刀羊毛下面加一个“如果那么”，如果造型编号等于 3 那么停止全部脚本。

T：最开始羊的编号是 1，当第一次剪到羊毛了会先判断编号是否等于 3，如果不是那么换下一个造型，现在羊的编号是 2，当羊第二次碰到剪刀会先判断编号是不是等于 3，不是那么换下一个造型，现在编号是 3，当羊第三次碰到剪刀判断是不是等于 3，现在是了所以停止全部脚本。

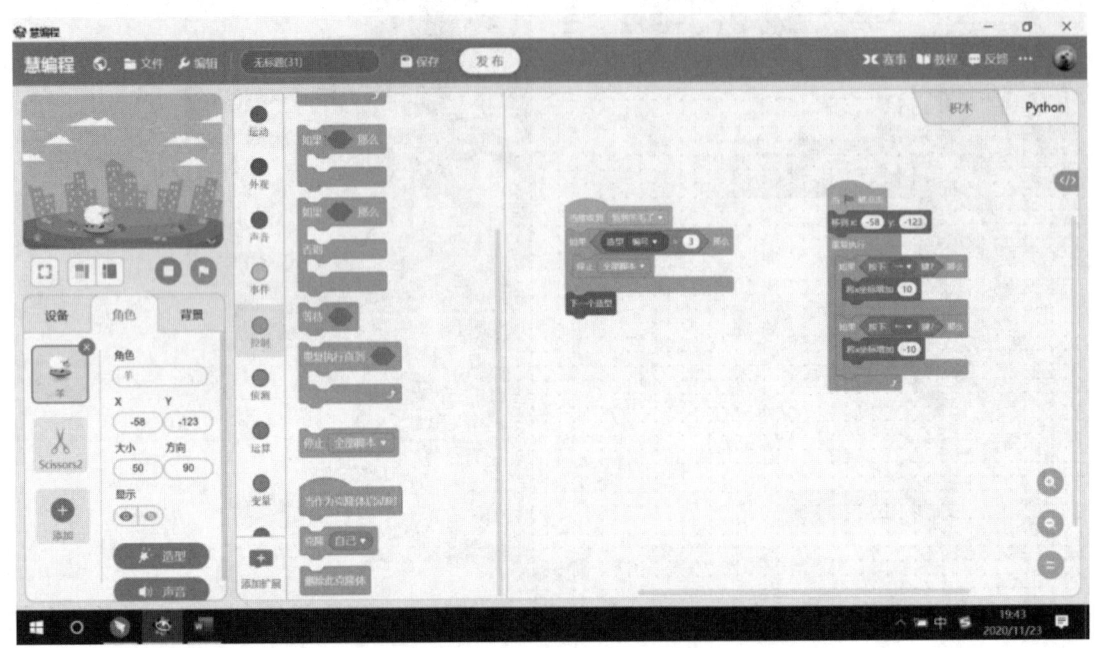

3. 测试程序找到漏洞

T：关注孩子个性化，自由发挥即可，辅导孩子完成完整程序。

T：解释关键程序点，如怎么停止的全部脚本。

4. 作品命名与保存

T：完成的作品确认命名后及时保存。

四、挑战与游戏（15mins）

1. 挑战：编辑计时器计分，找出漏洞并修复

T：当我们挑战游戏的时候怎么看时间的长短呢？下面我们来编辑一个计时器来看谁坚持的时间更长。首先我们要将计时器放在程序的最开始，因为每次程序开始我们都需要从 0 开始计时，接下来创建一个变量，然后将计时器放入变量里面，显示在舞台左上方。这样就可以完成计时了。

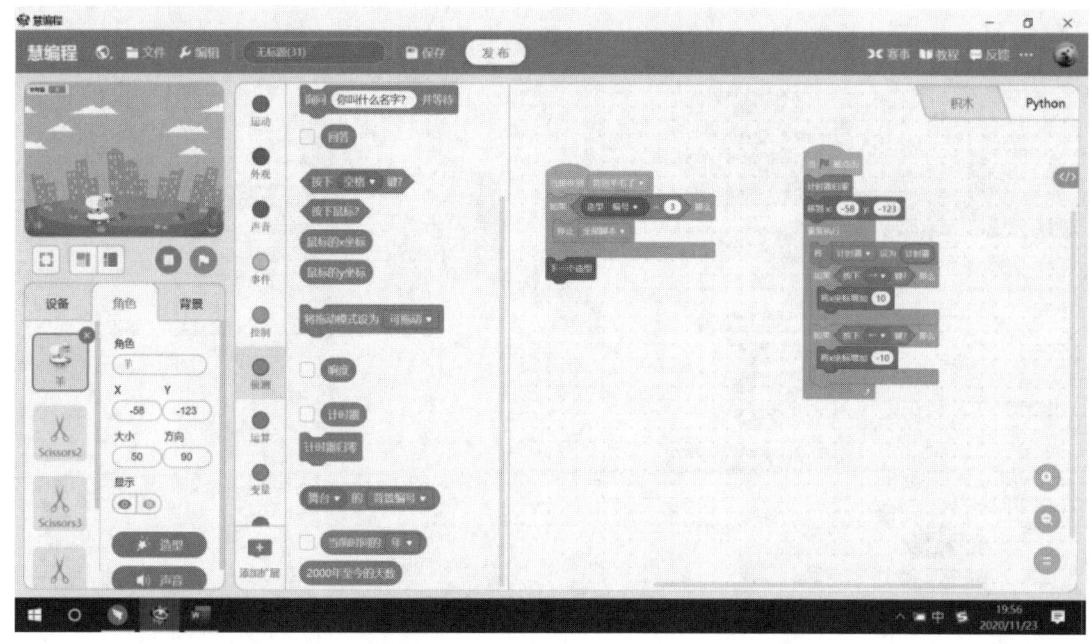

T：还记得最开始看的小游戏，画面两侧还有两把剪刀，这两把剪刀碰了也会掉羊毛，大家来自己编辑一下吧。

① 简单介绍要实现的功能，引导学生梳理逻辑。

② 在慧编程中完成程序实现，测试效果。

T：整个过程由学生自主进行探究学习，根据前边学习的内容，自己测试完成停止状态。

T：完整程序参考如下：

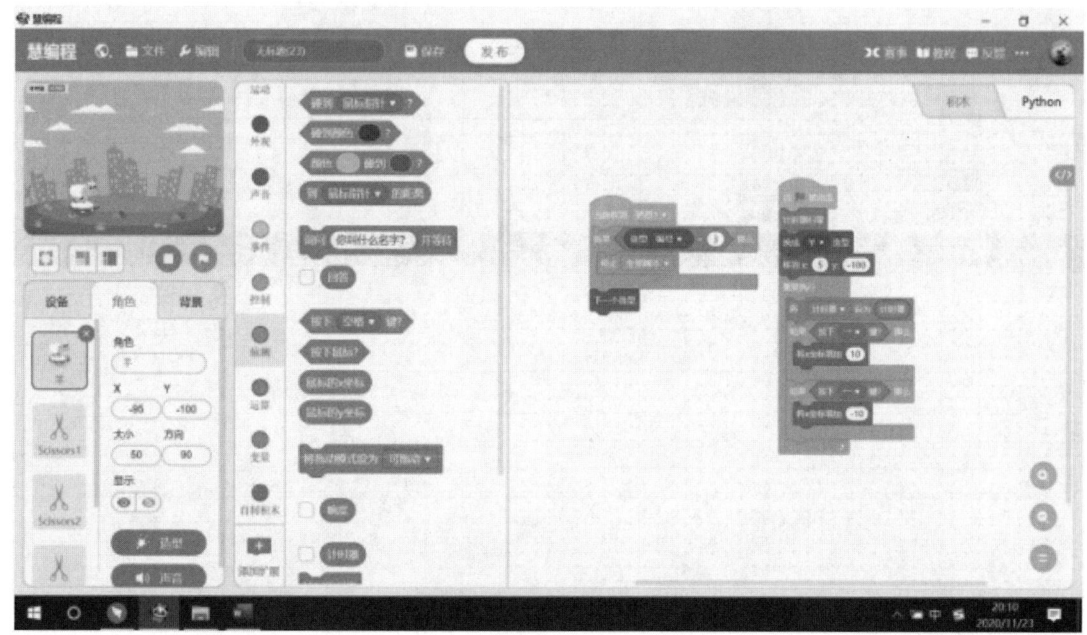

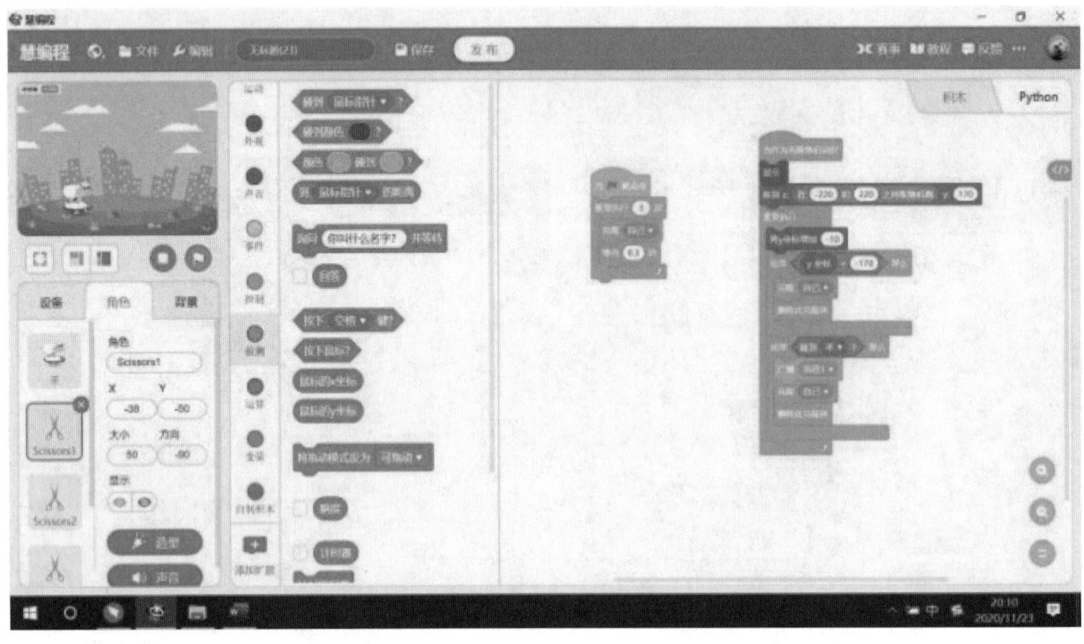

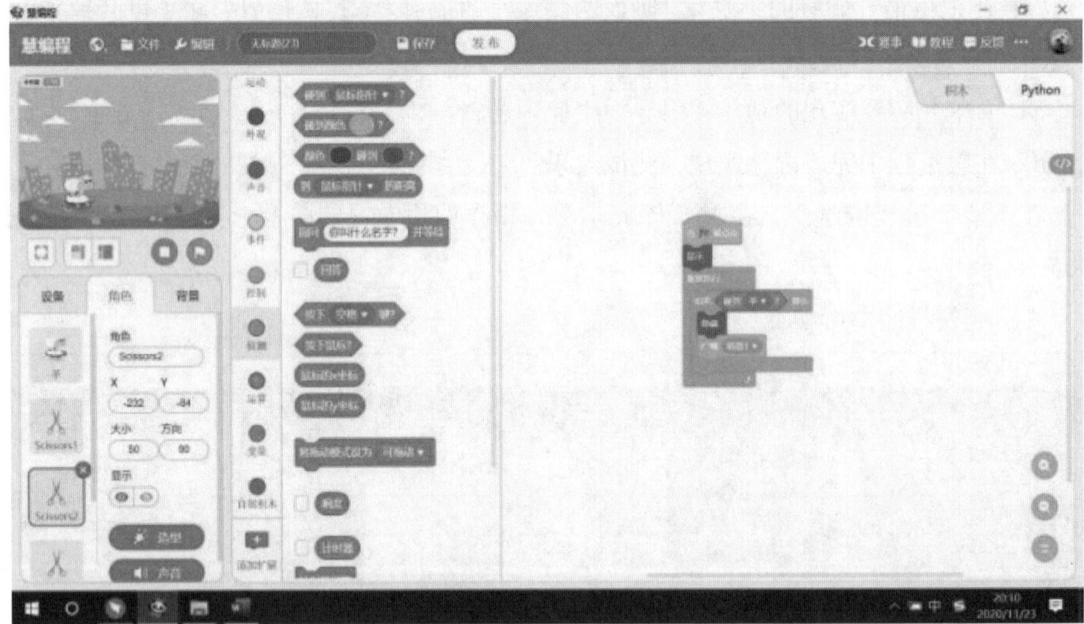

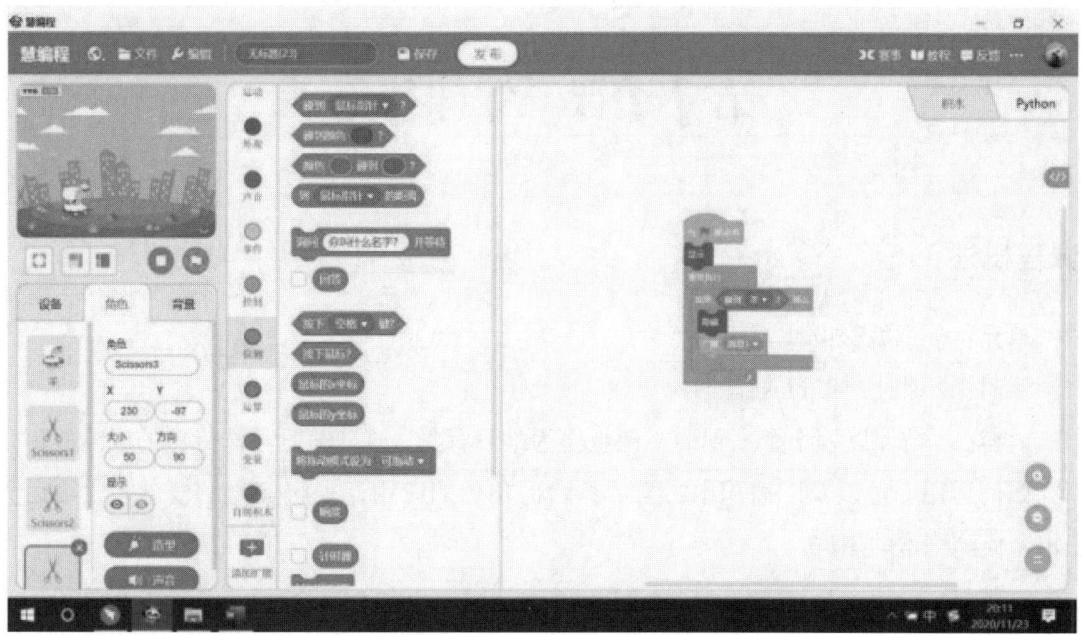

2. 游戏时间：展示各自的作品，比比看谁的效果更有意思

T：大家通过比赛展示自己的作品。

五、分享与小结（10mins）

1. 引导学生从不同角度分享，鼓励学生尝试举一反三（知识迁移）

- 我学到了……
- 通过键盘左右连个箭头控制小羊左右移动。
- 学习了坐标轴 x 和坐标轴 y。
- 学习了如何从自己电脑中新建角色，添加造型。
- 学习了克隆的使用。
- 学习了定时器的运用。
- 树立了发现问题、解决问题的意识。
- 日常使用剪刀时要注意安全。

2. 结合学生的分享，适当点评后，进行课堂小结

- 通过使用三个造型使程序更有趣。
- 通过克隆的方法可以使屏幕中出现更多的剪刀。
- 通过计时器可以知道现在每局我的得分。
- 安全使用剪刀。

第 14 课　守株待兔

课程概述

单元：创意编程设计。

课时：2 课时，45mins/ 课时。

内容：本节课以程小奔来到语文课堂作为学习背景，通过学习守株待兔的成语故事，探究如何运用变量以及广播积木，学习舞台区角色的应用，了解变量的概念，学习运算积木、侦测积木的用法。

教学目标

情感：只有通过自己的努力才能有所收获，否则终将一无所获，留下终身遗憾。

知识：（1）了解切换造型的程序块。

（2）复习接收发送广播消息。

（3）学习使用变量来代表跳跃速度。

（4）学习“重复执行直到”模块。

能力：培养逻辑思维能力和学习能力。

器材准备

（1）程小奔套装（蓝牙版）*1/ 人。

（2）装有慧编程的电脑 *1/ 人。

教学过程

一、情境导入（5mins）

T：今天语文课程小奔学习了一个新成语——守株待兔。一起来陪程小奔看一下这个成语的背景故事吧。（PPT 播放视频）

T：通过这个成语故事，大家都有什么感受呢?

T：如果不劳而获，守着树桩，只能饿肚子。只有勤劳的劳动，才能得到胜利的果实。

T：那么接下来我们用程小奔和慧编程来完成一个以这个故事为背景的游戏吧。

二、任务分解（20mins）

通过情景导入，组织学生进入任务分解环节，尝试画出思维导图。

T：首先我们来看一下完成这个故事需要哪些必需的角色。

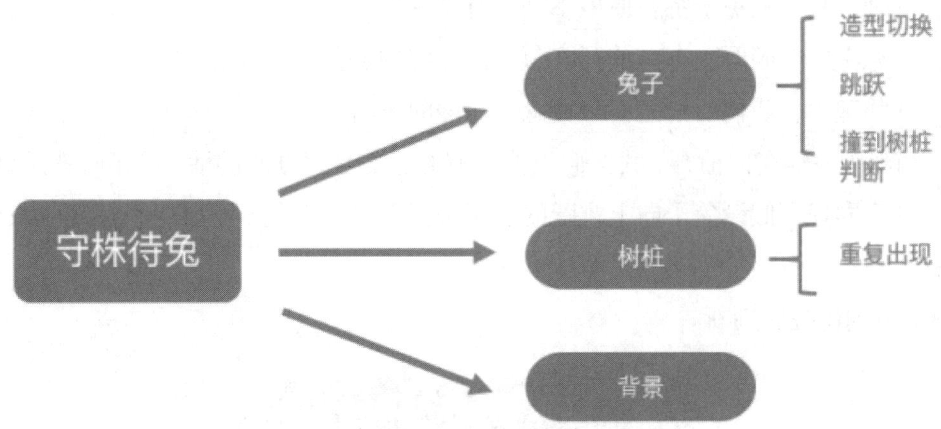

Tips：鼓励学生通过还原故事，主动思考，积极回答问题。

1. 兔子

（1）造型的切换

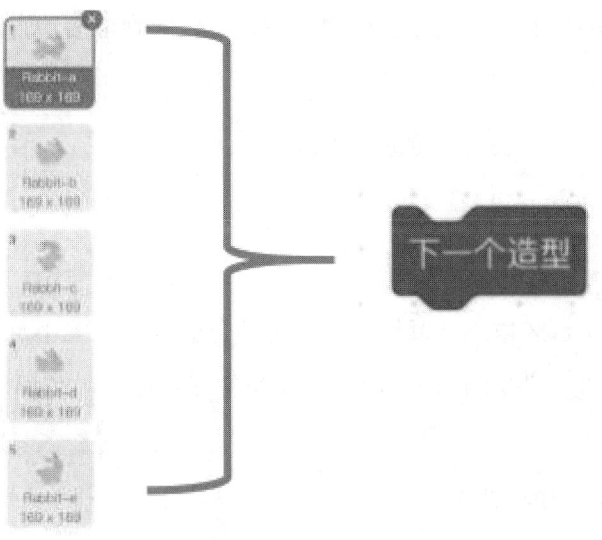

（2）兔子的跳跃运动

T：首先思考一个问题，一辆车静止停在原地，有没有速度？

T：同理，当一只兔子待在原地不动，有没有速度？

T：再思考一个问题，车向前开，兔子向上跳的过程，有没有速度？

T：在物理中，我们要清楚一个概念：速度的方向。

T：当驾驶一辆车向前开，我们假设他向前的速度是正方向的话，倒车时就是负方向。

T：那么同理，假设兔子向上跳跃的速度是正方向，当兔子下落时，速度应该是什么方向呢？

（3）撞到树桩后判断

2. 树桩

T：重复出现在屏幕上，从最右边运动到最左边后回到最右边重新开始运动。

3. 背景

T：选择合适的背景，农田或草原都可以。

三、编程实战（20mins）

1. 自由体验

T：选择合适的舞台区角色、背景，并调整到合适位置和大小。

T：注意兔子和树桩要在同一个水平高低，y 坐标理论上是相同的。

2. 探究学习

（1）第一步：兔子切换造型

T：添加完兔子后，打开造型，发现兔子这一个角色有五种造型可以切换，当等待 0.1 秒后切换造型，重复执行后会发现，兔子实现了原地奔跑的感觉。

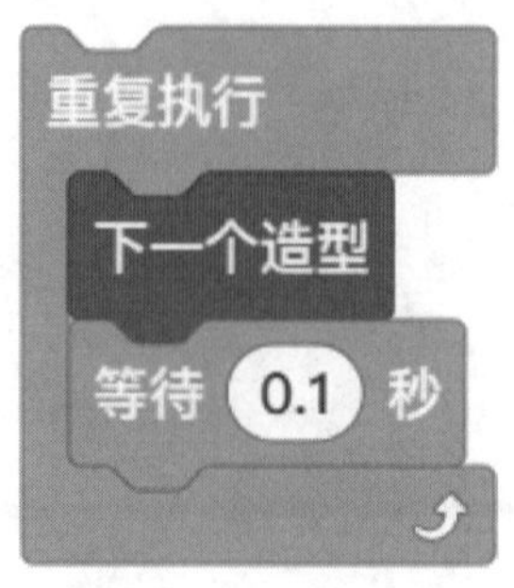

（2）第二步：判断兔子有没有撞到树桩

打开慧编程，边演示边讲解：

T：在兔子切换造型中，如果碰到了障碍物，应该怎么做？

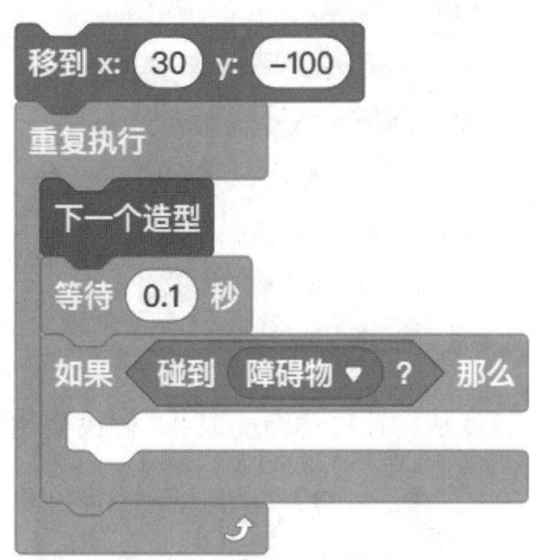

（3）第三步：用程小奔按键控制兔子的跳跃

T：运用广播消息，当按下按钮 C，发送广播消息跳跃，当收到跳跃的消息，兔子跳起。

（4）第四步：完成兔子的跳跃程序

T：在物理中，我们要清楚一个概念：速度的方向。

T：当驾驶一辆车向前开，我们假设他向前的速度是正方向的话，倒车时就是负方向。

T：那么同理，假设兔子向上跳跃的速度是正方向，当兔子下落时，速度应该是什么方向呢？

T：那么向上跳跃过程中如果速度一直保持不变会发生什么？（人无法下落，会匀速一直上升）

T：所以人跳跃的高度是有限的，当跳跃到最高点时，速度是几？（0）

T：由前面分析得知跳跃到最高点速度是 0，那接下来人应该去哪里呢？（下落）

T：刚刚分析得知，速度是有方向的，因此下落过程速度值为负数。

T：思考一下，完成整个跳跃过程，速度是一直增加的还是减少的？

T：速度在向上跳跃中一直减少，变化的数量我们需要建立变量。

T：最开始向上跳跃，速度从初速度逐渐变成 0，假设初速度为 20。

T：只增加一次速度并不能完成连贯的跳跃动作，所以变量应该逐渐减少。

T：但是变量不应该重复无限次减少，此时有一个跳出循环的条件，就是当 y 坐标降落到起跳高度时，应该跳出循环。

T：最后跳出循环后，y 坐标应该重新回到起点位置。

（5）第五步：完成障碍物的运动

T：首先开始游戏时，我们需要把障碍物放置到最右侧，这样才有足够的距离向左运动。

T：障碍物在从右往左移动时 x 坐标不断减少，直到减少到最左边 –240 的位置。

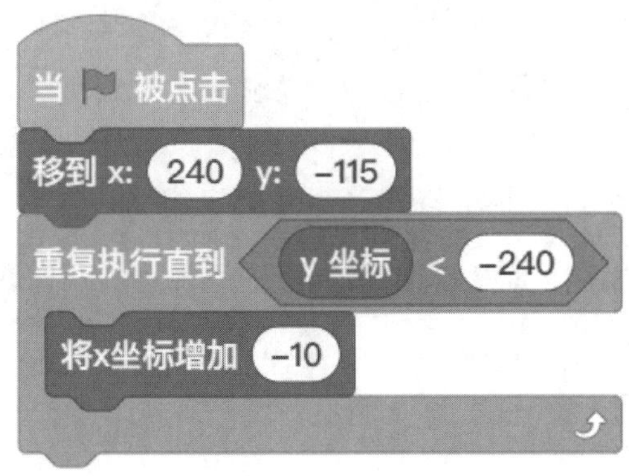

T: 障碍物在从右往左移动是 x 坐标不断减少的过程，直到减少到最左边 –240 的位置。这个过程重复执行，因此要用循环。

3. 测试程序

T：完成兔子跳跃以及障碍物运动的程序时，关注学生的个性化，自由发挥即可，辅导学生完成完整作品。

Tips：提醒学生确认小程与电脑已经完成了配对、连接。能够通过按键来控制兔子的跳跃。

4. 作品命名、保存

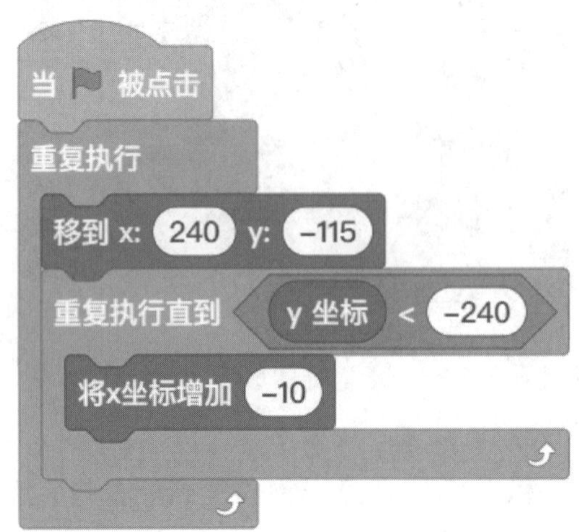

T：完成的作品确认命名后及时保存。

四、挑战与游戏（35mins）

1. 挑战：游戏失败后，想要撞树的兔子被抓走，应该怎么通知鹰呢

T：当兔子撞到树桩上，在停止全部脚本之前，我们需要先完成兔子被鹰捉走的程序。

T：在抓捕过程中，角色之间需要沟通，因此我们要用到广播。

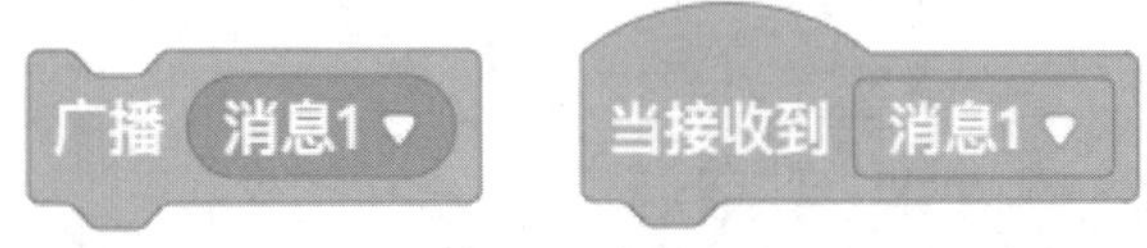

2. 挑战：实现老鹰收到广播后老鹰由远及近飞来

T：兔子撞到树之后发送广播，老鹰收到广播后由远处飞来，逐渐变大最后滑行到兔子所在位置整个游戏结束。

T：完整程序参考如下：

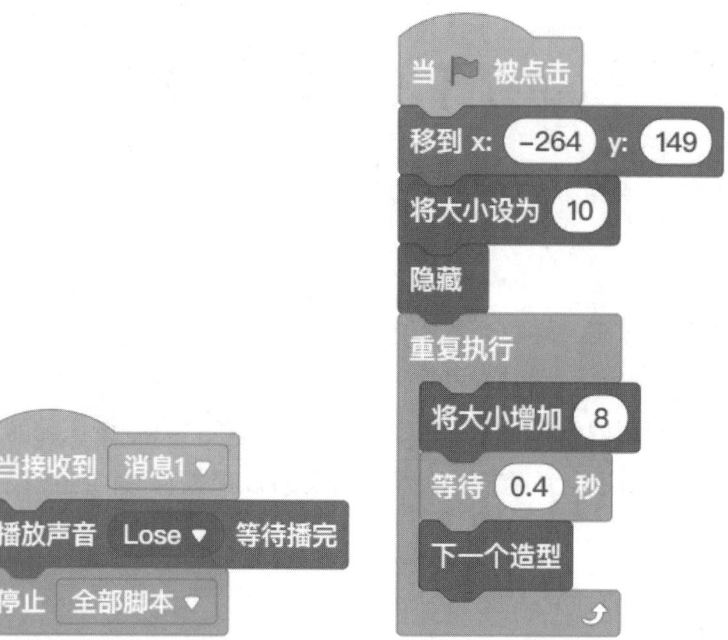

3. 游戏时间：展示各自的作品，比比看谁的效果更有趣

T：依次向大家展示自己的作品。

五、分享与小结（10mins）

1. 引导学生从不同角度分享，鼓励学生尝试举一反三（知识迁移）

- 我学到了……
- 用变量实现速度的变化。
- 如何两个角色之间沟通？
- 运用发送和接收广播。
- 了解切换造型的程序块。
- 学习“重复执行直到”模块。
- 只有通过自己的努力才能有所收获，否则终将一无所获，留下终身遗憾。

2. 结合学生的分享，适当点评后，进行课堂小结

- 用变量实现速度的变化。
- 如何让两个角色之间沟通？
- 运用发送和接收广播。
- 了解切换造型的程序块。
- 学习“重复执行直到”模块。
- 只有通过自己的努力才能有所收获，否则终将一无所获，留下终身遗憾。

第15课　节奏大师

课程概述

单元：创意编程设计。

课时：2 课时，45mins/ 课时。

内容：本节课利用四色鳄鱼夹，控制四个方向角色，只有按正确的方向并落入指定区域得分，主要锻炼玩家的反应能力，挑战部分可以根据掉落的速度设置不同的难度，将更具有挑战性。

教学目标

情感：理解游戏情境并懂得遵守游戏规则。

知识：（1）坐标轴。

（2）克隆的应用。

（3）熟悉变量使用。

（4）掌握运算中比较的用法。

能力：（1）学习能力。

（2）创新能力。

器材准备

（1）装有慧编程的电脑 *1/ 人。

（2）神经元 _ 触摸开关组件 V1.0*1/ 人。

教学过程

一、情境导入（5mins）

T：PPT 图片介绍游戏并制作介绍《节奏大师》的游戏规则。该游戏经过改编，在对应方向键落到得分区域，必须按正确的方向才能得分，否则不会得分，需要极好的反应力。（可以将成品程序展示

给学生看并进行演示）

接下来我们就开始制作这一款游戏吧！

二、任务分解（10mins）

任务一：添加方向角色，调整造型

添加方向角色并更改造型（学生可自己设计）。

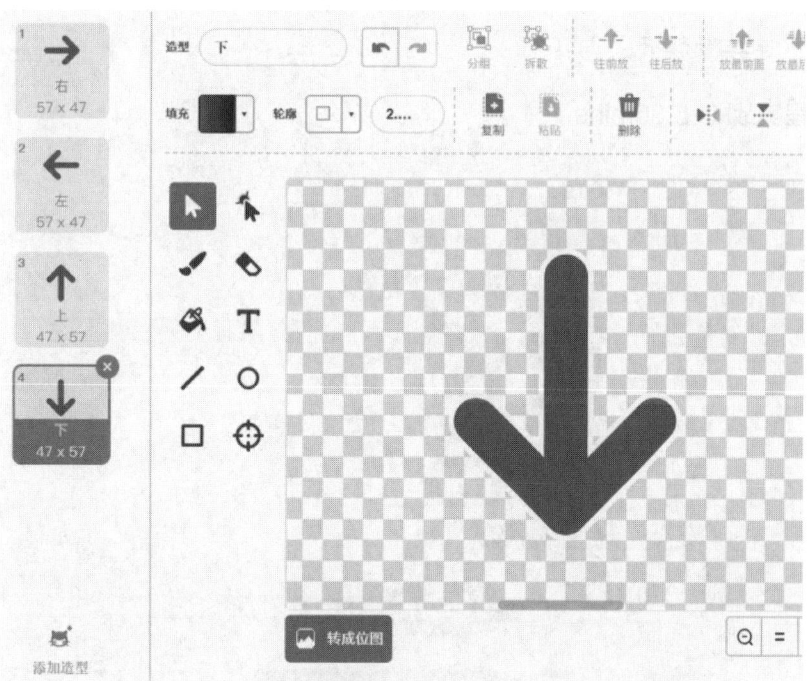

添加角色得分区域（学生可自己设计）。

调整舞台布局。

任务二：连接触摸开关与小程

三、编程实战（上 30mins）

1. 建立如下变量

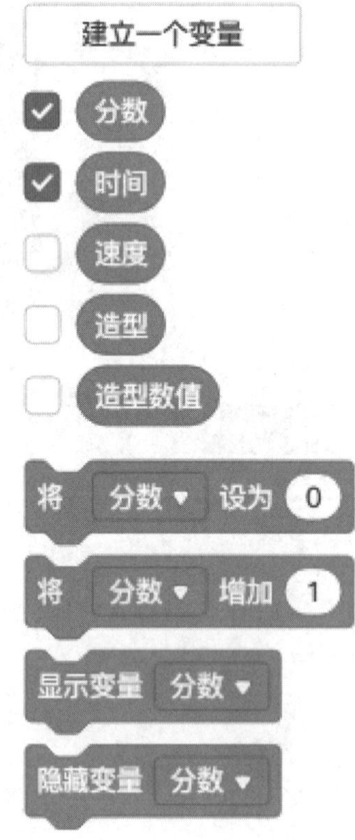

T：

分数：记录得分情况。

时间：倒计时为 0 游戏结束（挑战部分应用）。

造型：随机方向角色的造型数（1~4）。

造型数值：控制时每个控制键对应一个数值（1~4）匹配造型值。

速度：方向角色下落速度。

方向的程序：

初始变量分数值为 0。

隐藏角色本身，通过坐标确定初始位置在舞台上方，设置合适大小，每等待 3 秒钟克隆自己（克隆速度不宜太快，不能同时存在两个克隆体在舞台上）。

方向的克隆体启动一定要加入显示，否则角色属性是隐藏的克隆体也会隐藏。移到前面是为了方便克隆体即使在落到得分区域也能看得到不被挡住。高度固定 y：200，x 轴取随机数实现在同一高度不同位置落下，设置变量造型取随机数 1~4（共 4 个造型）每次启动随机取一个数值更换成该数值对应的造型；将 y 坐标增加负数（数值大小决定掉落速度），实现往下掉落。掉落过程中检测按下按键的变量与造型变量值是否一致，如果一致且碰到得分区域那么得分；如果仅按下了对应的方向却没有碰到得分区域那么不得分并删除此克隆体。如果克隆体掉落到下方 y 坐标小于 –150（此数值根据实际情况调整大小）那么删除此克隆体。

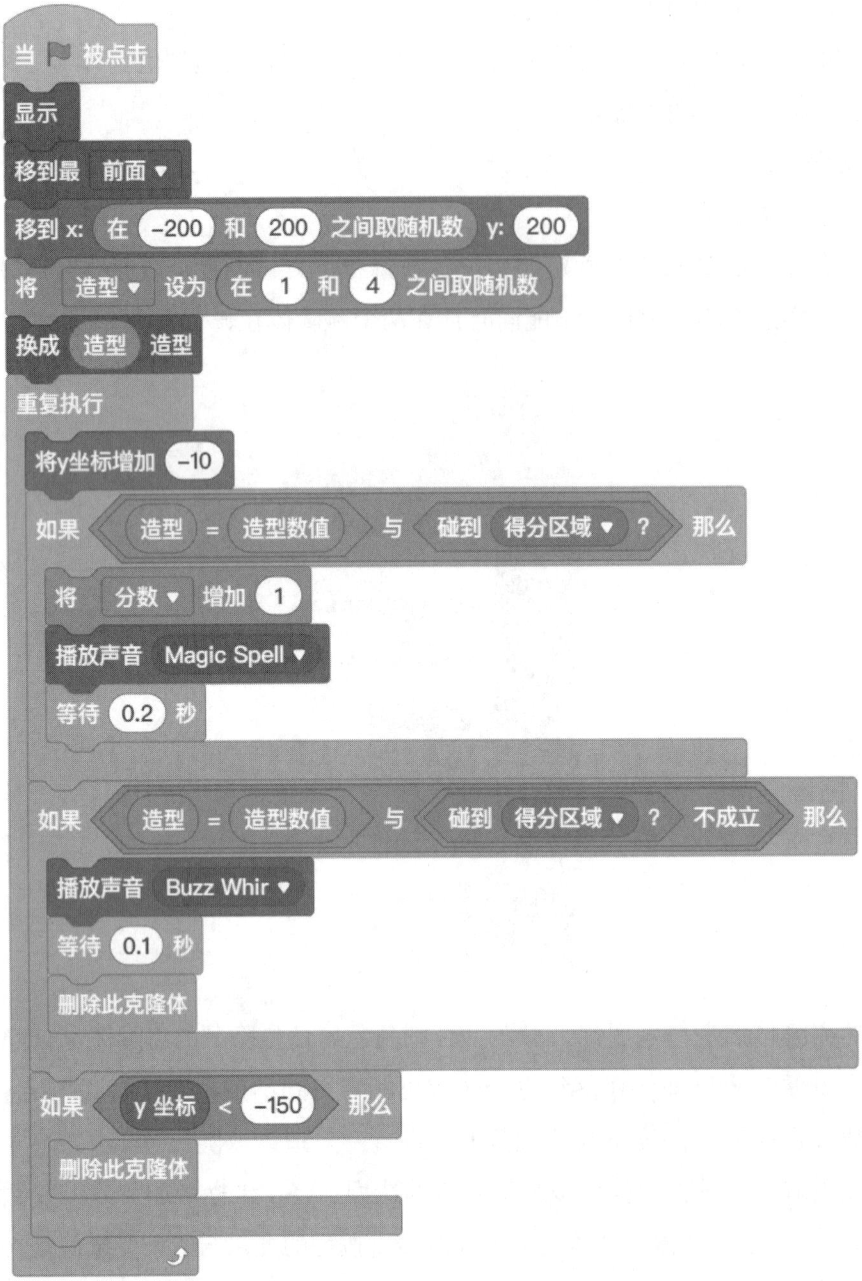

```
当 🏴 被点击
显示
移到最 前面 ▾
移到 x: 在 -200 和 200 之间取随机数 y: 200
将 造型 ▾ 设为 在 1 和 4 之间取随机数
换成 造型 造型
重复执行
    将y坐标增加 -10
    如果 < 造型 = 造型数值 > 与 < 碰到 得分区域 ▾ ? > 那么
        将 分数 ▾ 增加 1
        播放声音 Magic Spell ▾
        等待 0.2 秒
    如果 < 造型 = 造型数值 > 与 < 碰到 得分区域 ▾ ? 不成立 > 那么
        播放声音 Buzz Whir ▾
        等待 0.1 秒
        删除此克隆体
    如果 < y 坐标 < -150 > 那么
        删除此克隆体
```

控制方法一：用按键控制（一定在很短时间内将造型数值设为 0）

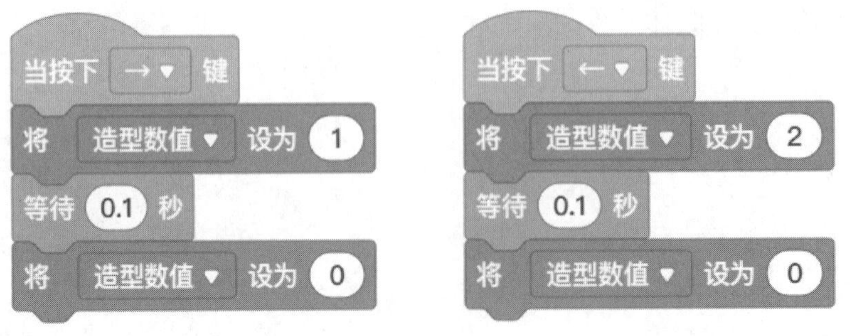

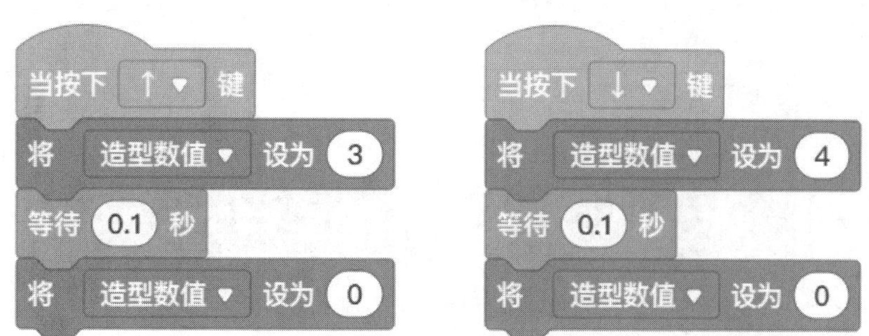

控制方法二：用手触摸开关控制（一定在很短时间内将造型数值设为 0）。

在设备扩展中心里找到神经元选择添加。

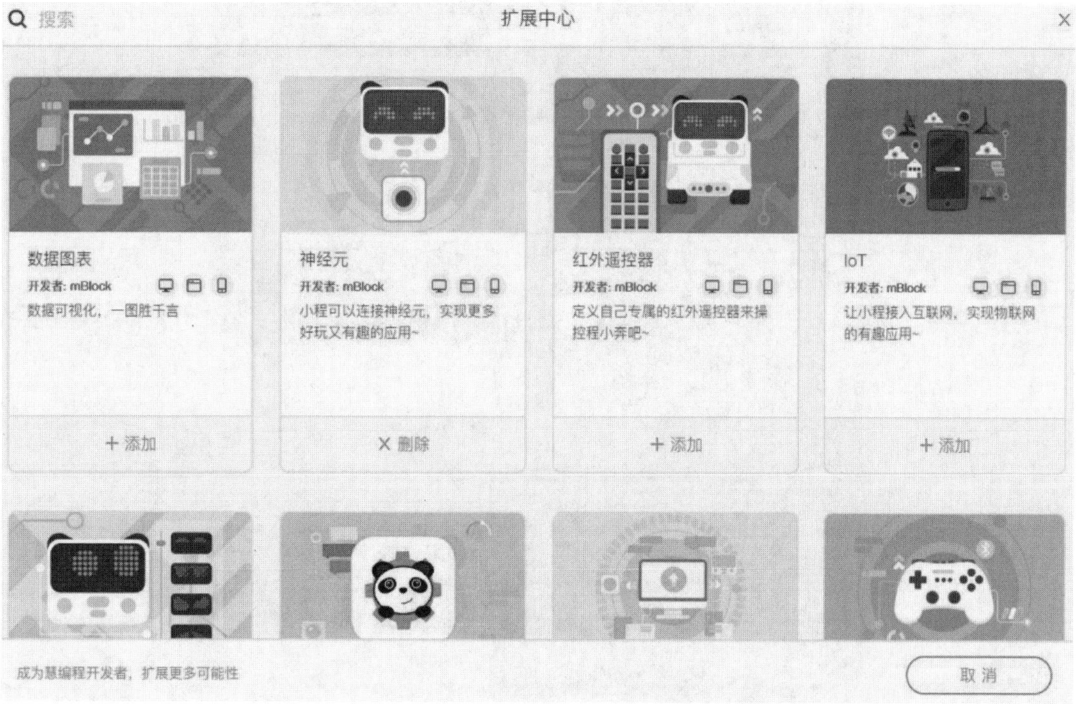

搜索
扩展中心

数据图表
开发者: mBlock
数据可视化，一图胜千言
＋添加

神经元
开发者: mBlock
小程可以连接神经元，实现更多好玩又有趣的应用~
X 删除

红外遥控器
开发者: mBlock
定义自己专属的红外遥控器来操控程小奔吧~
＋添加

IoT
开发者: mBlock
让小程接入互联网，实现物联网的有趣应用~
＋添加

成为慧编程开发者，扩展更多可能性
取 消

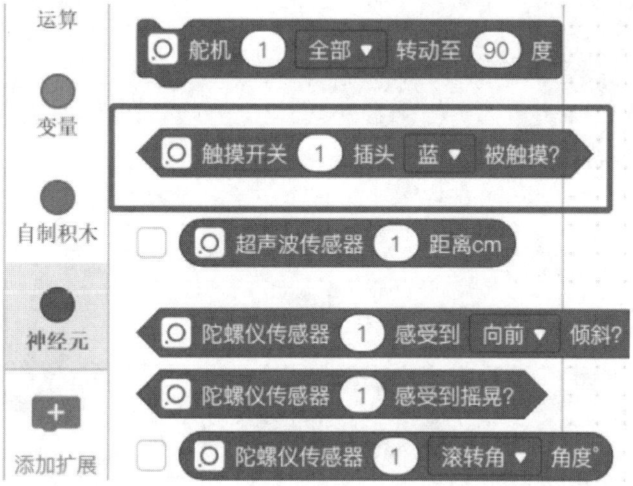

运算
变量
自制积木
神经元
添加扩展

舵机 1 全部 转动至 90 度
触摸开关 1 插头 蓝 被触摸?
超声波传感器 1 距离cm
陀螺仪传感器 1 感受到 向前 倾斜?
陀螺仪传感器 1 感受到摇晃?
陀螺仪传感器 1 滚转角 角度°

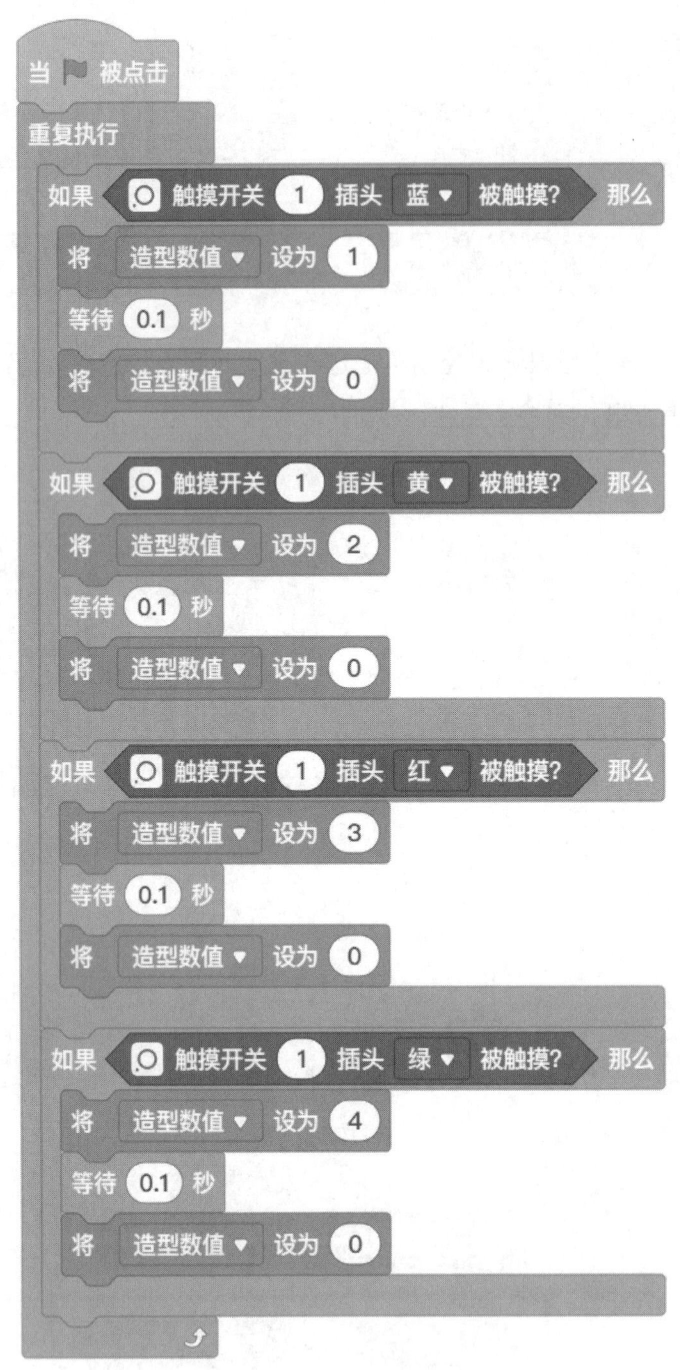
当 被点击
重复执行
如果 触摸开关 1 插头 蓝 被触摸? 那么
将 造型数值 设为 1
等待 0.1 秒
将 造型数值 设为 0
如果 触摸开关 1 插头 黄 被触摸? 那么
将 造型数值 设为 2
等待 0.1 秒
将 造型数值 设为 0
如果 触摸开关 1 插头 红 被触摸? 那么
将 造型数值 设为 3
等待 0.1 秒
将 造型数值 设为 0
如果 触摸开关 1 插头 绿 被触摸? 那么
将 造型数值 设为 4
等待 0.1 秒
将 造型数值 设为 0

2. 探究学习

触摸开关

触摸开关可以连接导电的物品，将它变成触摸开关。通过检测四色鳄鱼夹和地线的导通状态，能实现简单有趣的人机交互。

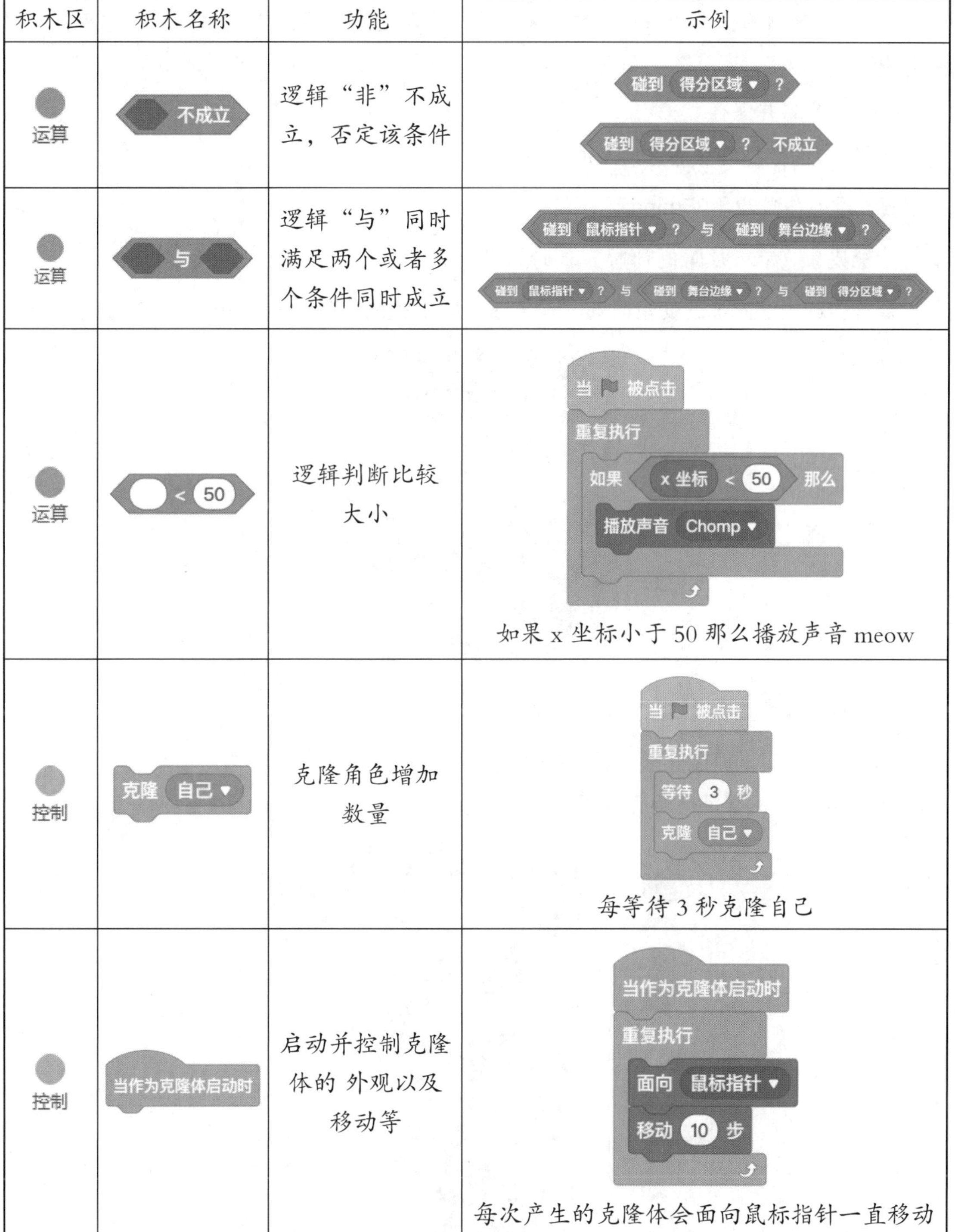

积木区	积木名称	功能	示例
运算	不成立	逻辑“非”不成立，否定该条件	碰到 得分区域 ? 碰到 得分区域 ? 不成立
运算	与	逻辑“与”同时满足两个或者多个条件同时成立	碰到 鼠标指针 ? 与 碰到 舞台边缘 ? 碰到 鼠标指针 ? 与 碰到 舞台边缘 ? 与 碰到 得分区域 ?
运算	< 50	逻辑判断比较大小	当 被点击 重复执行 如果 x 坐标 < 50 那么 播放声音 Chomp 如果 x 坐标小于 50 那么播放声音 meow
控制	克隆 自己	克隆角色增加数量	当 被点击 重复执行 等待 3 秒 克隆 自己 每等待 3 秒克隆自己
控制	当作为克隆体启动时	启动并控制克隆体的外观以及移动等	当作为克隆体启动时 重复执行 面向 鼠标指针 移动 10 步 每次产生的克隆体会面向鼠标指针一直移动

Tips：

• 角色本身隐藏，克隆体一定加入显示。克隆体的属性与原角色相同。不加入显示看不到克隆体。

• 克隆的速度不宜过快。

3. 测试程序

T：检测控制的触摸开关每个颜色是否可以正常处发对应的方向角色，注意变量数值的更改。

4. 作品命名并保存

T：完成的作品确认命名后及时保存。

四、挑战与游戏（35mins）

1. 挑战 1：加入时间倒计时，倒计时为 0 游戏结束

要求：利用已添加的变量时间：设置规定时间内的倒计时如：30、40 秒等。

2. 挑战 2：设置节奏大师的游戏难度选择

① “–”与变量速度连接，往下掉落速度为随机范围。

② 不同的音乐背景，对应不同的下落速度。

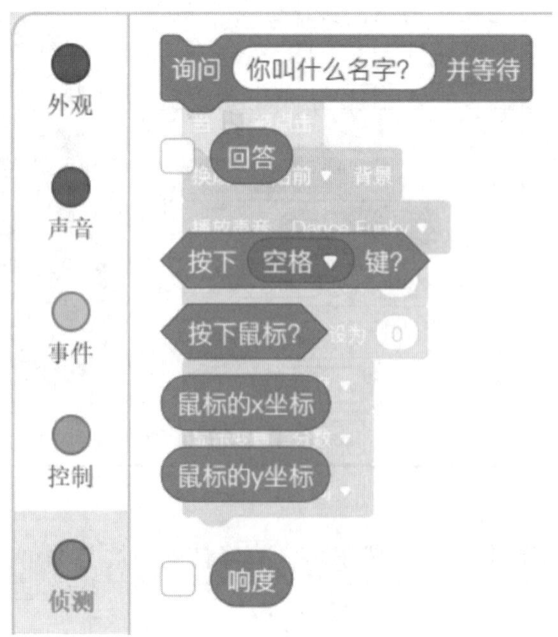

当 被点击
询问 难度设置：慢（回答1）中（回答2）快（回答3） 并等待
如果 回答 = 1 那么
将 速度 设为 在 4 和 6 之间取随机数
广播 歌曲1
如果 回答 = 2 那么
将 速度 设为 在 7 和 10 之间取随机数
广播 歌曲2
如果 回答 = 3 那么
将 速度 设为 在 11 和 15 之间取随机数
广播 歌曲3
停止所有声音
广播 正式开始
将 时间 设为 30
重复执行 30 次
等待 1 秒
将 分数 增加 -1
停止 全部脚本

当接收到 歌曲1
重复执行
播放声音 Dance Chill Out 等待播完

当接收到 歌曲2
重复执行
播放声音 Dance Around 等待播完

3. 游戏时间：比一比谁在规定时间内得分最高

五、分享与小结（10mins）

1. 引导学生从不同角度分享，鼓励学生尝试举一反三（知识迁移）

• 克隆的作用。

• 触摸开关的用法。

• 哪些地方使用了变量。

• 逻辑“与”、逻辑“不成立”。

2. 结合学生的分享，适当点评后，进行课堂小结

• 理解游戏情境并懂得遵守游戏规则。

• 触摸开关在使用时注意区分正负极：带有颜色的一端相当于电源的正极，没有颜色的鳄鱼夹相当于电源的负极，正极与负极相互连通或者连接同一导体即可实现导通状态。这一状态我们称之为被触摸，没有导体则是没有被触摸。

• 逻辑运算中“不成立”的使用直接否定该判断条件。

• x 轴数值为随机，角色在舞台上左右随机移动，y 轴数值为随机，角色在舞台上下随机移动。

第16课　黄金矿工

课程概述

单元：创意编程设计。

课时：2 课时，45mins/ 课时。

内容：本节课通过黄金矿工这款游戏的制作，让孩子掌握多个变量的用法，本节课涉及的变量比较多，理清楚它们之间的关系能更好地锻炼到学生的逻辑思维能力。

教学目标

情感：金钱能买到药，却不一定买到健康；金钱能买到权势，但买不到威望；金钱能买到服从，但买不到忠诚；金钱能买到躯壳，但买不到灵魂；金钱能买到小人的心，但买不到君子的志。正确树立财富观。

知识：（1）坐标轴。

（2）克隆的应用。

（3）熟悉变量使用。

（4）掌握运算中比较的用法。

（5）画笔的使用。

能力：（1）逻辑思维能力。

（2）学习能力。

器材准备

（1）装有慧编程的电脑 *1/ 人。

（2）角色、背景素材。（由于课程难度较大，若让孩子自己设计角色恐怕时间不足，所以需要老师提前将角色素材背景上传至学生电脑，以节省时间）

教学过程

一、情境导入（5mins）

T：问学生知道 PPT 图片中的这款游戏吗？

介绍《黄金矿工》是一款益智类小游戏。该游戏中，控制爪子抓取“黄金”，可以通过“挖矿”获得积分并不断升级，规定的时间比谁获得的积分更多。现实世界中不会有这么一个“金矿”等你来挖，不会天上掉馅饼。认清现实，我们需要依靠自己的努力来赚取“黄金”换得成功！俗话说书中自有黄金屋，眼前学校就是“金矿”，老师教授的以及书本上的知识便是“黄金”，掌握了知识便得到了用之不竭的“黄金”并受益终生！

接下来我们就开始制作这一款游戏吧！

二、任务分解（15mins）

任务一：添加并上传角色、背景

（1）添加钩子角色

（2）添加角色起点（吊车）

（3）添加角色黄金

（4）添加画笔绳子（点）

（5）添加游戏背景

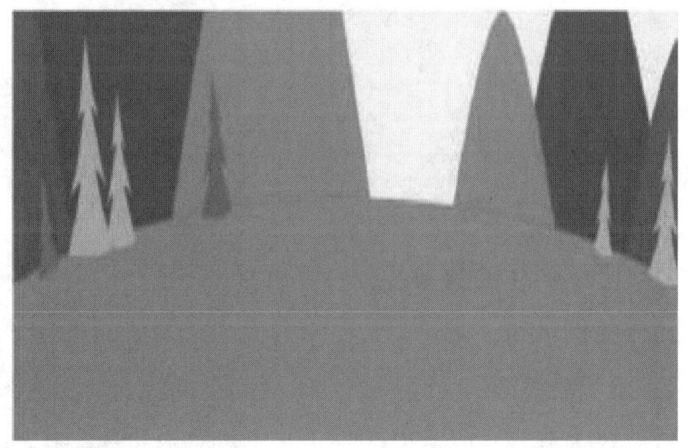

Tips：提前上传至学生电脑使用（若时间充裕，那么学生可以自己绘制）。

任务二：设置角色大小，调整角色合理位置（如图所示）

三、编程实战（上 25mins+ 下 25mins）

1. 建立如下变量

T：

得分：记录分数。

钩子转动方向：记录钩子的角度。

钩子状态：去、回。

黄金数量：黄金克隆体产生的数量。

时间：规定时间内的倒计时。

钩子的程序：

设置钩子的起始位置为起点；以 –90 为左、90 为右作为钩子转向的分界点，不停地左转每次旋转 10 度达到 –90 就更换为不停右转 10 度直到方向达到 90。

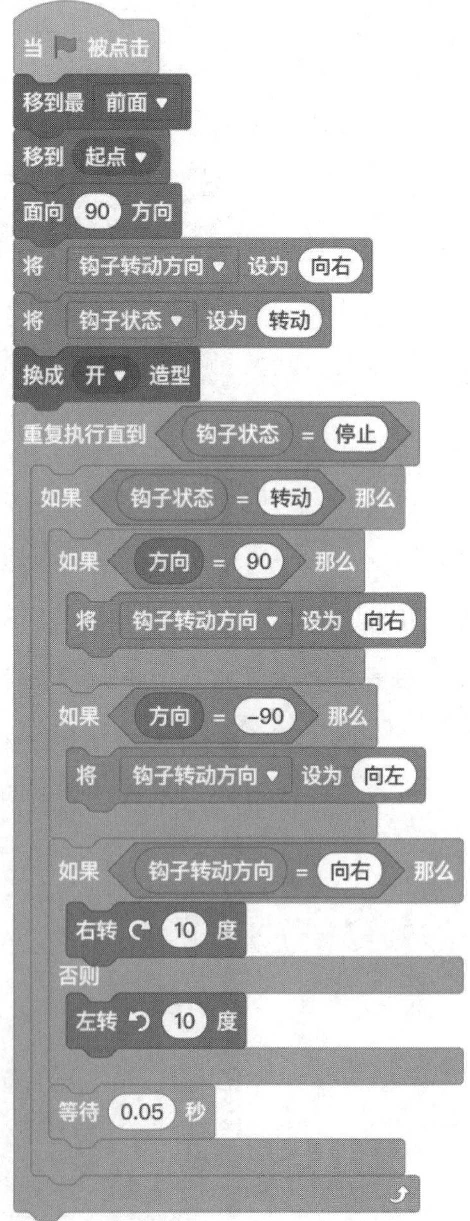

按下空格键发射钩子，将变量钩子状态设置为“去”一直移动直到碰到舞台边缘或者碰到黄金跳出循环不再继续移动，如果碰到的是黄金更换造型“合”并将变量钩子状态设置为“回”在 3 秒内滑行到起点，如果这时候黄金数量为 0，那么停止全部脚本游戏结束，否则更换变量状态，状态为转动更换钩子造型为“开”状态。

起点程序：

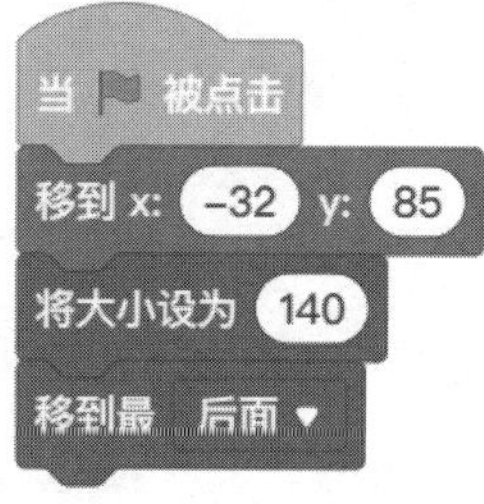

Tips：注意该角色造型的中心点在挂放钩子处。

绳子程序：角色里添加扩展画笔

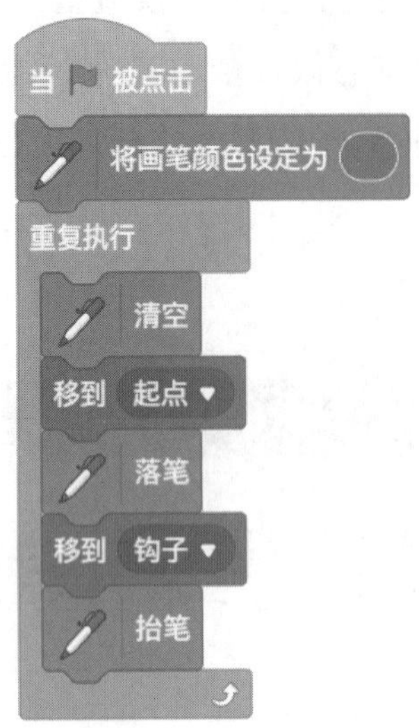

黄金程序：通过坐标设置起始位置，设置变量黄金数量，得分的起始值并隐藏角色本身；有几个黄金数量克隆自己几次，大小设置为随机每次克隆都会更换一个造型根据大小移动到随机位置。

当 被点击
移到 x: -168 y: -119
将 黄金数量 设为 10
将 得分 设为 0
隐藏
重复执行 黄金数量 次
将大小设为 在 2 和 5 之间取随机数 * 10
克隆 自己
下一个造型
移动 大小 * 5 步
碰到边缘就反弹

克隆体启动显示克隆体，一直检测是否碰到钩子，如果碰到了并且是去状态，那么面向起点不停地移动跟随钩子直到和起点的距离小于 10 将得分增加，增加的数值为变量大小，也就是越大的黄金得分越高，并将变量黄金的数量减少 1；说出得分 + 大小 1 秒后删除此克隆体。

2. 探究学习

（1）方向

角色右边→方向为 90，左边←方向为 -90。

直接输入方向数值或拖动圆盘上的箭头来确定方向。

数值范围：-180~180。

角度和方向对应图示如下：

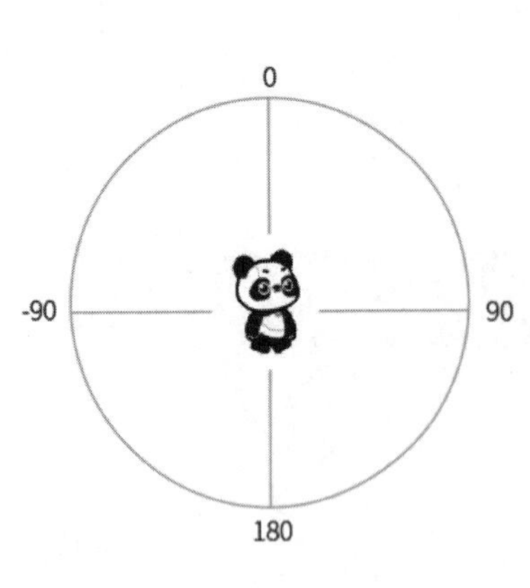

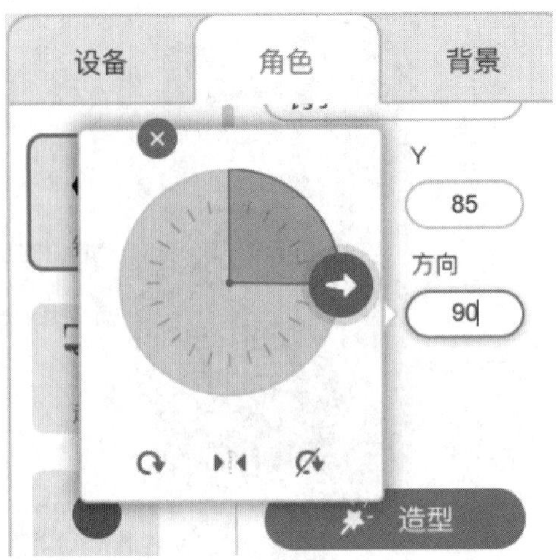

设置钩子的起始位置为起点以 –90 为左、90 为右作为钩子转向的分界点，不停地左转每次旋转度达到 –90 就更换为不停右转 10 度直到方向达到 90。

（2）画笔

使用画笔工具在舞台上绘图的基本流程如下：

①初始化操作：清空舞台、设置画笔等。

②落笔。

③设置角色移动路径。

④抬笔完成绘图。

积木区	积木名称	功能	示例
画笔	落笔	落笔积木用于设置绘图起点，每次绘图前都需要进行落笔操作。小贴士：可以用“隐藏”积木隐藏角色，便于看到画笔操作	点击绿色旗帜，角色在舞台上画出一条直线。 当 🏴 被点击 隐藏 移到 x: 0 y: 0 清空 落笔 在 1 秒内滑行到 x: 100 y: 0 抬笔

续表

积木区	积木名称	功能	示例
事件	广播 hit	广播消息用于角色与角色之间、或角色与设备间传递信息	当角色被点击 广播 hit 角色被电机会广播消息 hit
事件	当接收到 hit	接收广播消息用于角色与角色之间、或角色与设备间	当接收到 hit 播放声音 meow 另外一台设备或者角色接收消息 hit 后播放声音 meow
运算	( ) < 50	逻辑判断比较大小	当 被点击 重复执行 如果 x 坐标 < 50 那么 播放声音 Chomp 如果 x 坐标小于 50 那么播放声音 meow
控制	克隆 自己	克隆角色增加数量	当 被点击 重复执行 等待 3 秒 克隆 自己 每等待 3 秒克隆自己
控制	当作为克隆体启动时	控制克隆体的形状以及位置等	当作为克隆体启动时 重复执行 面向 鼠标指针 移动 10 步 每次产生的克隆体会面向鼠标指针一直移动

Tips：角色本身隐藏，克隆体一定加入显示。克隆体的属性与原角色相同。不加入显示看不到克隆体。

3. 测试程序

T：检测控制的方向键是否能正常控制鱼儿上下左右移动。

Tips：提醒学生修改鱼的大小，注意克隆的速度由时间决定。

4. 作品命名并保存

T：完成的作品确认命名后及时保存。

四、挑战与游戏（15mins）

1. 挑战 1：加入时间倒计时，倒计时为 0 游戏结束，并呼出背景 GAME OVER

要求：利用已添加的变量时间：设置规定时间内的倒计时如：30、40 秒等。

时间程序：用于倒计时，如 30 秒倒计时，时间为 0 那么广播 game over 消息游戏结束。

钩子程序挑战程序：由原本直接停止全部脚本更换为发送消息 game over 呼出背景。

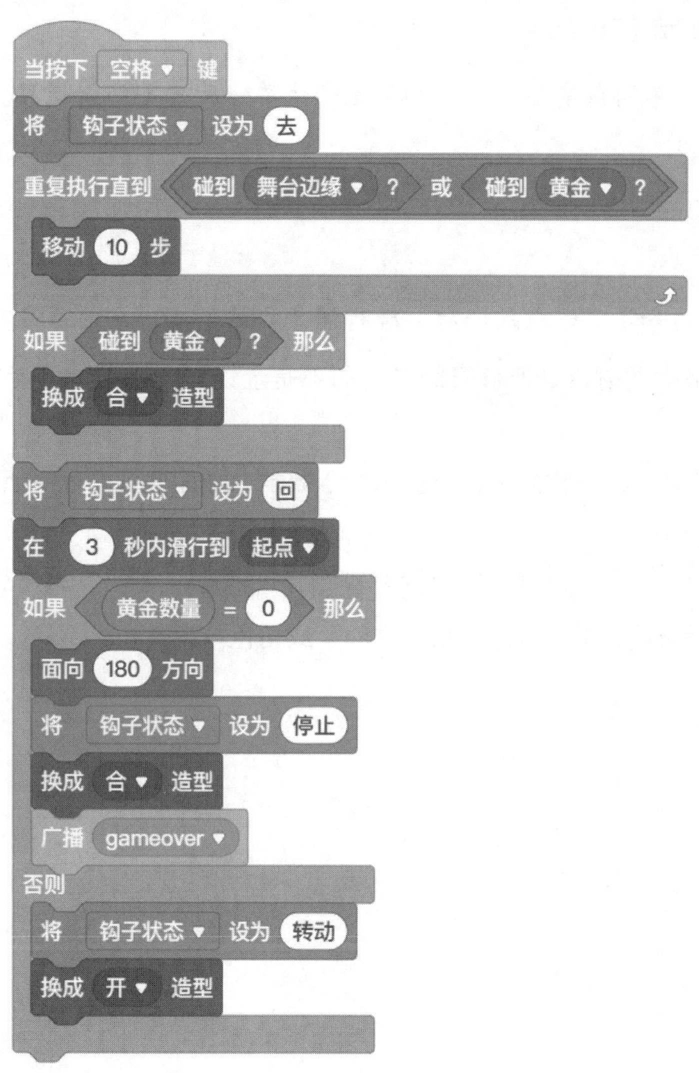

2. 挑战 2：背景 GAME OVER 可以让学生自己输入设计背景

添加角色 GAME OVER：

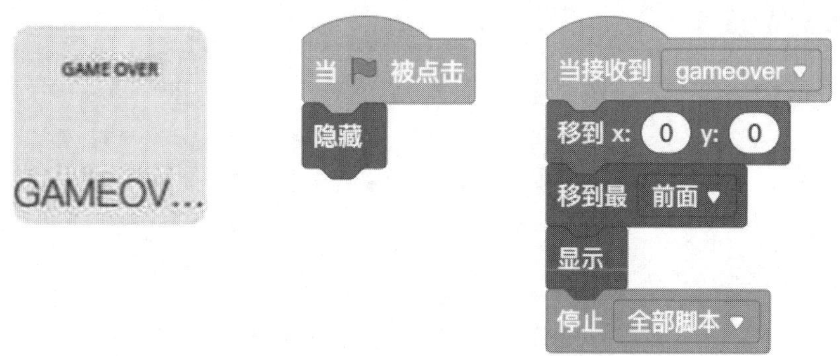

3. 游戏时间：比一比谁在规定时间内得分最高

五、分享与小结（5mins）

1. 引导学生从不同角度分享，鼓励学生尝试举一反三（知识迁移）

• 克隆的作用。

• 角色方向的范围。

• 变量的作用。

2. 结合学生的分享，适当点评后，进行课堂小结

• 一个人的最大的财富是他自身的能力而不是金钱，金钱不是万能的，树立正确财富观。

• 变量可以用来记录变化的量，变量来源于数学，是计算机语言中能储存计算结果或能表示值的抽象概念。

• 运算中比较 <、> 在使用时注意比较数值的前后位置。

• 消息的广播与接收用于角色与角色之间、或角色与设备间。

第17课　数字炸弹

课程概述

单元：综合学科应用。

课时：2 课时，45mins/ 课时。

内容：本节课以生活中经常玩的小游戏“数字炸弹”为背景，将该游戏通过慧编程与小程进行高度还原，探究如何运用运算积木的比较作为判断条件，明白变量的增减方法，掌握显示与灯光积木的用法。通过定时炸弹项目，熟悉计时器积木的应用的同时，培养孩子的时间危机下的沉着冷静。

教学目标

情感：（1）培养孩子在紧张的环境下保持沉着冷静。

（2）平日里要合理分配时间。

知识：（1）掌握变量增减的方法。

（2）学习使用运算中比较作为判断条件。

（3）明白小程内置计时器的使用方法。

（4）学习运算积木连接的作用。

能力：培养孩子在时间危机下的沉着冷静。

器材准备

（1）程小奔套装（蓝牙版）*1/ 人。

（2）装有慧编程的电脑 *1/ 人。

教学过程

一、情境导入（10mins）

介绍生活中数字炸弹的游戏规则，与学生进行一次，从而引出任务：制作数字炸弹游戏。

T：在一个数字范围内，有一个数字作为炸弹，谁猜中这个数字，炸弹就爆炸。比如范围是 1~99，炸弹是 60，然后猜了一个数字是 30，30 不是炸弹，那么现在猜数字的范围就缩小到 30~99；又猜了一个数字 80，80 也不是炸弹，那么现在又缩小范围到

30~80，每次猜不能猜边界上的值，直到有人猜中这个数字，然后炸弹在那个人那里爆炸。

T：今天通过小程要做的就是这个游戏。

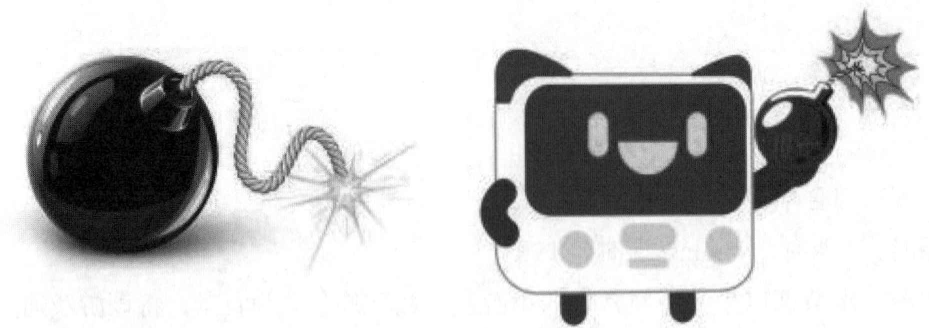

二、任务分解（5mins）

使用小程进行一次游戏，组织学生进入分解任务环节，尝试画出思维导图。

T：体验一次游戏后，结合之前说过的游戏规则，尝试划分为几步来实现。

Tips：

• 说明需要两个数字进行比较，一个代表炸弹数，一个代表猜测的数字。

• 鼓励学生个性化创作表示爆炸的方式。

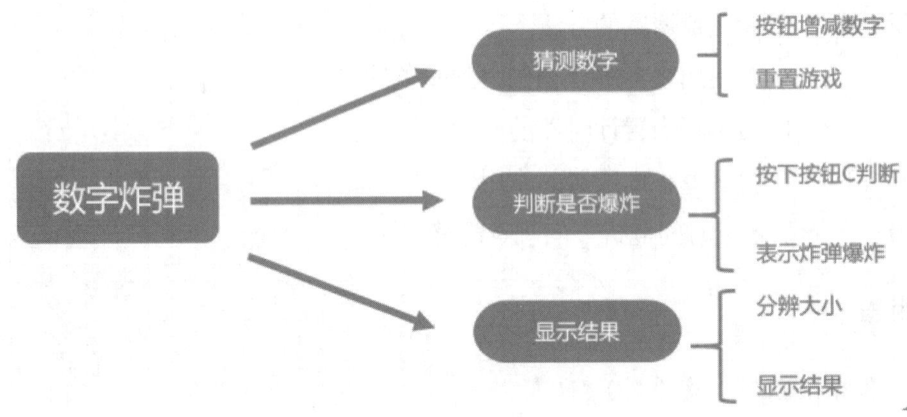

三、编程实战（30mins）

1. 自由体验

T：观察设备相关的积木（根据学生对慧编程的熟悉程度，给予提示：变量积木），根据思维导图，尝试梳理思路，体验将会用到哪些积木。

2. 探究学习

（1）第一步：按钮增减数字，游戏开始时重置游戏

T：建立一个变量，用该变量代表我们通过小程按钮 A、B 增减猜测的数字。

T：如何实现？设备中的事件积木与变量积木。

T：假如用按键 A 控制变量增加。

积木区	积木名称	功能	示例
事件	当按下按钮 A ▾	按下小程的按钮 A 执行增加变量的程序	当按下按钮 A ▾ 将 猜测数字 ▾ 增加 1

T：将增加的变量显示在 LED 点阵屏上。

积木区	积木名称	功能	示例
显示	显示 猜测数字	增加的变量显示在点阵屏上	当按下按钮 A ▾ 将 猜测数字 ▾ 增加 1 显示 猜测数字

T：小程启动时需要重置程序，重新生成炸弹数，猜测数清零，点阵屏显示“？”。

积木区	积木名称	功能	示例
变量	将 猜测数字 ▾ 设为 0	将猜测数字归零	当小程启动 显示 ? 将 猜测数字 ▾ 设为 0
运算	在 1 和 99 之间取随机数	随机生成炸弹数字	当小程启动 显示 ? 将 猜测数字 ▾ 设为 0 将 猜测数字 ▾ 设为 在 1 和 99 之间取随机数

（2）第二步：通过显示图案与播放声音表示炸弹爆炸，通过按钮 C 判断是否猜中

T：可以自行绘制代表爆炸的图案。打开设备中显示积木。

Tips：

• 显示积木：带小程图标、紫色，顶端有一个凹槽，底端有一个凸起。

• 通过显示积木可对小程的 LED 点阵屏进行编辑。

积木区	积木名称	功能	示例
显示	显示图案	显示点阵屏编辑的图案	显示图案

T：使用。如何编辑图案？引导学生先体验、讨论，再进行补充说明。

T：尝试完成爆炸的过程（参考下图）。

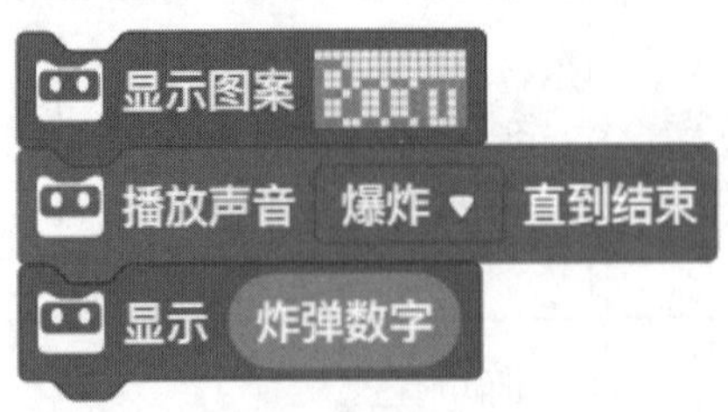

T：要想与炸弹数字交替显示，千万记得加入等待时间，不然炸弹数字来不及显示就消失了。

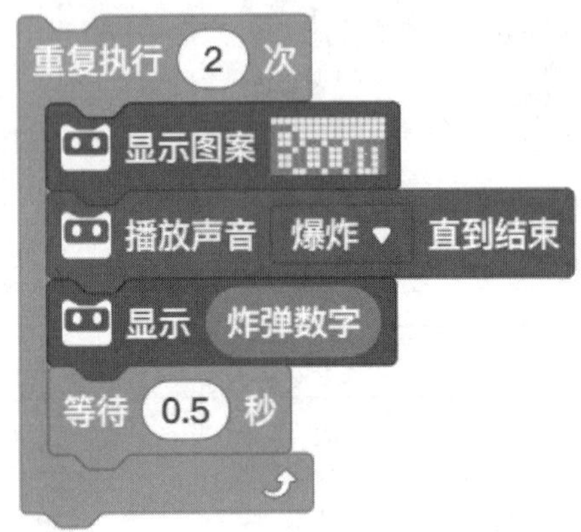

T：爆炸代表下一轮游戏可以开始，所以需要重置游戏，更换随机生成的炸弹数，猜测数字清零，屏幕回到“？”代表新一轮开始。

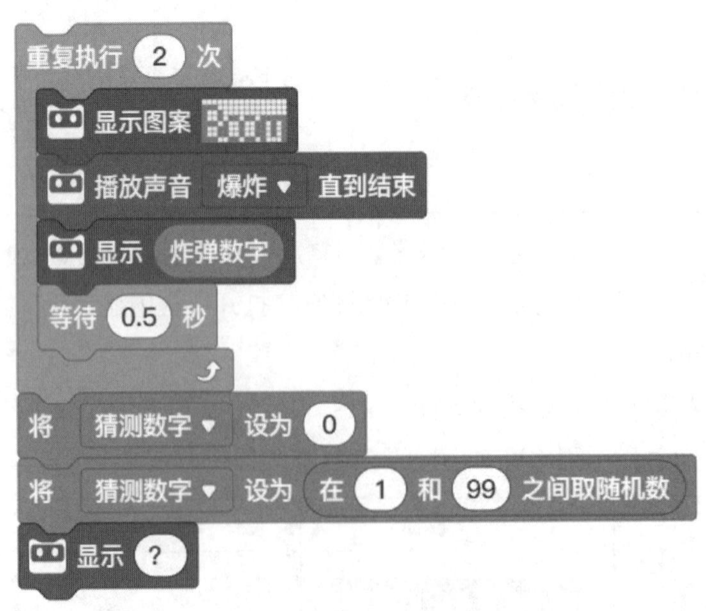

T：按下 C 键时检验数字是否猜中。猜中执行爆炸程序，没猜中则播放提示音。

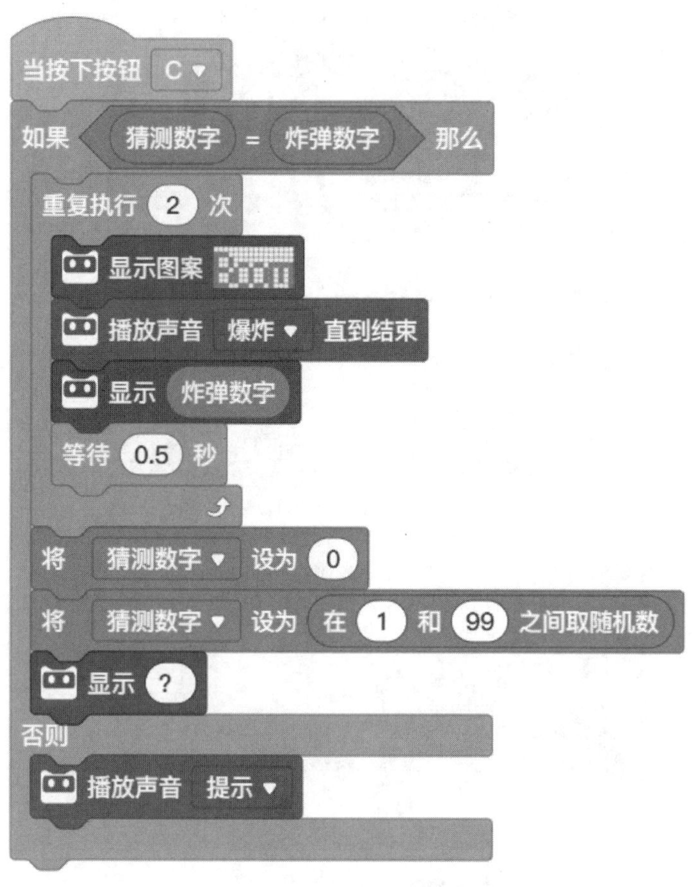

（3）第三步：显示猜测的数字与炸弹数比较的大小

T：没猜中时，情况有两种，大于炸弹数或者小于炸弹数，将代表炸弹的“？”与比较符号连接起来，方便一起显示在屏幕上。

积木区	积木名称	功能	示例
运算	( ) < 50	判断是否小于	炸弹数字 < 猜测数字

T：通过连接将猜测数字显示在最右边，显示与“？”比较结果时，便于理解此时的范围。

积木区	积木名称	功能	示例
运算	连接 苹果 和 香蕉	连接积木	显示 连接 连接 ? 和 < 和 猜测数字

T：当猜多了的时候，屏幕会显示，“？”小于猜测数字；当猜少了的时候，屏幕会显示，“？”大于猜测数字。

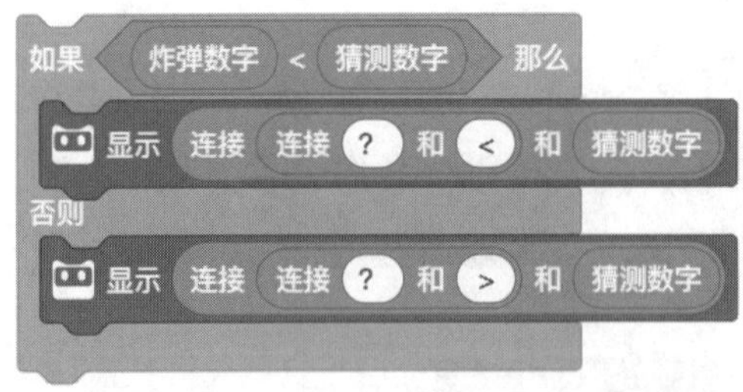

T：合并整个程序的所有积木（参考下图）。

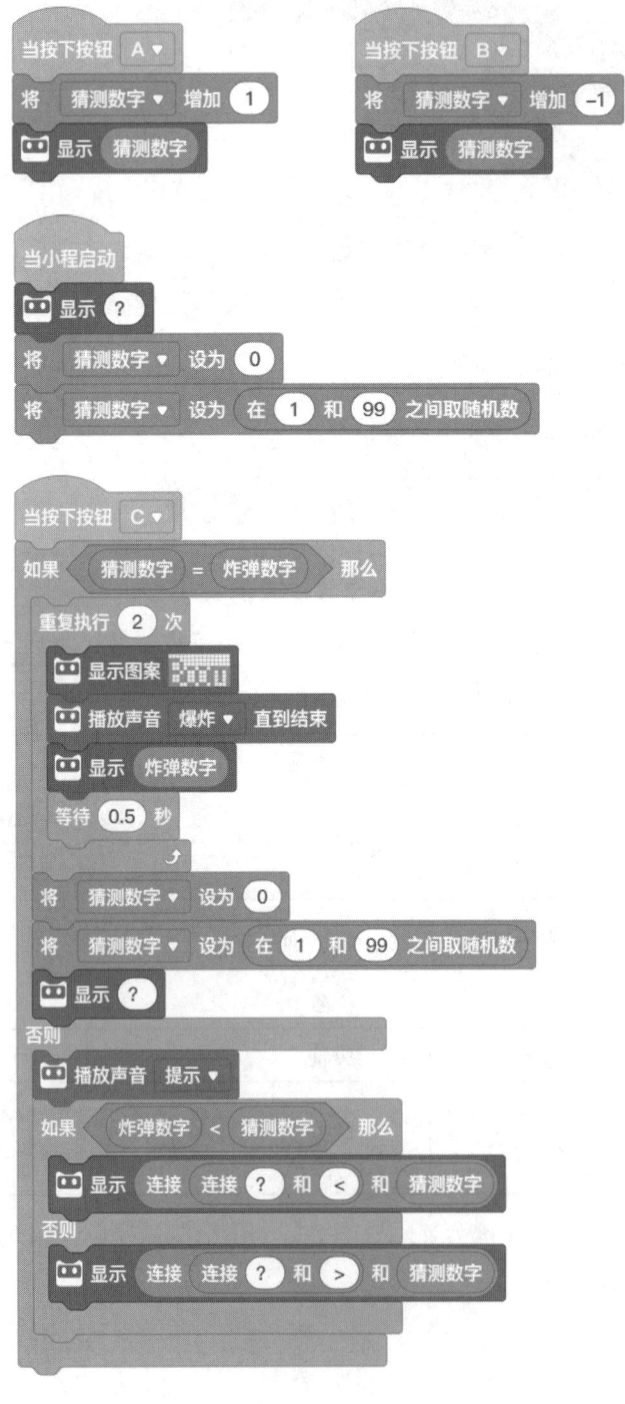

T：和小伙伴们一起进行游戏，轮流猜数字，尽量避免炸弹在自己手里爆炸。

Tips：可以找一些程序有问题的作品，进行游戏，帮助学生发现问题，一起改进程序。

3. 测试程序

T：绘制爆炸图案时，关注学生的个性化，自由发挥即可，辅导学生完成完整作品。

Tips：提醒学生确认小程与电脑已通过蓝牙适配器完成配对、连接。

4. 作品命名、保存

T：完成的作品确认命名后及时保存。

四、挑战与游戏（35mins）

1. 挑战：定时数字炸弹

T：为了给游戏增添趣味性，我们为炸弹添加一个定时的功能，当到达 30 秒后，也会发生爆炸。

要求：

- 为刚刚的数字炸弹程序增加难度，一段时间后会自动爆炸。
- 游戏重置开始新一轮时，通过闪烁灯光来提示使用者。
- 通过计时器完成定时功能。
- 猜中数字爆炸后，重置游戏前，定时程序不能爆炸。
- 定时爆炸时，为点阵屏绘制显示独有的画面。

简单介绍小程计时器的使用方法，每次记录一段时间前，需要重置计时器。

T：现在游戏结束的方式有两种，一种是猜中数字，另一种是时间结束，所以直接将猜中数字表示爆炸的程序复制，显示改为时间耗尽的“00：00”，可以区别于猜中数字，并且在重置游戏的程序前加入红光闪烁的程序，提示下一轮即将开始，并且新的一轮，计时器也需要重置。

Tips：让学生自主绘制定时爆炸时的点阵屏图案。

要求	方案	程序积木
新一轮开始前，重置计时	一轮程序结束后重置	重置计时器
闪烁灯光提示下一轮开始	红黑灯光交替亮起	指示灯亮起 0.3 秒 指示灯亮起 0.3 秒 指示灯亮起 0.3 秒 指示灯亮起 0.3 秒

续表

要求	方案	程序积木
绘制定时爆炸独有的图案	使用显示积木自行输入或绘制	显示 00:00
定时 30 秒爆炸	运算中判断计时器是否等于 30	计时器 = 30

T：完整程序参考下图：

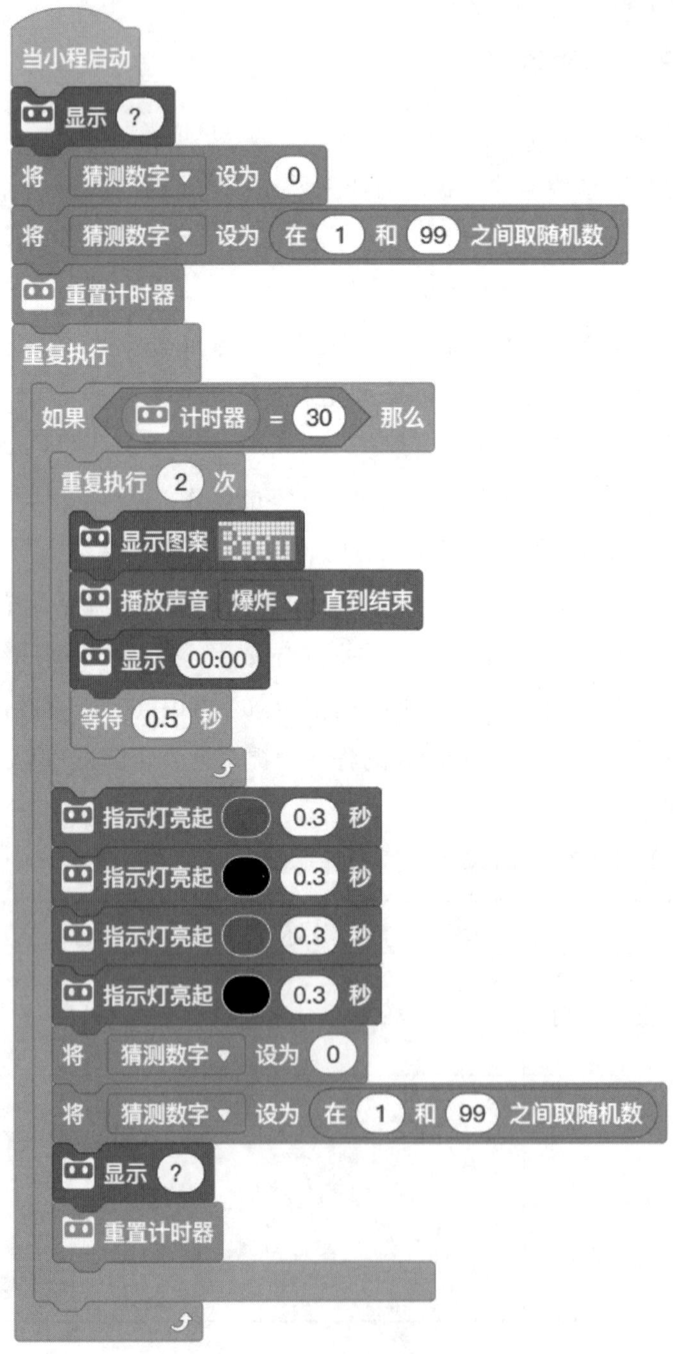

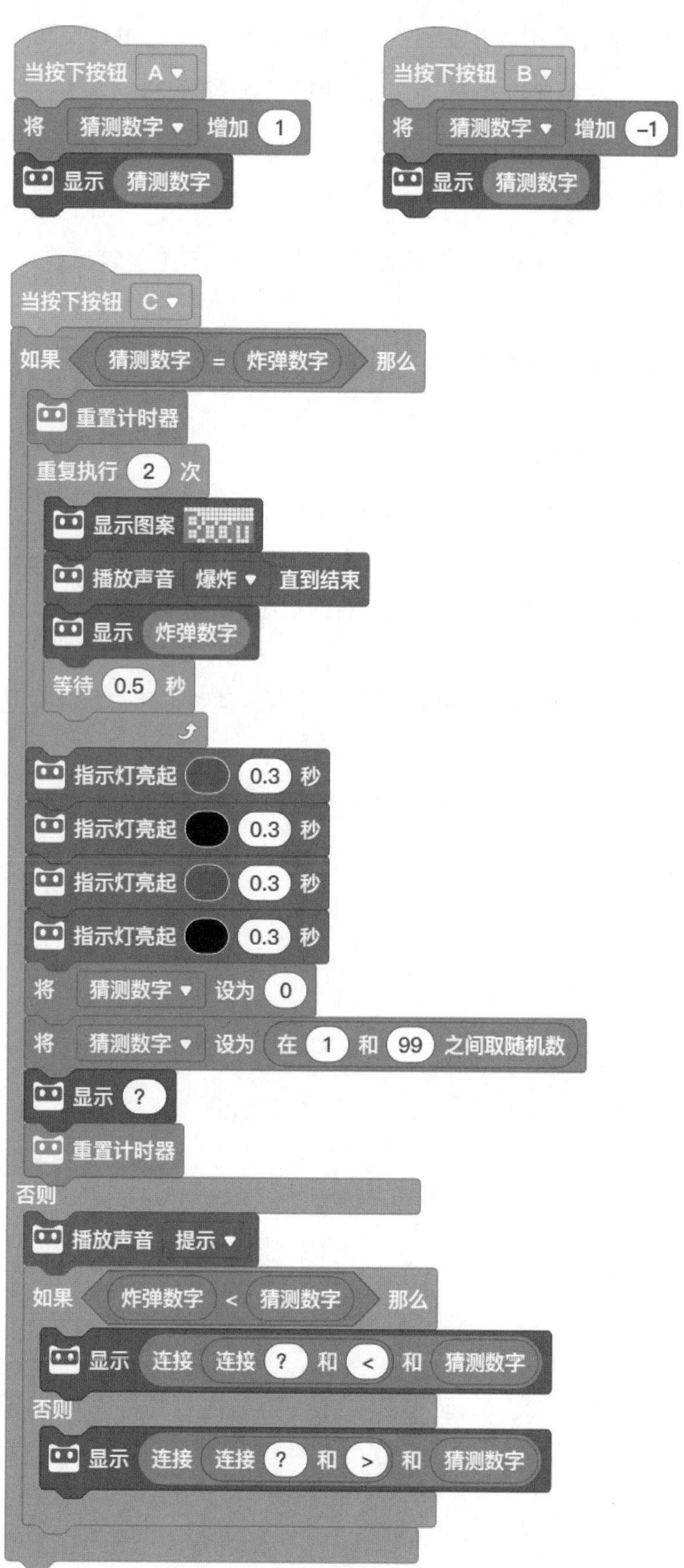
当按下按钮 A
将 猜测数字 增加 1
显示 猜测数字
当按下按钮 B
将 猜测数字 增加 -1
显示 猜测数字
当按下按钮 C
如果 猜测数字 = 炸弹数字 那么
重置计时器
重复执行 2 次
显示图案
播放声音 爆炸 直到结束
显示 炸弹数字
等待 0.5 秒
指示灯亮起 0.3 秒
指示灯亮起 0.3 秒
指示灯亮起 0.3 秒
指示灯亮起 0.3 秒
将 猜测数字 设为 0
将 猜测数字 设为 在 1 和 99 之间取随机数
显示 ?
重置计时器
否则
播放声音 提示
如果 炸弹数字 < 猜测数字 那么
显示 连接 连接 ? 和 < 和 猜测数字
否则
显示 连接 连接 ? 和 > 和 猜测数字

Tips：思考为什么需要在猜中数字时，立刻重置计时器，一共需要几次重置计时器。

2. 游戏时间：展示各自的作品，比比看谁的效果更有趣

T：大家依次展示自己的作品。

五、分享与小结（10mins）

1. 引导学生从不同角度分享，鼓励学生尝试举一反三（知识迁移）

• 我学到了……

• 用计时器、重置计时器积木可以利用时间去定时。

• 在遇到危机时，要保持沉着冷静，不要慌乱。

• 和伙伴们一起，收获友谊。

2. 结合学生的分享，适当点评后后，进行课堂小结

• 变量类别中只有让变量增加的积木，增加负数能让变量减小。

• 通过运算中的连接积木，按照从左到右的顺序可以将“ ？ <变量猜测数字”三者显示在 LED 点阵屏幕。

• 明白为什么要重置计时器，结尾的两处和小程启动时，计时器需要重置是因为要开启新的一轮游戏。

• 按下按钮 C 需要重置计时器是为了防止爆炸两次。

• 通过交替调节灯光亮度，可以实现闪烁功能。

第 18 课　红外大战

课程概述

单元：综合学科应用。

课时：2 课时，45mins/ 课时。

内容：本节课以枪战类游戏作为学习背景，通过制作红外发射枪任务，探究如何运用红外线实现功能，了解变量积木，学习“如果 – 那么”、红外消息积木的用法。结合血量条在小程显示上的变化，熟悉“运算”积木与其他积木的应用。

教学目标

情感：建立以安全为首的意识。

知识：（1）了解序列的概念。

（2）学会使用运算积木“<”　“>”　“=”。

（3）熟练掌握变量的应用。

（4）知道使用播放积木为设备添加音效。

能力：（1）解决问题的能力。

（2）学习能力。

器材准备

（1）程小奔套装（蓝牙版）*1/ 人。

（2）装有慧编程的电脑 *1/ 人。

教学过程

一、情境导入（10mins）

介绍红外枪战类游戏，引出任务：制作红外发射器。

T：相信同学们都非常喜欢枪战类的游戏，但实际发射子弹类的枪有危险，容易伤害到别人。今天呢，咱们来做一款发射红外光的枪战游戏。这个游戏的核心便是，让你的小程发射红外光。那么我们需要先认识一下什么叫红外线？它有什么作用？在生活中有哪些应用?

T：我们肉眼可见的光叫作可见光，比如我们看到的颜色：红橙黄绿青蓝紫，当然还有一些是我们肉眼不可见的光称之为不可见光。比如红外线、紫外线等一些射线。

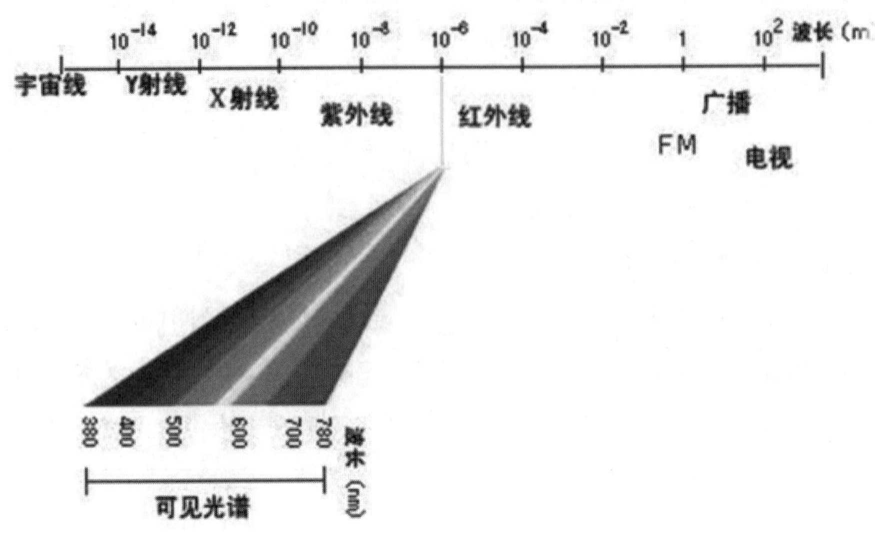

二、任务分解（10mins）

展示日常生活中红外线应用的照片，组织学生进入分解任务环节，尝试画出思维导图。

Tips：

- 制作红外消息发射器。
- 实现红外消息接收。
- 判断血量。

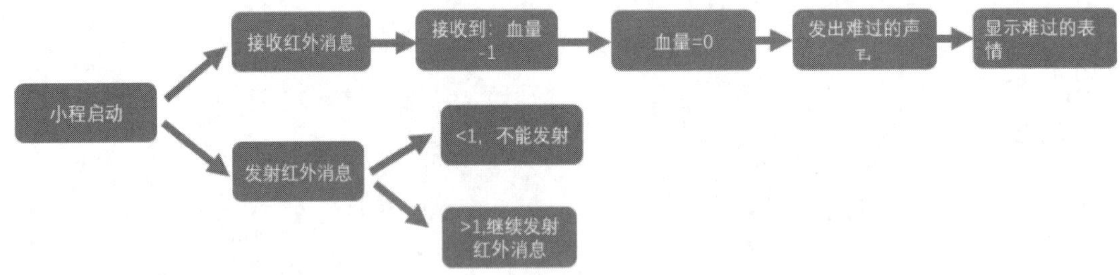

三、编程实战（25mins）

1. 自由体验

T：观察设备相关的积木（根据学生对慧编程的熟悉程度，给予提示：显示积木），根据思维导图，尝试梳理思路，体验将会用到哪些积木。

2. 探究学习

（1）第一步：建立生命值的变量

T：变量的作用？

T：什么是初始值？开始时变量的数值。

T：假如用按键 A 控制发射红外消息。

积木区	积木名称	功能	示例
事件	当按下按钮 A	按下小程的按钮 A 执行下面的程序	当按下按钮 A 发送红外消息 红色

（2）第二步：先判断血量 >0 时才能发射红外消息

T：在运算区，找到 > 或 < 比较血量。

积木区	积木名称	功能	示例
运算	( ) > 50 ( ) < 50 ( ) = 50	比较数值，如当按下按钮 A 时，如果生命值 >0 那么发送红外消息并播放声音	当按下按钮 A 如果 生命值 > 0 那么 发送红外消息 红色 播放声音 激光

T：使用。如何比较多个数值大小？引导学生先体验、讨论，再进行补充说明。

（3）第三步：接收红外消息

T：注意接收消息与发送消息内容不一样，避免自己发射自己接收。

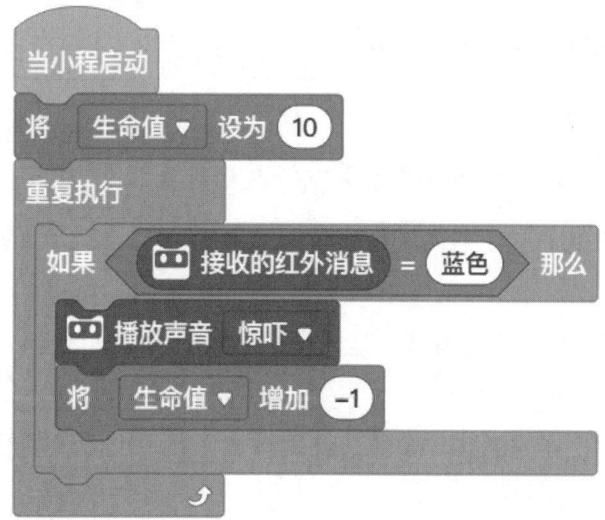

T：思考为什么要加入重复执行？一直判断是否接收到“蓝色”红外消息。

T：思考：如果生命值为 0，如何实现游戏结束？鼓励孩子自己设计声音、图案。

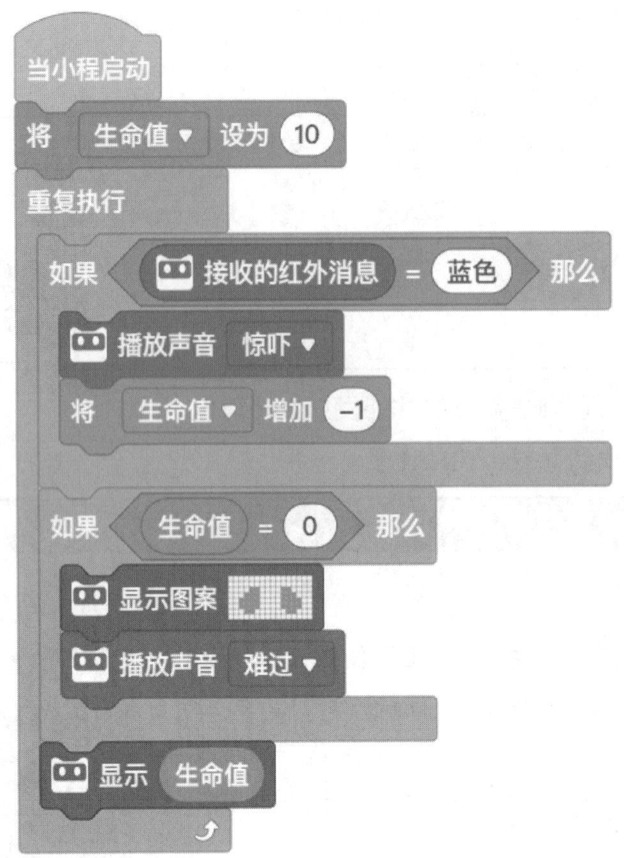

3. 测试程序

T：绘表情图案时，关注学生的个性化，自由发挥即可，辅导学生完成完整作品。

Tips：提醒学生确认小程与电脑已通过蓝牙适配器完成配对、连接。

4. 作品命名、保存

T：完成的作品确认命名后及时保存。

四、挑战与游戏（35mins）

1. 挑战：如何实时显示生命值？并实现多人“对战”？

T：分组对战，并实时显示自己的“血量”，以便随时观察自己的状况。

要求：

① 简单介绍红外消息的区分方式：是以发送不同的内容来区分，引导学生梳理逻辑，画出思维导图。

② 在慧编程中发送对方能接收到的消息内容 A，并写出能接收对方发射的红外消息 B，依次类推。

③ 加入显示模块，显示变量：生命值。

Tips：套在重复执行内

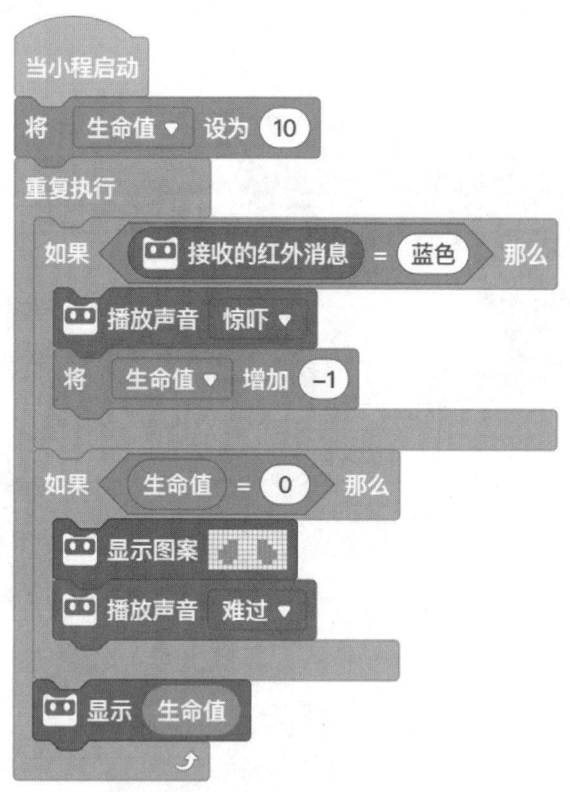

按要求编写程序，测试效果。

T：完整程序参考下图。思考如果加入第三玩家 C，该如何扩展程序。

玩家 A 程序：

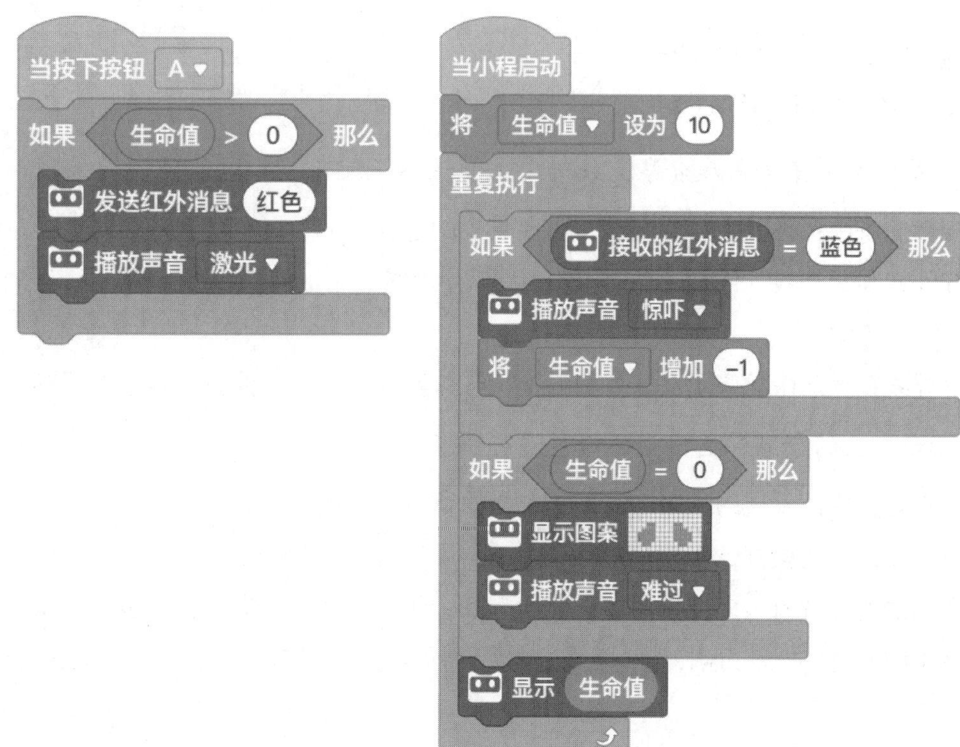

玩家 B 程序：

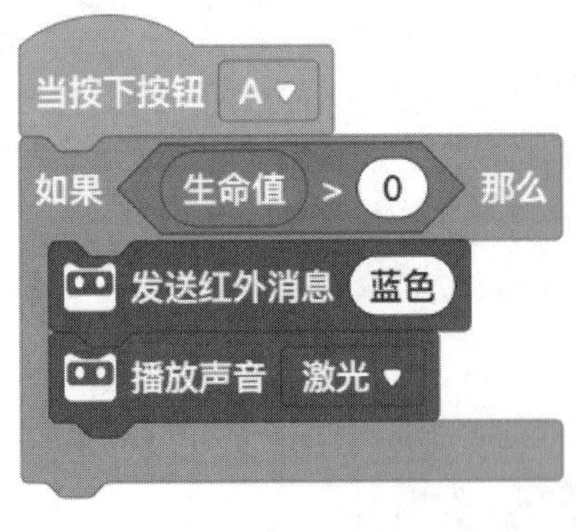

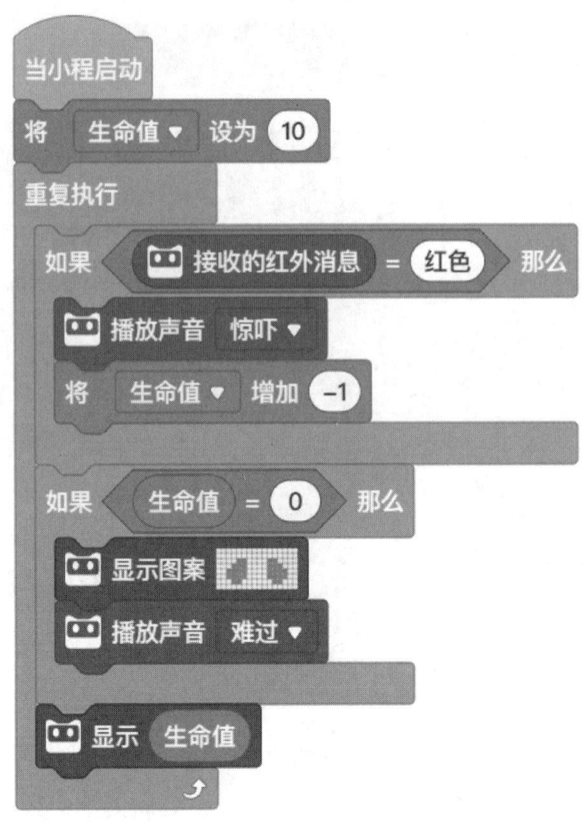

2. 游戏时间：展示各自的作品，比比看谁的效果更有意思

T：依次向大家展示自己的作品。

五、分享与小结（10mins）

1. 引导学生从不同角度分享，鼓励学生尝试举一反三（知识迁移）

• 变量的应用：设置生命值变量，实现减少的过程。

• 红外线和紫外线一样是一种肉眼不可见光，但它的作用不容小觑，利用科学的方式方法便可有大应用。

• 红外线在生活中的应用：红外测温枪，红外监控，红外成像技术，遥控器等。

2. 结合学生的分享，适当点评后，进行课堂小结

• 序列是指事情发展的顺序，在编程中指执行指令的顺序。

• 可以通过在线模式，实现对程小奔的显示屏进行编辑和测试。

• 我们的身边就有很多变量例如：你的身高、年龄、体重等变化的量也是变量。

• 科学技术是一把双刃剑，它对我们的生活有好的方面的改变，也有坏的方面的改变。

第19课　植树

课程概述

单元：综合学科应用。

课时：2 课时，45mins/ 课时。

内容：本节课以植树节为学习背景，通过探索提出问题，探究如何利用程小奔实现植树的任务，学习小程陀螺仪传感器的用法。结合广播积木的应用，熟悉角色扩展—画笔的应用。通过最后的小挑战，建立孩子们爱护花草树木，保护环境的意识。

教学目标

情感：日常生活中要爱护花草树木，保护环境。

知识：（1）复习广播积木的应用。

（2）学习利用小程的陀螺仪传感器完成相应任务。

（3）熟练掌握重复执行直到积木以及运算积木的应用。

（4）学习利用角色扩展—画笔完成相应任务。

能力：培养孩子的逻辑思维能力和解决问题的能力。

器材准备

（1）程小奔套装（蓝牙版）*1/ 人。

（2）装有慧编程的电脑 *1/ 人。

教学过程

一、情景导入（5mins）

通过植树节，引出任务：植树

春天到了，程小奔的学校又要举行一年一度的植树活动。3 月 12 日为中国的法定植树节，此时气候温暖，春雨飞洒，利于树苗成活。植树造林对于调节气候、涵养水源、减轻大气污染具有重要意义。程小奔和他的小朋友们也非常期待这次活动，他们也想为环境保护尽一份力。现实生活中植树其实并没有想象中的那么简单，今天我们先通过程小奔来完成一次模拟的植树活动。

二、任务分解（10mins）

通过对陀螺仪传感器的简单介绍，组织学生进入任务分解环节，尝试画出思维导图。

T：和小朋友们进行互动，探究如何利用程小奔实现植树的任务

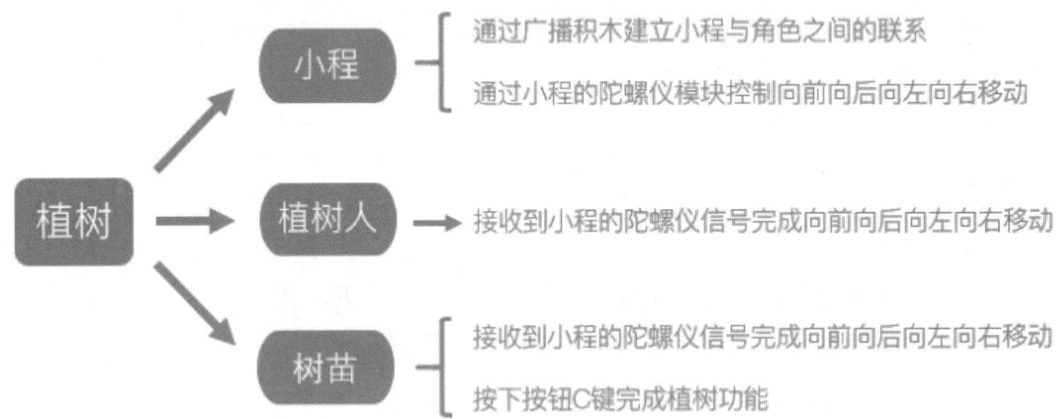

三、编程实战（上 30mins+10mins）

1. 自由体验

观察设备相关的积木（根据学生对慧编程的熟悉程度，给予提示：广播积木），尝试实现小程与角色的联系。

2. 探究学习

（1）第一步：建立设备与角色之间的联系

T：建立设备与角色之间的联系应用广播模块实现

积木区	积木名称	功能	示例
事件	广播 消息1 ▾	建立设备与角色联系	当按下按钮 C ▾ 广播 种树 ▾

（2）第二步：利用小程的陀螺仪传感器控制角色向前向后向左向右移动

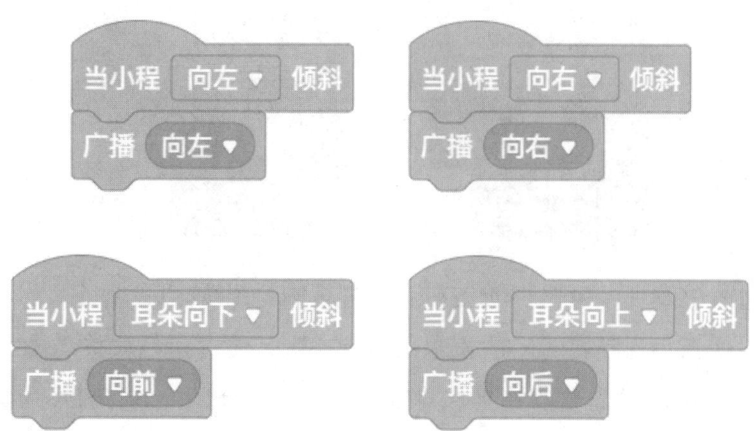

（3）第三步：角色植树小朋友接收信号实现向前向后向左向右移动

T：首先需要先添加角色，植树的小朋友，示例：采用角色库中的 Boy9。

T：接收到向前向后向左向右广播是面向不同方向移动。

积木区	积木名称	功能	示例
运动	面向 90 方向	面向不同方向	当接收到 向右 面向 90 方向

T：在测试过程中，我们发现植树小朋友的运动过程还可能出现倒着运动的，需要将旋转方式设为不可旋转。

积木区	积木名称	功能	示例
运动	将旋转方式设为 左右翻转	设置不同旋转方式	当接收到 向左 将旋转方式设为 不可旋转

T：根据之前所学知识，尝试完成任务。

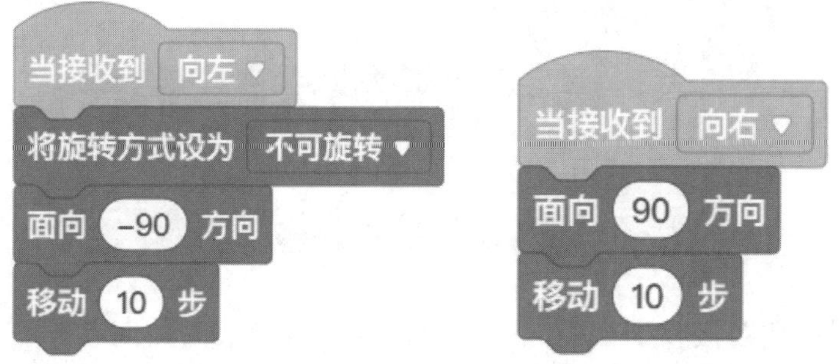

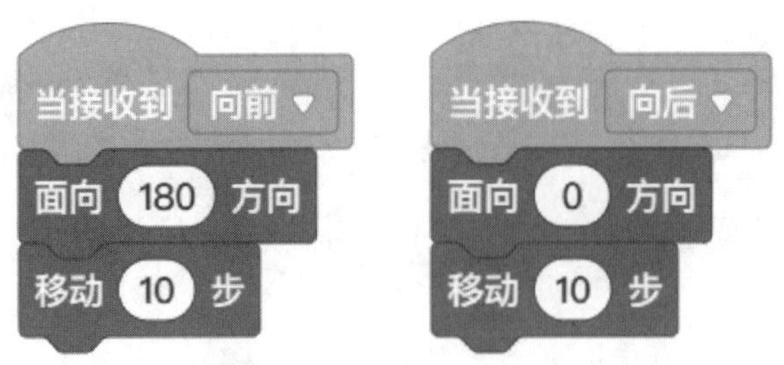

T：测试过程中发现，植树小朋友在运动过程中会出现卡顿。

T：我们发现当小程倾斜时广播积木只执行一次，所以角色只移动 10 步。

Tips：解决这个问题需要给广播积木添加重复执行积木，当条件不满足时重复执行要结束。

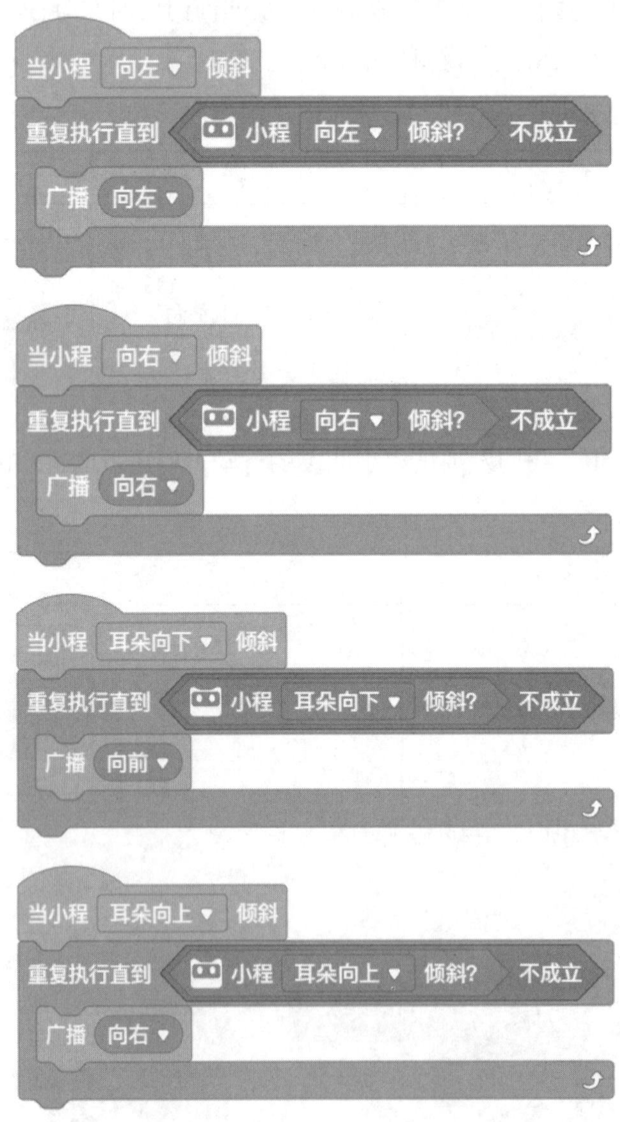

（4）第四步：树苗接收到小程的陀螺仪信号完成向前向后向左向右移动

T：添加新角色树苗，示例：选择角色库中的 Tree65。

T：树苗移动的程序与上述植树小朋友角色的程序一致。

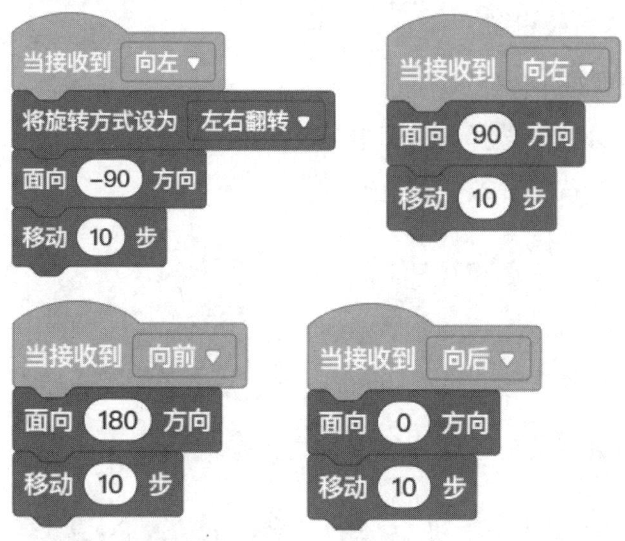

（5）第五步：按下按钮 C 实现植树功能

T：按下按钮 C 广播植树。

T：种下的树位置不变而角色还可以继续移动，需要添加角色扩展——画笔。

T：图章使用多了舞台区显示杂乱，程序开始要将舞台区清空。

3. 测试程序

T：关注孩子个性化，自由发挥即可，辅导孩子完成完整程序。

4. 作品命名与保存

T：完成的作品确认命名后及时保存。

四、挑战与游戏（25mins）

1. 挑战：种植不同的树苗

T：不同的树苗就是角色造型不同。

添加角色造型，示例：选择角色库中 Tree29。

T：通过按钮 A 和按钮 B 改变角色造型。

2. 游戏时间：展示各自的作品，比比看谁的效果更有意思

T：大家通过比赛展示自己的作品。

五、分享与小结（10mins）

1. 引导学生从不同角度分享，鼓励学生尝试举一反三（知识迁移）

- 我学到了……
- 通过广播积木实现设备与角色之间的联系。
- 熟练应用重复执行直到积木。
- 学习运算积木中不成立积木的应用。
- 学习运动积木中面向方向和旋转方式的应用。
- 学习了角色扩展——画笔的应用。
- 学习了小程陀螺仪传感器的应用。
- 熟练掌握角色造型的添加与更改。
- 培养孩子的逻辑思维能力和解决问题的能力。
- 日常生活中要爱护花草树木，保护环境。

2. 结合学生的分享，适当点评后，进行课堂小结

- 通过广播积木建立设备与角色之间的联系。
- 学习了角色不同的旋转方式和面向方向。
- 学习了角色扩展——画笔的应用。
- 日常生活中要爱护花草树木，保护环境。

第20课　声控开关

课程概述

单元：综合学科应用。

课时：2 课时，45mins/ 课时。

内容：本课主要利用硬件小程内的两个传感器——声音传感器 & 光线传感器，结合实际生活中的声控灯来制作的声控开关。

教学目标

情感：节约电能，随手关灯。

知识：（1）学习并使用声音传感器 & 光线传感器。

（2）角色背景造型切换。

（3）广播与接收消息。

能力：（1）学习能力。

（2）解决问题的能力。

器材准备

（1）程小奔套装（蓝牙版）*1/ 人。

（2）装有慧编程的电脑 *1/ 人。

教学过程

一、情景导入（10mins）

结合 PPT 内视频动画介绍声控灯，引出主题：声控开关。

提问学生：刚才视频里出现的声控灯，生活中我们在哪里经常见到？——小区楼道里。

为什么要在楼道这种公共场合里安装这种灯呀？——节约电源。

是呀，像楼道这种公共场合到了晚上漆黑一片，经过必须使用灯光照明，而普通的照明灯如若一直开着的话，会造成极大的浪费。所以声控灯应运而生。那么今天我们也来制作这么一款声控灯，下面来考虑一下声控灯需要几个因素？——声音大小 & 环境光线的强弱。

二、任务分解（20mins）

通过板书，组织学生进入任务分解环节，尝试画出思维导图。

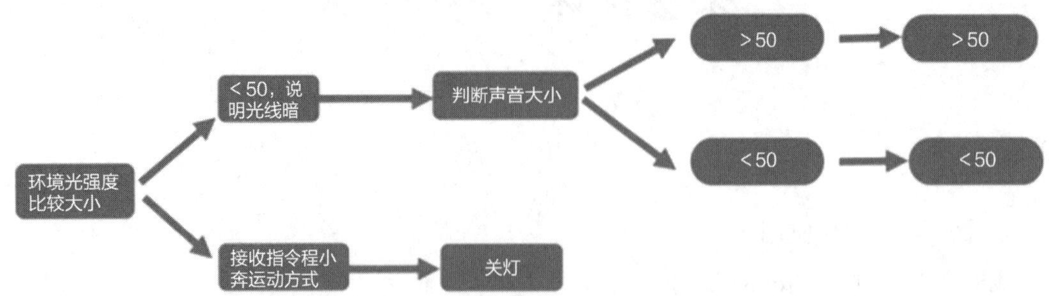

Tips：此处与光线强度和声音进行大小比较的数值 50 为测试值，需要根据实际场地环境去赋值，让学生自己去实验测得数值并填写。

任务一：在小程上实时显示此时的声音强度

认识声音传感器：

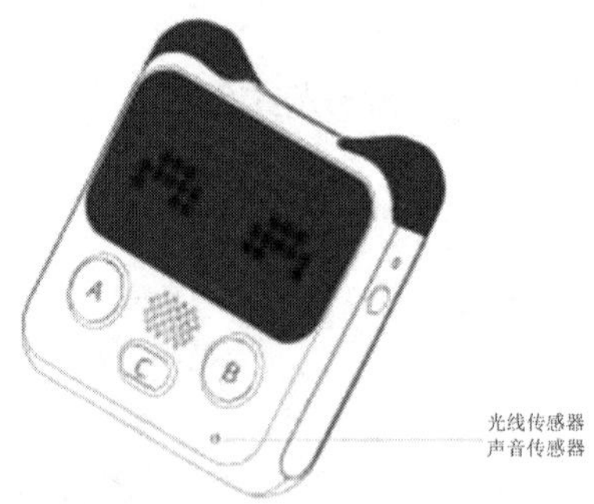

小程的声音传感器位置如上图所示，可以检测周围环境中声音的大小，声音越大，检测到的数值越大。除了声音，吹气、震动也可以让数值发生变化。

音量范围：0~100，精确度为 0.1，四舍五入。

勾选积木左侧的复选框，舞台将显示当前声音传感器测得的音量值。

Tips：这是一个报告积木，需要结合其他需要使用数据的积木一起使用，不可单独使用。

任务二：在小程上实时显示此时的环境光强度

认识光线传感器：

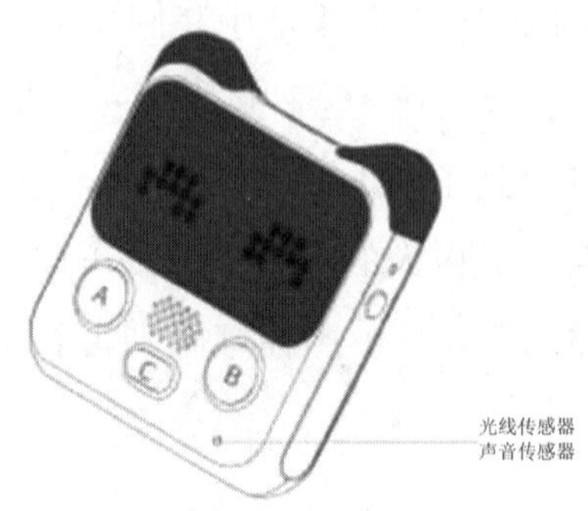

小程的光线传感器位置如上图所示，能够检测周围环境中光线的强弱，光线越强，检测到的数值越大。小程的光线传感器检测范围如下图所示：

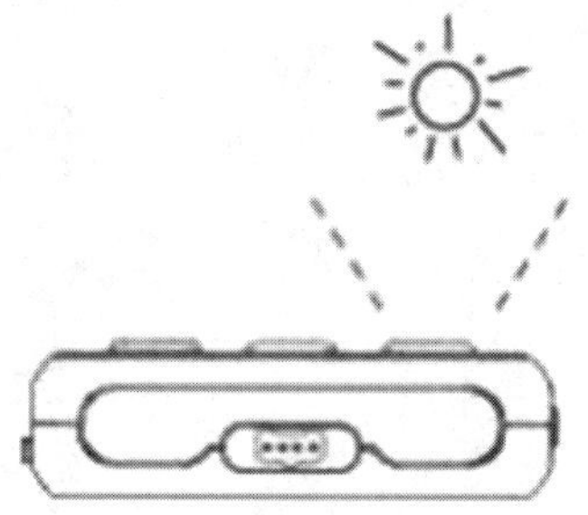

光强度范围：0~100，精确度为 0.1，四舍五入。

勾选积木左侧的复选框，舞台将显示当前光线传感器测得的环境光强度值。

Tips：这是一个报告积木，需要结合其他需要使用数据的积木一起使用，不可单独使用。

三、编程实战（15mins）

1. 自由体验

积木区	积木名称	功能	示例
感知	响度	报告小程声音传感器测得的音量大小	当按下按钮 A▾ 显示 响度 按下按钮 A，小程的屏幕上显示其声音传感器所检测到的音量值。
感知	环境光强度	报告小程光线传感器测得的环境光强度	当按下按钮 A▾ 显示 环境光强度 按下按钮 A，小程的屏幕上显示其光线传感器所检测到的周围环境光的强度。

在感知区域找到环境光强度与响度积木并勾选，学生连接小程后自行测试并得出结论，环境光强度的数值范围：0~100。

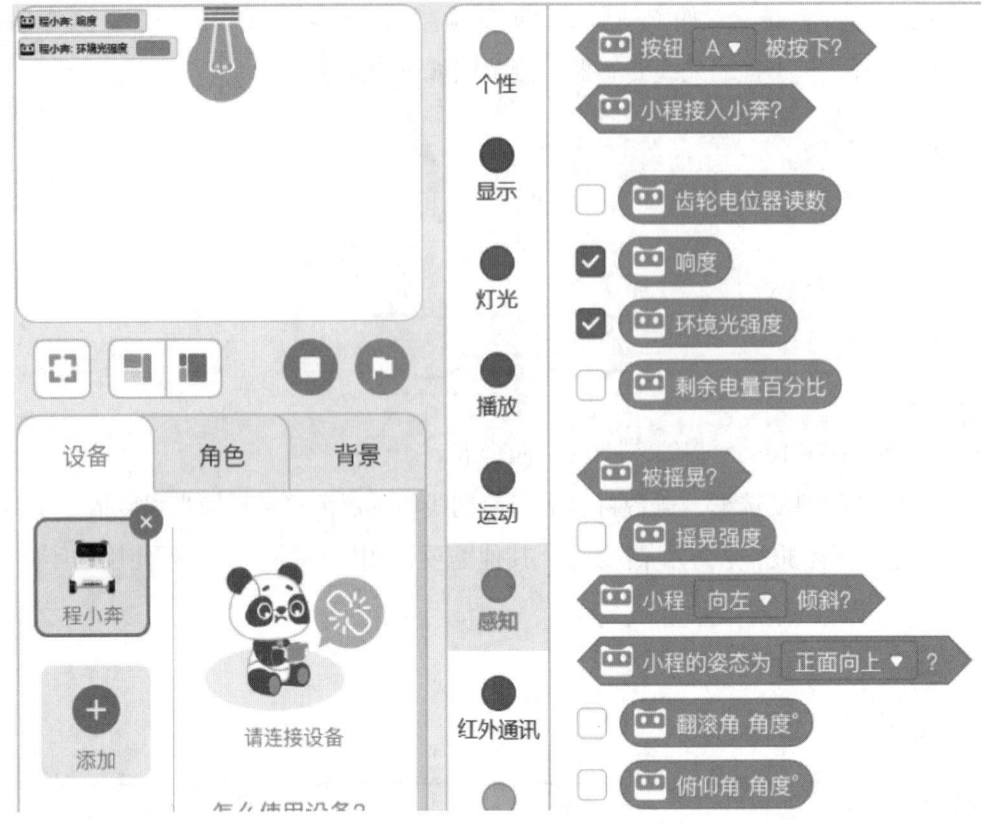

2. 探究学习

（1）第一步：添加并绘制角色（两种造型），造型 1：灯亮，造型 2：灯灭

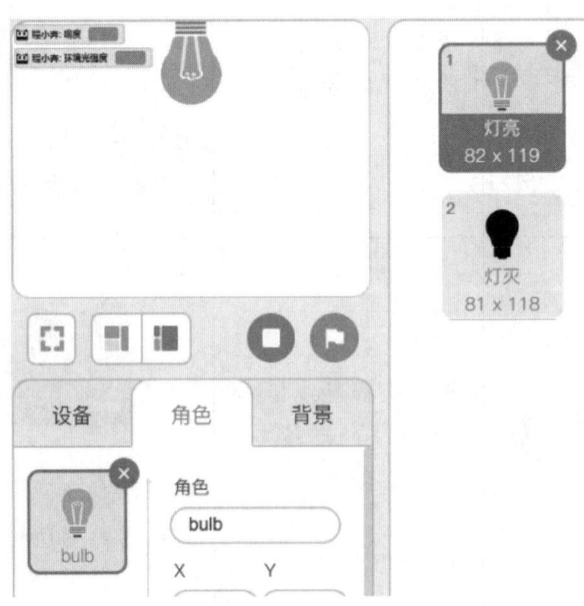

（2）第二步：添加背景 1：明亮，背景 2：黑暗

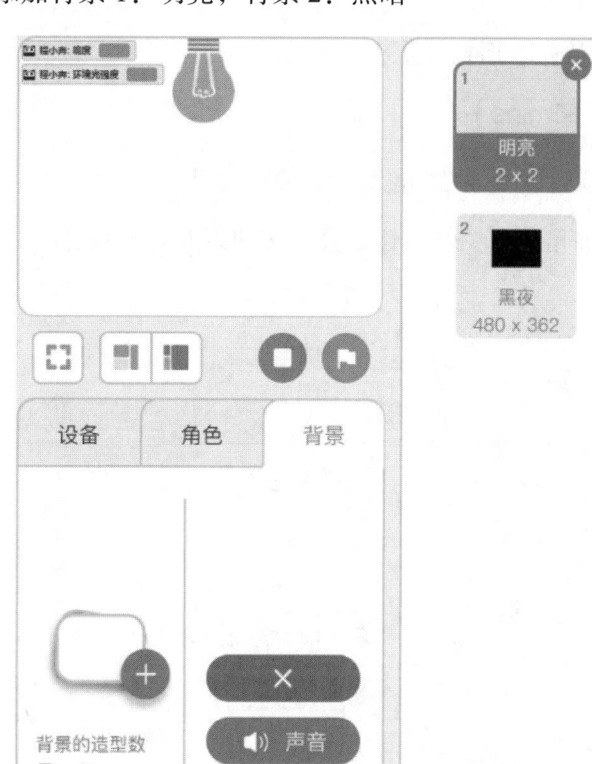

（3）第三步：通过控制区内的“如果 – 那么 – 否则”积木以环境光强度为判断条件进行判断

如果光线强度 >50 那么执行角色造型 2 灯灭，背景亮；否则执行背景暗的造型并判断声音大小是否 >50，若声音大小 >50 么执行造型 1 灯亮；否则执行造型 2 灯灭。

3. 测试完整的程序

设备程序：

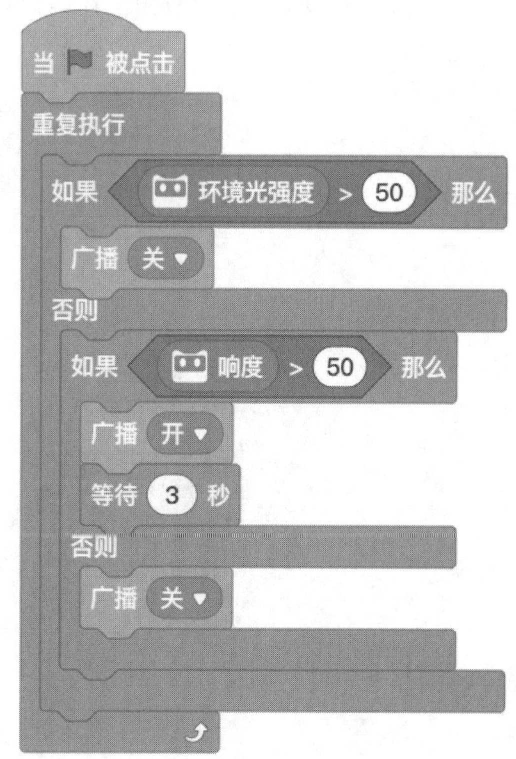

4. 作品命名与保存

T：完成的作品确认命名后及时保存。

四、挑战与游戏（35mins）

1. 挑战：添加并设计角色按钮开关，遥控灯的开关

① 在慧编程中添加角色：关灯按钮、开灯按钮以及灯泡角色。

② 用鼠标拖拽角色，更改角色在舞台的位置。

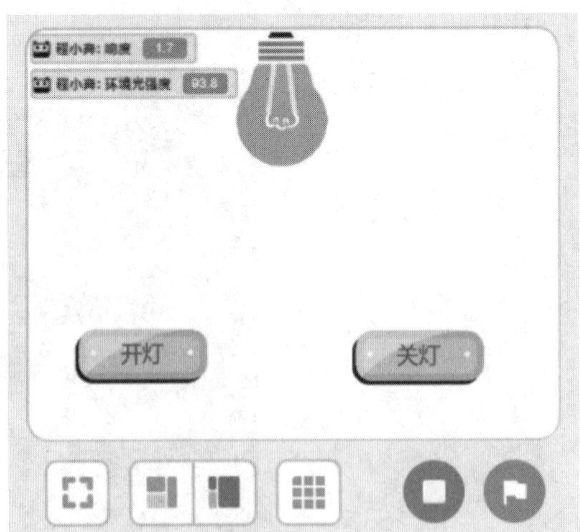

③ 在关灯角色内编写关灯程序：广播消息关。

④ 在开灯角色内编写开灯程序：广播消息开。

⑤ 在背景内设置明亮与黑夜两背景。

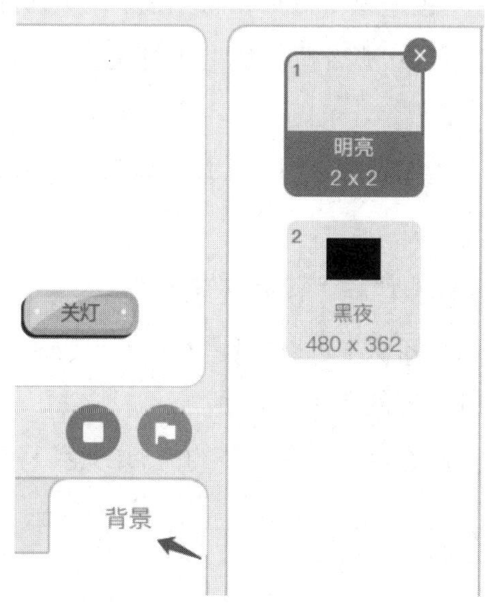

⑥灯泡内的程序：接收开与关消息更换造型与背景。

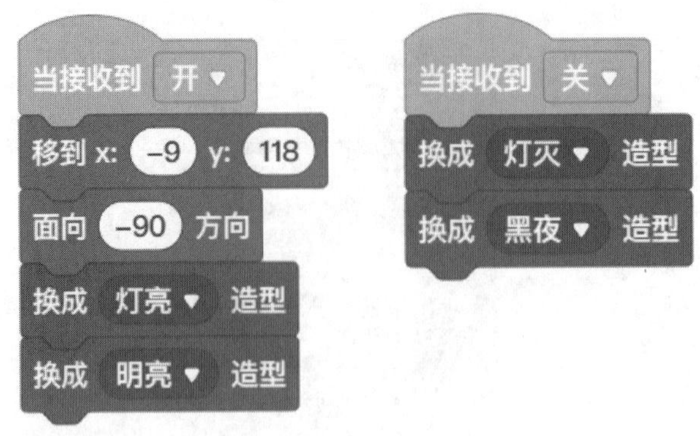

2. 游戏时间：展示各自的作品，比比看谁的效果更有意思

T：大家分别介绍展示自己的作品。

五、分享与小结（10mins）

1. 引导学生从不同角度分享，鼓励学生尝试举一反三（知识迁移）

• 声音传感器的作用

可以检测周围环境中声音的大小，声音越大，检测到的数值越大。除了声音，吹气、震动也可以让数值发生变化。音量范围：0~100，精确度为 0.1。

• 光线传感器的作用

能够检测周围环境中光线的强弱，光线越强，检测到的数值越大。光强度范围：0~100，精确度为 0.1。

• 程序讲解：通过控制区内的“如果 – 那么 – 否则”积木以环境光强度为判断条件，如果光线强度 >50 那么执行角色造型 2 灯灭，背景亮；否则执行背景暗的造型并判断声音大小是否 >50，若声音大小 >50 那么执行造型 1 灯亮；否则执行造型 2 灯灭（这里的数值需要实际测量）。

• 情感目标：电能不是无缘无故产生的，是由其他能量转化的，地球资源有限，节约能源人人有责。

2. 结合学生的分享，适当点评后，进行课堂小结

• 通过使用事件、显示和感知积木可以实现检测声音传感器 & 光线传感器的数据。

• 通过广播积木建立设备与角色之间的联系。

• 了解能量的转化过程，培养珍惜资源、节约能源的意识和习惯。

第21课　太阳能小车

课程概述

单元：综合学科应用。

课时：2 课时，45mins/ 课时。

内容：本节课以外出郊游给汽车加油为学习背景，通过发现问题提出问题的方式，探究如何利用程小奔实现太阳能小车任务，学习显示积木、播放积木的用法。结合变量积木的应用，熟悉判断积木和重复执行直到积木的应用。通过最后的小挑战，建立孩子们发现问题解决问题的意识。

教学目标

情感：（1）学习运用变量积木。

（2）学习运用控制积木和运算积木判断电量范围。

知识：（1）学习显示积木的应用。

（2）学习运用“如果 – 那么”积木完成判断任务。

（3）学习重复执行直到积木的应用。

（4）学习利用程小奔的光线传感器检测环境光强度完成任务。

能力：建立发现问题、解决问题的意识。

器材准备

（1）程小奔套装（蓝牙版）*1/ 人。

（2）装有慧编程的电脑 *1/ 人。

教学过程

一、情景导入（10mins）

介绍太阳能的发展，引出任务：太阳能小车。

T：程程和奔奔一家周末去郊外旅游了，走到半路他们的车要没油了，然后他们又到处去找加油站耽误了很多时间，程程和奔奔问爸爸为什么汽车不能用太阳能呢？爸爸说你们的想法非常好，以后汽车上确实可以安装太阳能充电器，虽然现在我们的技术发展还未达到普及的状态，那我们一起来了解一下关于太阳能汽车的发展吧。

二、任务分解（15mins）

通过对太阳能汽车的简单介绍，组织学生进入任务分解环节，尝试画出思维导图。和小朋友们进行互动，探究程小奔如何实现太阳能充放电任务。

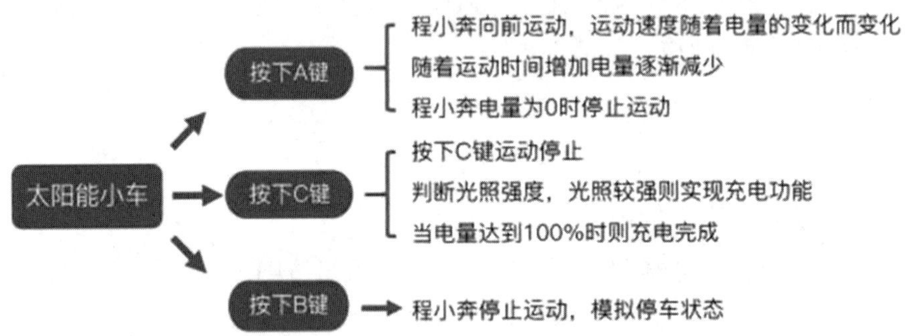

三、编程实战（上 20mins+ 下 10mins）

1. 自由体验

观察设备相关的积木（根据学生对慧编程的熟悉程度，给予提示：运动积木），尝试实现程小奔运动。

2. 探究学习

（1）第一步：电量控制程小奔运动速度

T：电量不断发生变化需要如何实现？运用变量积木实现。

T：建立一个新的变量，命名为电量。

积木区	积木名称	功能	示例
变量	建立一个变量	创建一个新的变量	新建变量 新变量名： 适用于所有角色 仅适用于当前角色 取消 确定

（2）第二步：随着时间变化电量越来越少，程小奔运动速度越来越慢

T：打开设备中运动积木，找到“前进以动力 50%”

Tips：将前进的动力设置为电量的大小来控制程小奔运动速度。

前进 ▾ 以动力 电量 %

T：如何改变变量的大小？引导学生先体验、讨论，再进行补充说明。

Tips：随着时间的变化不断减少，但是只有“将变量增加（）”，所以需要将增加的值写为负数。

积木区	积木名称	功能	示例
变量	将 电量 ▾ 增加 1	改变变量的大小	当按下按钮 A ▾ 将 电量 ▾ 增加 –1

T：根据之前所学知识，尝试完成任务。

T：测试过程中发现，电量会一直减少，变量的值会出现负数，程小奔会向后运动。

Tips：解决这个问题需要判断电量的值，电量为 0 时将不再发生变化。

积木区	积木名称	功能	示例
控制	如果 那么 否则	判断条件执行语句	如果 电量 = 0 那么 将 电量 ▾ 设为 0 否则 将 电量 ▾ 增加 –1

T：按下 A 键的完整任务。

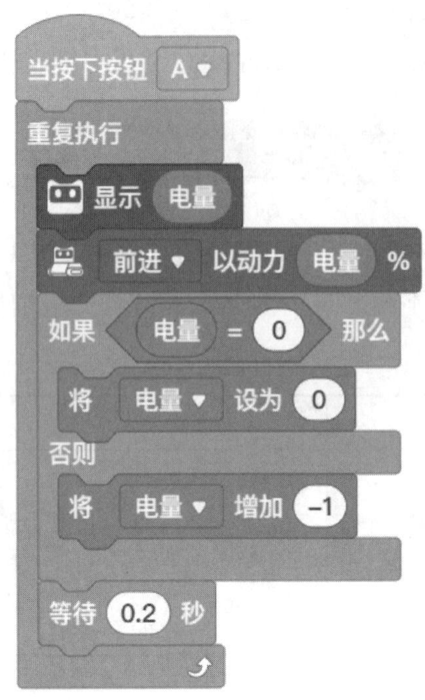

（3）第三步：按下 C 键程小奔停止运动

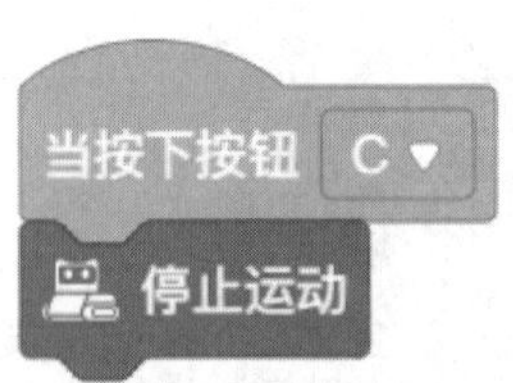

此时程小奔不能停止运动，这是因为按下 C 键后，按下 A 键的重复执行一直在运行，所以按下 C 键后要将按下 A 键的重复执行停止。

积木区	积木名称	功能	示例
控制	重复执行直到	满足条件循环中断	重复执行直到 按钮 C 被按下?

（4）第四步：判断光照强度，完成充电功能

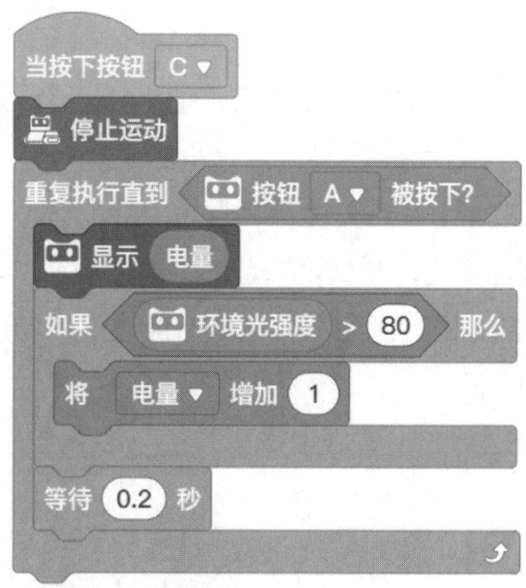

T：测试过程中发现电量值会不断增加，甚至超过 100%，此时需要对电量范围进行判断。

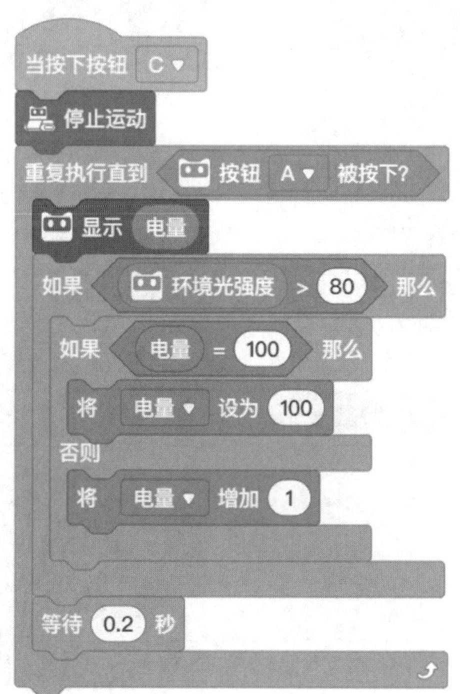

3. 测试程序

T：关注孩子个性化，自由发挥即可，辅导孩子完成完整程序。

T：电量不足与满电状态可以添加声音进行提示。

4. 作品命名与保存

T：完成的作品确认命名后及时保存。

四、挑战与游戏（25mins）

1. 挑战：完成模拟汽车停止状态

T：程小奔不止有运动状态和充电状态，还有停止状态，模拟日常生活中汽车停止运行。

① 简单介绍要实现的功能，引导学生梳理逻辑。

② 在慧编程中完成程序实现，测试效果。

T：整个过程由学生自主进行探究学习，根据前边学习的内容，自己测试完成停止状态。

T：完整程序参考如下：

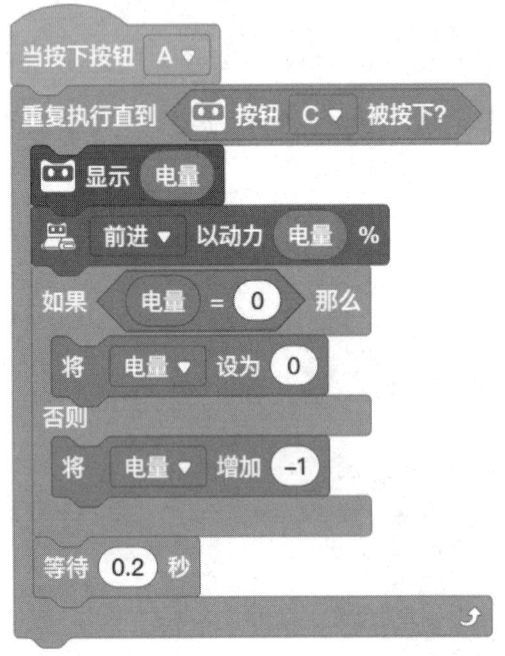

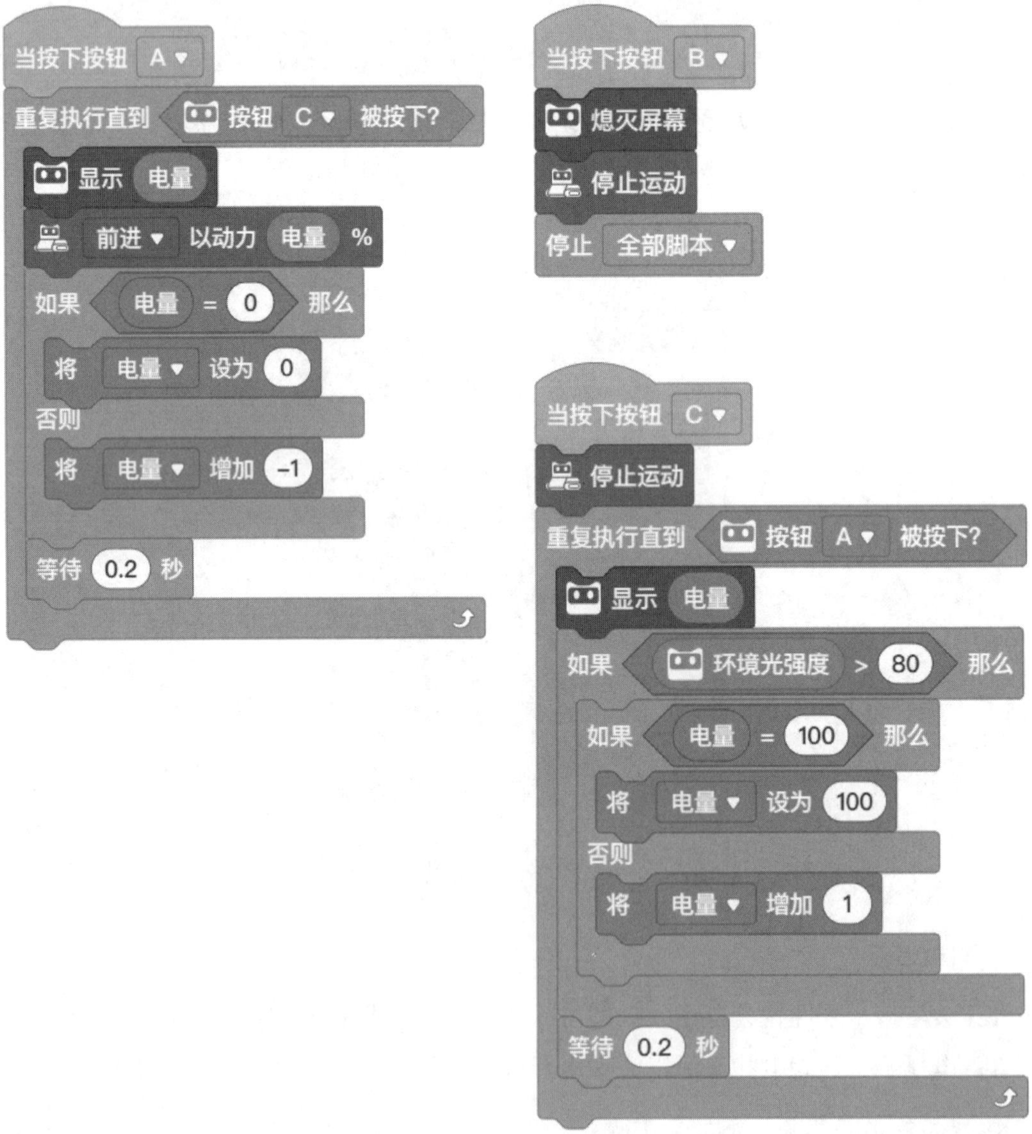

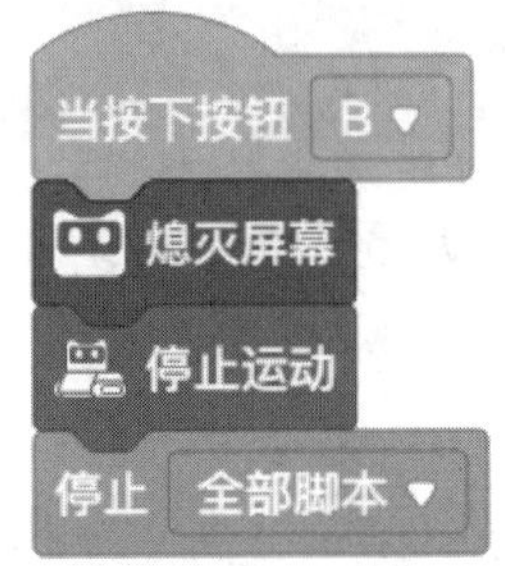

当按下按钮 A
重复执行直到 按钮 C 被按下?
显示 电量
前进 以动力 电量 %
如果 电量 = 0 那么
将 电量 设为 0
否则
将 电量 增加 -1
等待 0.2 秒
当按下按钮 B
熄灭屏幕
停止运动
停止 全部脚本
当按下按钮 C
停止运动
重复执行直到 按钮 A 被按下?
显示 电量
如果 环境光强度 > 80 那么
如果 电量 = 100 那么
将 电量 设为 100
否则
将 电量 增加 1
等待 0.2 秒

2. 游戏时间：展示各自的作品，比比看谁的效果更有意思

T：大家通过比赛展示自己的作品

五、分享与小结（10mins）

1. 引导学生从不同角度分享，鼓励学生尝试举一反三（知识迁移）

- 我学到了……
- 通过变量控制小车运动的速度。
- 学习了如何减小变量的数值。
- 学习了如何进行条件的判断，并且不同的条件执行不同的语句。
- 学习了光电传感器的应用，如何进行环境光强度的测量。
- 学习了满足条件结束重复执行语句的应用。
- 树立了发现问题、解决问题的意识。
- 日常生活中要遵守交通规则。

2. 结合学生的分享，适当点评后，进行课堂小结

- 通过使用运算积木和变量积木的应用可以对变量大小进行判断。
- 通过设置变量为运动的功率可以改变程小奔的运动速度。
- 通过改变等待积木的时间长短和变量变化的大小可以改变程小奔充放电的快慢。
- 遵守秩序，维护交通规则。

第22课　指南针

课程概述

单元：综合学科应用。

课时：2课时，45mins/课时。

内容：本节课以野外探索寻找方向为学习背景，通过不断测试，探究如何运用陀螺仪完成一个指南针，学习显示积木、播放积木、运算积木以及感知积木的用法。结合显示积木的显示，熟悉陀螺仪传感器、运算积木和感知积木的应用。通过解决课程中的小问题，树立遇到困难不放弃的精神。

教学目标

情感：（1）学习运用LED点阵屏进行显示。

（2）学习陀螺仪的应用。

知识：（1）学习显示积木的应用。

（2）知道使用播放积木为设备添加特效。

（3）学习逻辑运算积木的应用。

（4）学习陀螺仪的应用。

能力：培养孩子的学习能力和解决问题的能力。

器材准备

（1）程小奔套装（蓝牙版）*1/人

（2）装有慧编程的电脑*1/人。

教学过程

一、情景导入（10mins）

通过两个小朋友寻找方向，引出任务：设计完成指南针。

T：短片1（PPT中视频）当中代号洞吆和洞拐的两位小朋友在野外探险时找不到方向了，他们是通过指南针来判定的，那当我们野外游玩的时候迷失方向要怎么办？其实我们有很多可以判定的方式，比如可以看一下太阳的方向，还有树木枝叶繁茂的一面是南方，其实我们现在很多电子设备也具有判断方向的功能，手机导航里的小箭头也可以为我们指定方向，当然了手机导航也是我们这些方式中最准确的，大家知道手机导航是用到什么传感器进行方向判断的吗？其实里边用到了陀螺仪传感器，我们小程里边也有陀螺仪传感器，那我们今天就通过我们的小程来完成一个指南针帮助我们指示方向，现在我们也有了很多方便的数字指南针，我们先通过一个短片 2（PPT 中视频）简单地了解一下它是如何工作的吧。

二、任务分解（10mins）

通过课程导入的引导，组织学生讨论进入任务分解环节，尝试画出思维导图。

和小朋友们进行讨论互动，探究小程的实现方式。

三、编程实战（上 25mins+ 下 15mins）

1. 自由体验

观察设备相关的积木（根据学生对慧编程的熟悉程度，给予提示：显示积木、感知积木），尝试实现在小程屏幕上显示陀螺仪转过的角度。

2. 探究学习

（1）第一步：控制程序开始开关

T：控制程序开始的开关有哪些方式？键盘、按键、传感器等。

T：如何实现？设备中的事件模块。

T：假如用按键 A 控制开始。

积木区	积木名称	功能	示例
事件	当按下按钮 A ▾	按下小程的按钮 A 执行下边的程序	当按下按钮 A ▾ 显示图案 1 秒

（2）第二步：实现显示陀螺仪旋转角度

T：认识 LED 点阵屏。打开设备中显示积木。

Tips：通过显示积木对小程的 LED 点阵屏进行编辑。

积木区	积木名称	功能	示例
显示	显示 hello	显示点阵屏字母	当按下按钮 A ▾ 显示 hello

T：如何显示陀螺仪转过的角度？引导学生先体验、讨论，再进行补充说明。

Tips：通过感知积木找到陀螺仪转过的角度。

T：如何判断我们制作的指南针需要用到陀螺仪的哪个轴？

Tips：先将感知积木里的三个轴的角度选中，此时舞台区显示小程中陀螺仪三轴转过的角度。

T：此时连接小程与电脑，将模式设置为在线模式。

Tips：此时转动小程，陀螺仪三轴的度数在舞台区显示，我们水平转动小程，哪个轴的数值发生变化或者变化最大，此轴为我们需要用到的轴，测试得出需要绕 z 轴转过的角度。

T：通过显示积木将陀螺仪绕 z 轴转过的角度显示出来。

积木区	积木名称	功能	示例
感知	绕 z 轴转过的角度°	测得陀螺仪绕 z 轴转过的角度	当按下按钮 A▾ 显示 绕 z 轴转过的角度°

（3）第三步：重复执行

显示积木只能执行一次，不断地测量显示需要用到重复执行。

积木区	积木名称	功能	示例
控制	重复执行	重复执行内部程序	当按下按钮 A▾ 重复执行 显示 绕 z 轴转过的角度°

（4）第四步：重置轴

T：测试过程中发现数据有时候不是很准确，这是因为我们开始程序的时候没有将陀螺仪的轴转过的角度重置。

积木区	积木名称	功能	示例
感知	重置 所有轴▾ 转过的角度°	将陀螺仪的轴重置为初始化	当按下按钮 A▾ 重置 所有轴▾ 转过的角度°

（5）第五步：判断陀螺仪转过的角度

T：测试过程中发现，拿着陀螺仪转过一圈后回到原点，显示 360°，我们需要判断陀螺仪转过的角度，将范围控制在 -180°~180°。

T：用到判断模块“如果 – 那么”。

积木区	积木名称	功能	示例
控制	如果 那么	满足“如果”的条件执行“那么”的语句	当小程启动 如果 按钮 A▾ 被按下? 那么 显示 hello

T：条件判断的过程中，需要测试陀螺仪转过的角度并对其取余数，判断余数的范围。

T：取余数需要用到运算积木。

积木区	积木名称	功能	示例
运算	( ) 除以 ( ) 的余数	取余数	当小程启动 显示 (绕 z 轴转过的角度° 除以 360 的余数)

T：判断余数的范围也需要用到运算积木。

积木区	积木名称	功能	示例
运算	( ) > 50 ( ) < 50 ( ) = 50	比较大小	当小程启动 如果 〈绕 z 轴转过的角度° = 50〉 那么 显示 hello

（6）第六步：完成陀螺仪指示功能

（7）第七步：当角度为 0 时，提示声音

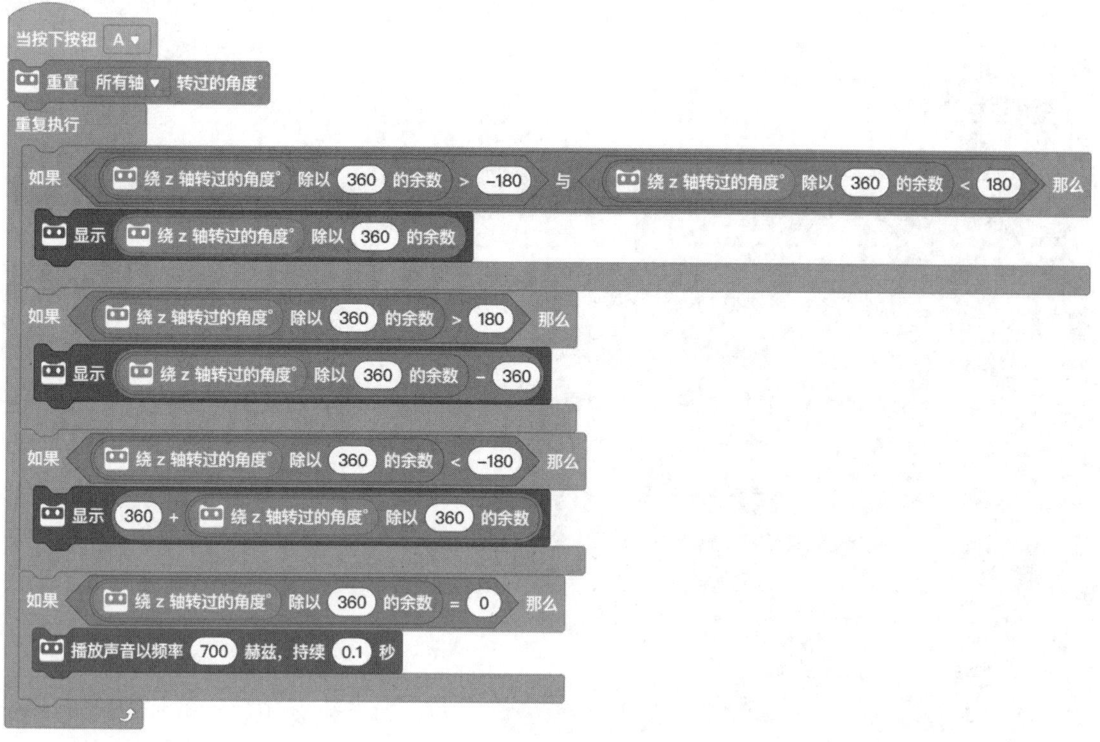

3. 测试程序

T：使用播放声音积木，关注孩子个性化，自由发挥即可，辅导孩子完成完整程序。

T：测试发现当角度为 0 时，声音一直在持续，改进程序只响一声。

T：运用等待条件模块来实现。

积木区	积木名称	功能	示例
控制	等待	等待满足条件执行后边的程序	等待 按钮 A 被按下?

T：完善所有程序。

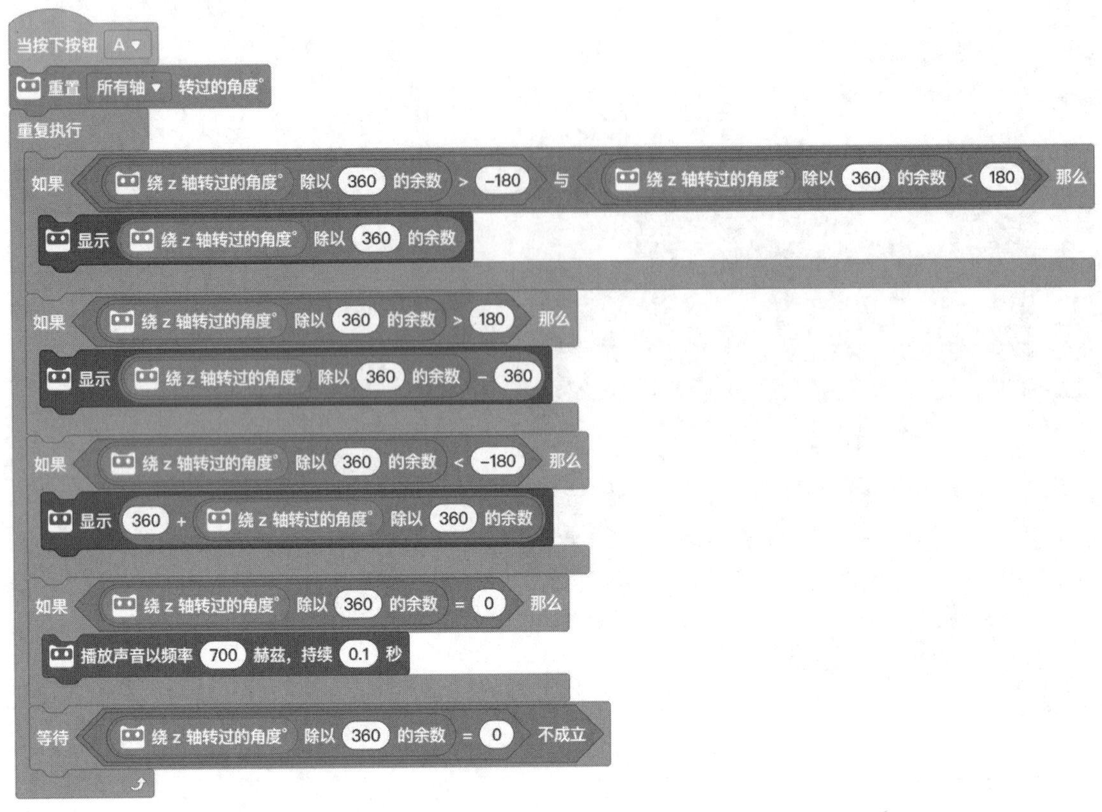

4. 作品命名与保存

T：完成的作品确认命名后及时保存。

四、挑战与游戏（20mins）

1. 挑战：完成再次校准

T：小程按下 A 键后一直运行程序，在不关机的状态下我们如何实现再次校准或者关闭程序呢？

① 引导学生梳理逻辑。

② 在慧编程中完成程序实现，测试效果。

T：程序参考如下：

2. 游戏时间：展示各自的作品，测试能否准确指示方向

T：大家展示自己的作品。

五、分享与小结（10mins）

1. 引导学生从不同角度分享，鼓励学生尝试举一反三（知识迁移）

• 我学到了……

• 用 LED 点阵屏显示数字，利用显示积木和感知积木将陀螺仪测得的角度显示在小程的屏幕上。

• 学习了运算积木中取余模块的应用。

• 了解如何在程序中进行大小的比较。

• 学会了遇到困难不放弃的精神。

• 日常生活中遇到困难要多动脑想想问题的解决办法。

2. 结合学生的分享，适当点评后，进行课堂小结

• 判断是指事情发展的因果关系，在编程中指满足条件执行指令。

• 通过使用事件、显示和感知积木可以实现监测传感器的数据。

• 通过运算积木判断取值范围。

• 通过等待条件积木实现满足条件执行后边的程序。

• 我们要遇到困难不放弃，多动脑。

第 23 课 智能语音机器人

课程概述

单元： AI 智慧未来。

课时： 2 课时，45mins/ 课时。

内容： 本课通过认知服务内的语音识别并利用如果那么积木判断语言识别结果是否包含：前进、后退、左转、右转、停。若包含则广播指定消息，程小奔来接收消息并执行前后左右等指令。

教学目标

情感： 科技改变世界，科技改变生活。

知识：（1）学习语音识别积木的应用。

（2）学习并使用包含积木。

（3）广播与接收消息。

能力：（1）学习能力。

（2）解决问题的能力。

器材准备

（1）程小奔套装（蓝牙版）*1/ 人。

（2）装有慧编程的且联网的电脑 *1/ 人。

教学过程

一、情景导入（5mins）

结合 PPT 内视频介绍 IOT 物联网背景，引出主题：智能语音机器人

T：随着网络科技的发展，我们身边出现了越来越多的有关语音遥控的科技产品。那么语音机器人是如何工作的呢？为什么可以通过语音去远程遥控机器？今天我们来制作一款智能语音机器人一探究竟吧！

二、任务分解（10mins）

通过板书，组织学生进入任务分解环节，尝试画出思维导图。

探究语音识别的具体方式。

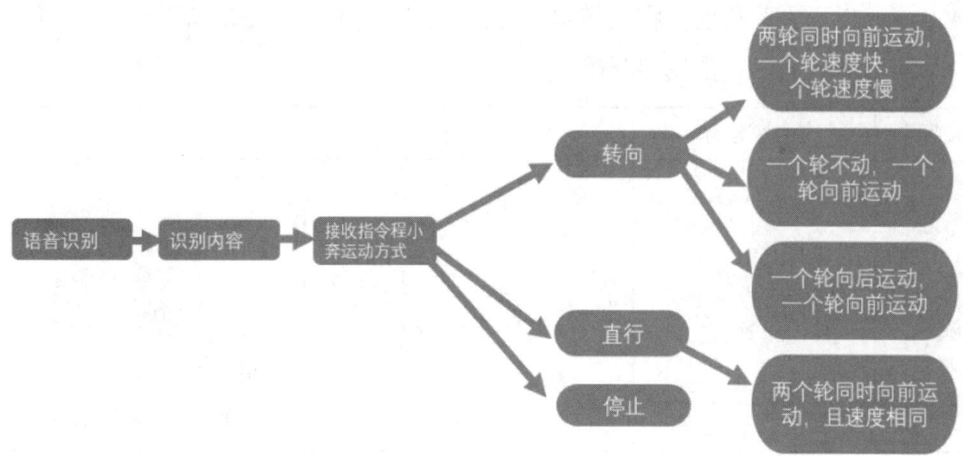

三、编程实战（30mins）

1. 自由体验

通过角色－添加扩展，添加认知服务并找到语音识别积木。

使用示例：按下键盘上的空格键，开始识别汉语两秒，识别结束后舞台上的小熊猫将说出语音识别结果。

程序：

舞台显示结果：

2. 探究学习

（1）第一步：更改角色，将熊猫角色更换为按钮并标注 语音识别

（2）第二步：通过点击按钮开始识别语音中文

积木区	积木名称	功能	示例
事件	当角色被点击	对应角色点击，执行该事件下的程序	当角色被点击 移动 10 步 使用示例：点击当前角色，角色将移动 10 步。

（3）第三步：确定角色初始位置

每个角色的位置都是固定的，所以需要通过坐标来固定角色的位置。

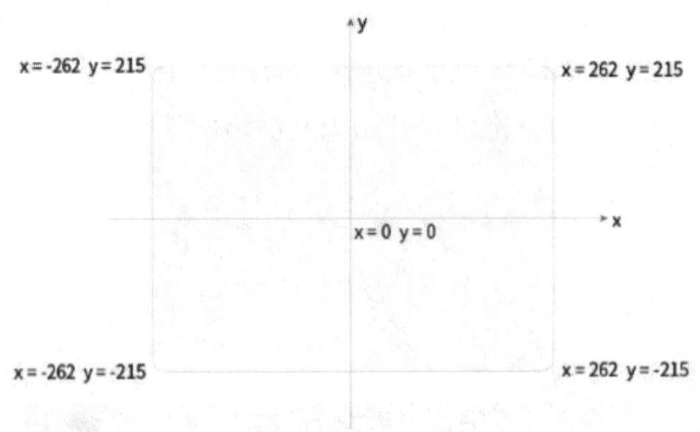

使用示例：点击舞台上的绿色旗帜，角色移动到舞台的中心（0，0）位置。

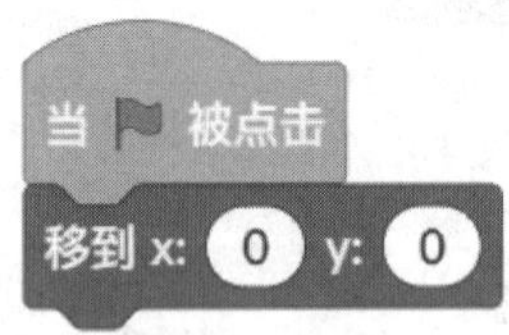

（4）第四步：识别语音并判断是否包含关键词语

积木区	积木名称	功能	示例
控制	如果 那么	判断：如果条件满足那么执行里面的程序	如果 语言识别结果 包含 前进 ？ 那么 广播 前进 如果语音结果包含前进，那么广播前进消息

（5）第五步：设备的程序用来接收消息并执行前进指令

积木区	积木名称	功能	示例
事件	当接收到 前进 ▾	广播与接收用于：角色与角色或者角色与设备之间传递消息	当接收到 前进 ▾ 前进以动力 50 % 1 秒 接收前进消息并执行前进指令

3. 测试程序

角色：

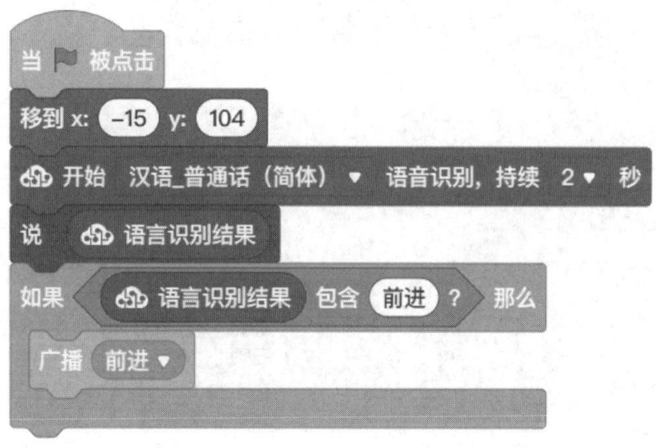

设备：

4. 作品命名与保存

T：完成的作品确认命名后及时保存。

四、挑战与游戏（35mins）

1. 挑战：完成前进、后退、左转、右转、停止命令的程序部分

T：你能独立完善整个程小奔的运动前后左右停止吗?

① 注意识别的时间。

② 在慧编程中完成程序实现，测试效果。

T：完整程序参考如下：

角色：

当 被点击
移到 x: -15 y: 104
开始 汉语_普通话（简体） 语音识别，持续 2 秒
说 语言识别结果
如果 语言识别结果 包含 前进 ? 那么
广播 前进
如果 语言识别结果 包含 后退 ? 那么
广播 后退
如果 语言识别结果 包含 左转 ? 那么
广播 左转
如果 语言识别结果 包含 右转 ? 那么
广播 右转
如果 语言识别结果 包含 停 ? 那么
广播 停

设备：

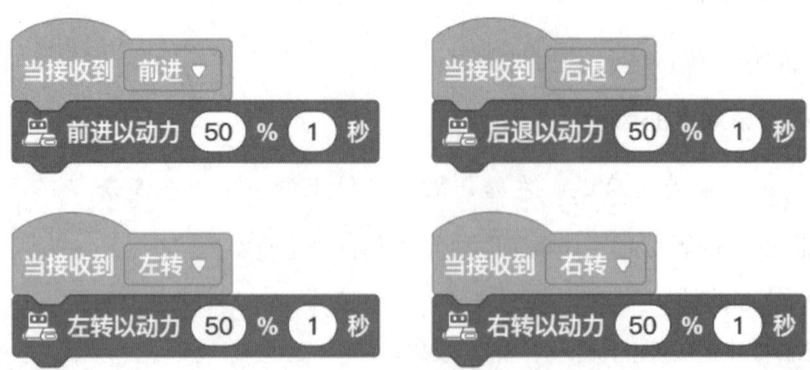
当接收到 前进
前进以动力 50 % 1 秒
当接收到 后退
后退以动力 50 % 1 秒
当接收到 左转
左转以动力 50 % 1 秒
当接收到 右转
右转以动力 50 % 1 秒

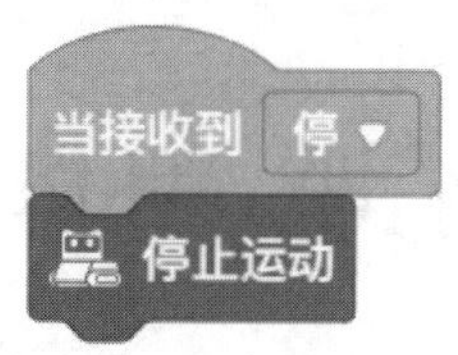

2. 游戏时间：展示各自的作品，比比看谁的效果更有意思

T：大家通过比赛展示自己的作品。

五、分享与小结（10mins）

1. 引导学生从不同角度分享，鼓励学生尝试举一反三（知识迁移）

• 什么是物联网？

物联网（Internet of things，IoT）即“万物相连的互联网”，将各种信息传感设备与互联网结合起来而形成的一个巨大网络，实现在任何时间、任何地点人、机、物的互联互通

• 广播的作用？

用于角色与角色间或角色与设备间的消息传递，一个用来发送指定消息，另外一个用于接收。

• 声音是如何被识别出来的？

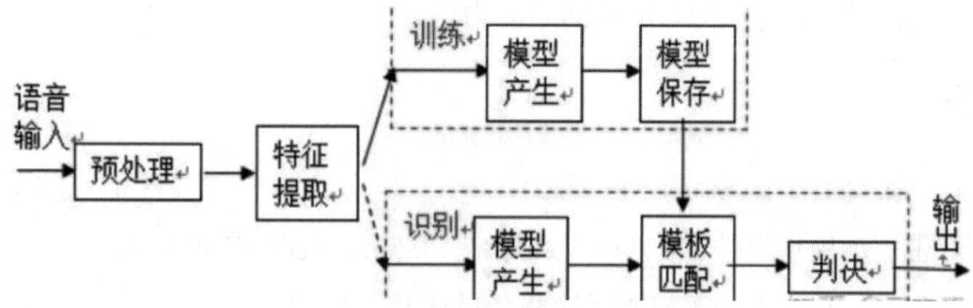

• 你想使用物联网技术设计一款什么样的机器？

2. 结合学生的分享，适当点评后，进行课堂小结

• 通过语音识别积木，判断语音识别的内容。

• 通过包含积木，判断语音识别结果是否包含指定关键字。

• 通过广播与接收消息积木，实现角色与设备之间的消息传递等互动。

第24课　环保小卫士

课程概述

单元：AI 智慧未来。

课时：2 课时，45mins/ 课时。

内容：本节课以生活中遇到的垃圾分类这件事作为学习背景，通过实现自动垃圾分类的任务，探究如何通过机器学习来识别垃圾，简单使用语音交互积木，学习机器学习积木的应用。探究如何判断不同类别垃圾，培养逻辑思考能力与解决问题能力。

教学目标

情感：我们要在生活中实行垃圾分类，养成良好的环保意识。

知识：（1）学习机器学习相关知识和机器学习积木的使用方法。

（2）学习垃圾分类相关知识。

（3）使用多个“如果 – 那么”积木完成垃圾分类判断。

能力：建立逻辑思考能力与解决问题能力。

器材准备

（1）程小奔套装（蓝牙版）*1/ 人。

（2）灯带驱动模块组件 V1.0*1/ 人、灯带（0.5m）组件 V1.0*1/ 人。

（3）装有慧编程的电脑（需要联网并登录账号）*1/ 人。

（4）八种垃圾和四类垃圾桶图片（附件中需打印）*1/ 人。

教学过程

一、情境导入（10mins）

介绍生活中的垃圾分类，引出任务：制作垃圾分类程序。

T：为什么要垃圾分类？可以减少浪费和污染。分类之后，那些可回收垃圾经过回收处理还将重新变成能源，每回收一吨废塑料就可以回炼 600 公斤柴油；一吨废纸可以变成 700 公斤好纸，少砍 17 棵大树的同时还能减少生产纸浆过程中的水污染；而一吨易拉罐熔化则可以少开采 20 吨铝矿。由此可见，如果对垃圾及时分类处理，不仅可以减少焚烧、填埋带来的环境问题，还可以真正实现变废为宝。

T：目前的废旧垃圾分类筛选，最简单的方法就是人工分拣，不仅费时费力且效率很低，同时产量少，基本达不到要求；科技发展迅速，通过智能识别让垃圾分类更高效，能够精准地将垃圾等自动分类出来，有效减少污染减少浪费。与人工分类相比，自动垃圾分类更有效率，分选更简单。

T：那我们今天就作为一个环保小卫士与程小奔一起完成垃圾分类的程序吧。

二、任务分解（10mins）

展示垃圾分类效果，组织学生进入分解任务环节，尝试画出思维导图。

T：观察垃圾分类程序，结合游戏过程中的细节，尝试划分为几步来实现。

Tips：

• 说明用到的多种材料，包括电脑、灯带、图片等。

• 鼓励学生个性化创作。

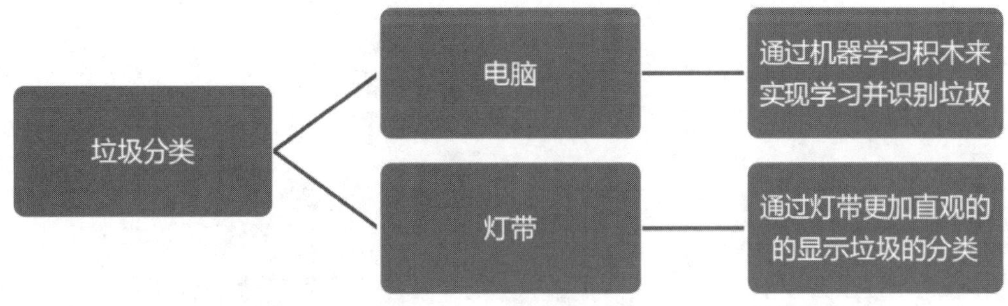

三、编程实战（25mins）

1. 自由体验。

T: 观察设备相关的积木（根据学生对慧编程的熟悉程度，给予提示：重复积木、如果－那么－否则），根据思维导图，尝试梳理思路，体验将会用到哪些积木。

2. 探究学习

（1）第一步：开始触发开关

T：程序开始的触发开关可以有哪些方式？键盘、按键、传感器等。

T：如何实现？设备中的事件积木。

T：假如用按下 A 键控制开始。

积木区	积木名称	功能	示例
事件	当按下按钮 A ▾	按下小程的按钮 A 执行下面的程序	当按下按钮 A ▾ 广播 开始检测 ▾

Tips：每次识别都需要按下 A 按钮开始，通过广播将信息传播到角色开始识别。

（2）第二步：让程序认识不同种类的垃圾

T：需要使用到机器学习，需要让电脑先认识某一类垃圾。那接下来我们介绍一下机器学习。机器学习是一门多学科交叉专业，涵盖概率论知识、统计学知识、近似理论知识和复杂算法知识，使用计算机作为工具并致力于真实实时的模拟人类学习方式，并将现有内容进行知识结构划分来有效提高学习效率。机器学习并不是遥不可及的概念。使用慧编程的机器学习扩展，你可以建立一个训练模型，让电脑进行学习，而不需要直接编程。

首先需要添加机器学习扩展。

在角色下，点击积木区最下方的“添加扩展”按钮。

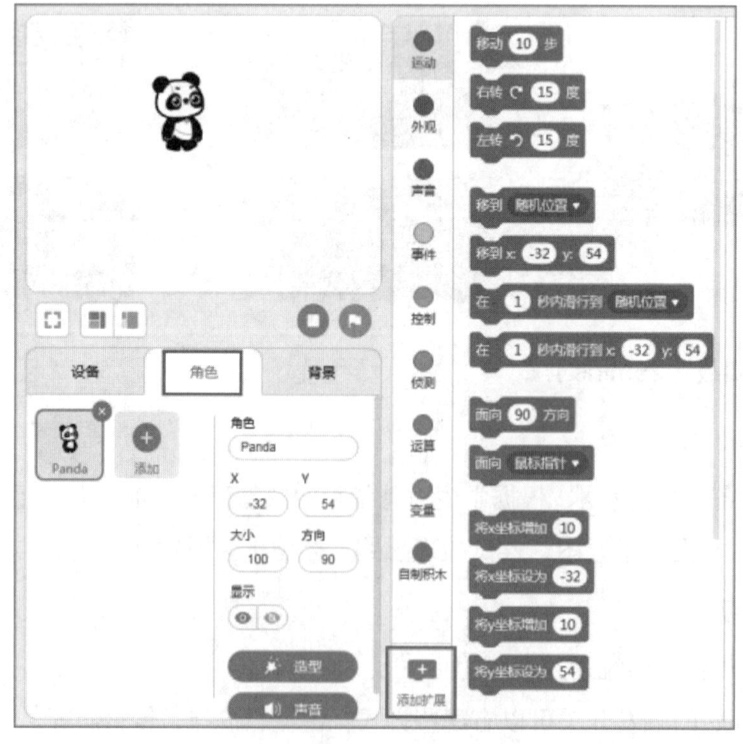

在弹出的“扩展中心”页面，选择“机器学习”功能，点击“添加”。

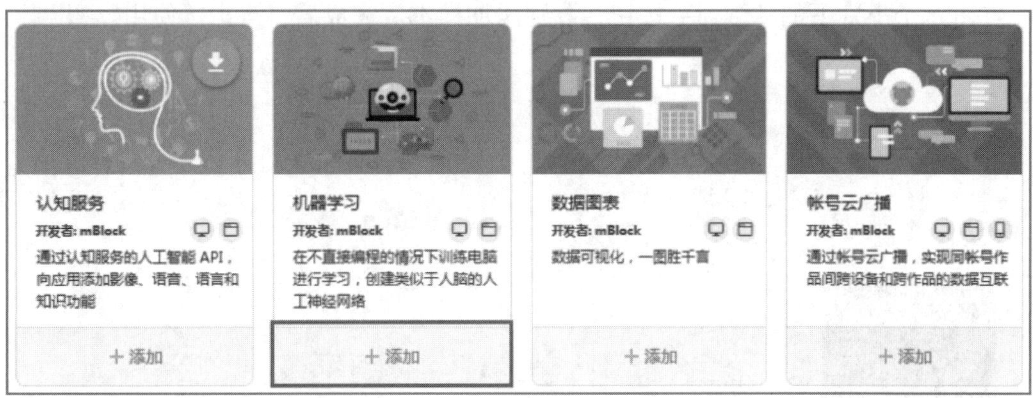

返回编辑页后，积木又多了一种类型：机器学习。

T：接下来我们一起学习如何使用机器学习积木。让我们来试试新的机器学习积木块吧。

我们新建一个训练模型让 Panda 学习八种不同的垃圾：废纸、剩饭、电池等。

首先，让我们创建一个新的训练模型。在积木区，选择机器学习，点击“训练模型”。

“模型训练”会弹出，我们将八个类别分别重命名为“废纸”，“剩饭”和“电池”等。

点击每个类别下的“学习”按钮，分别添加样本。完成后，点击“使用模型”。

T：模型建立完毕后，机器学习类别下就有了新的积木。

T：训练后，角色就会根据训练模型来识别不同的垃圾。

积木区	积木名称	功能	示例
机器学习	识别结果为 废纸 ▾ ?	判断摄像头检测到的物体，如果与训练模型符合则返回为真，否则为假	如果 识别结果为 废纸 ▾ ? 那么

T：通过使用机器学习积木，识别窗口就会自动弹出。

T：通过逻辑判断“或”将同一类的垃圾连接起来一起分类。

（3）第三步：通过机器学习判断不同类别的垃圾使用语音播报出来

T：如何语音播报。

Tips：引导学生尝试人工智能积木（使用时需要联网并登录账号）。

积木区	积木名称	功能	示例
语音交互	朗读 makeblock 童心制物	将积木中的文字朗读出来	朗读 这是可回收物

T：当识别垃圾为废纸或者塑料时，判断为可回收物，并使用外观积木在舞台上显示出，同时发送广播信息“可回收物”给设备，其他类别同理。

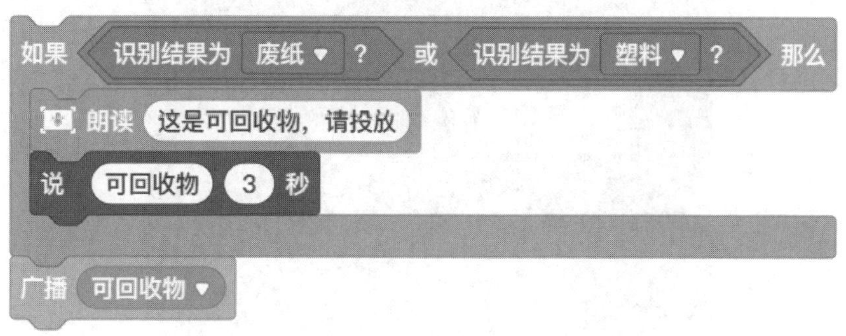

（4）第四步：识别不同垃圾类别是灯带负责指示不同的垃圾桶

T：使用灯带来指示不同类别的垃圾桶。

T：尝试添加神经元积木中的灯带积木。

积木区	积木名称	功能	示例
神经元	灯带 1 亮起 1 灯，颜色为 红色	指定亮起指定灯带的指定灯，并指定颜色	灯带 1 亮起 1 灯，颜色为 红色
神经元	灯带 1 亮起	编辑指定灯带的所有灯的亮灭和颜色	灯带 1 亮起

T：当识别是可回收垃圾时，可回收垃圾桶前的三个灯就会亮起来，三秒后全部熄灭。

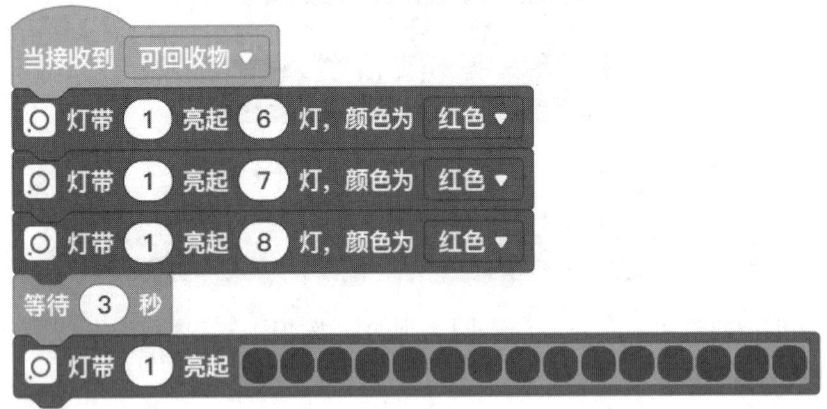

3. 测试程序

T：将灯带组件与程小奔的小程通过磁吸连接，本次不使用小奔，程序测试时注意不要断开连接。关注学生的个性化，自由发挥即可，辅导学生完成完整作品。

T：将灯带与废旧纸杯制作的垃圾桶摆放如图（灯带程序需要与纸杯位置对应）。

Tips：提醒学生确认小程与电脑已通过蓝牙适配器完成配对、在线模式下连接。

4. 作品命名、保存

T：完成的作品确认命名后及时保存。

四、挑战与游戏（35mins）

1. 挑战：将舞台中添加四个垃圾桶角色，当识别为某类垃圾时，该类垃圾桶打开并说出“请投放”等内容

Tips：需要添加四个垃圾桶的角色，素材在附件中。

T：在角色编辑界面，通过绘制将垃圾桶设置为一个关闭一个打开的状态。

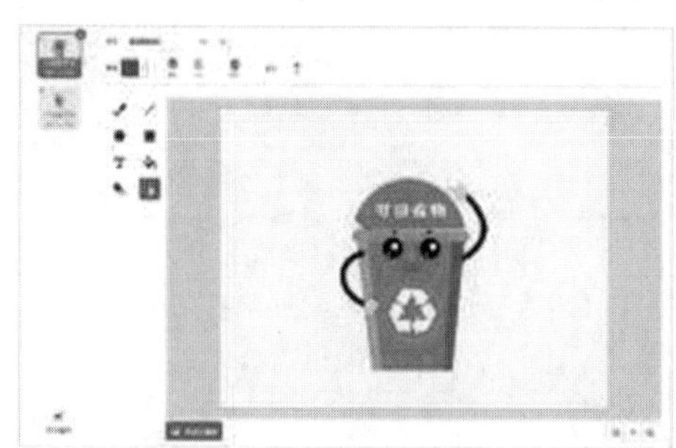

2. 游戏时间：展示各自的作品，比比看谁的效果更有趣

T：大家依次展示自己的作品。（部分参考程序如下）

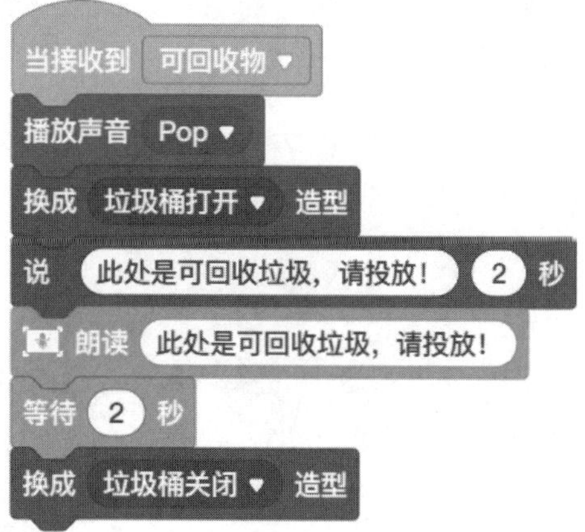

五、分享与小结（10mins）

1. 引导学生从不同角度分享，鼓励学生尝试举一反三（知识迁移）

- 我学到了……
- 可以使用神经元中的灯带组件更明显的指示位置。
- 使用了角色造型绘制界面来修改角色的造型。
- 学习了机器学习积木的训练模型来识别不同种类的垃圾。

2. 结合学生的分享，适当点评后，进行课堂小结

- 可以使用多个“如果 – 那么”积木完成不同分类判断。
- 我们要在生活中实行垃圾分类，养成良好的环保意识。
- 通过逻辑判断“或”可以将同一类的垃圾识别结果连接起来。

第25课　翻译小助手

课程概述

单元：AI 智慧未来。

课时：2 课时，45mins/ 课时。

内容：本节课以翻译语言为学习背景，通过角色内扩展——翻译、人工智能服务，探究如何实现对英语和汉语语音进行翻译，并学习如何将翻译内容从文字转化成语音的用法。通过场景和任务搭建，学习如何建立小程与角色的互动，利用人工智能服务进行语音播报当前翻译的内容。通过最后的小挑战，让学生可以将本课内容融会贯通，学会如何分析、分解任务并逐步完成的思维方式。

教学目标

情感：培养学生敢于表达、博爱、平等待人的价值观。

知识：（1）学习语音交互的用法。

（2）学习语音识别的用法。

（3）学习翻译文字的用法。

能力：学习分析、分解任务的思维方式和逐步解决问题的能力。

器材准备

（1）程小奔套装（蓝牙版）*1/ 人。

（2）装有慧编程的电脑（电脑联网并登录慧编程账号）*1/ 人。

教学过程

一、情景导入（10mins）

介绍人们在全球化环境下的生活改变，需要与各地、各国的人进行交流，引出任务：翻译小助手。

我们生活在全球化的话环境下，各国的发展都离不开彼此，所以沟通也越来越亲密了，从小我们都要学好英语，这样才能更好地与外国人进行交流，但是，很多爸爸妈妈、爷爷奶奶们的英语水平还比较欠缺，而且外国人也不一定人人都学好了中文，能不能制作一个可以对英语和汉语进行互相翻译的工具，给大家提供方便呢？

二、任务分解（5mins）

通过互动（国际通用语言是什么）来探索，组织学生进入任务分解环节，尝试画出思维导图。

和小朋友们进行互动，探究翻译小助手需要具备的两种功能：

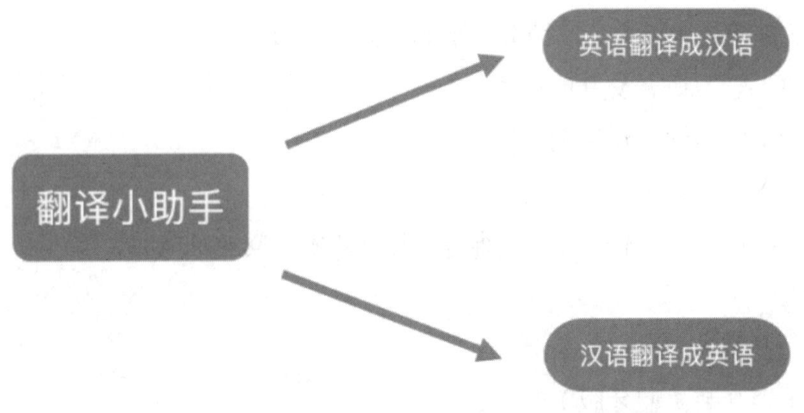

三、编程实战（30mins）

1. 自由体验

构思任务，尝试自行分析逻辑推导翻译小助手的功能，编写设备内的程序。

2. 探究学习

任务一：英语翻译成汉语

（1）第一步：连接程小奔并调节到在线模式（需要与角色进行互动）

T: 我们需要“听”到内容，进行翻译，并语音播报出来，那么需要提前添加相关的拓展，角色内添加扩展“人工智能服务”，和添加扩展“翻译”。

T：如果需要进行语音播报，那么就需要让程小奔的在线模式与角色进行实时互动。

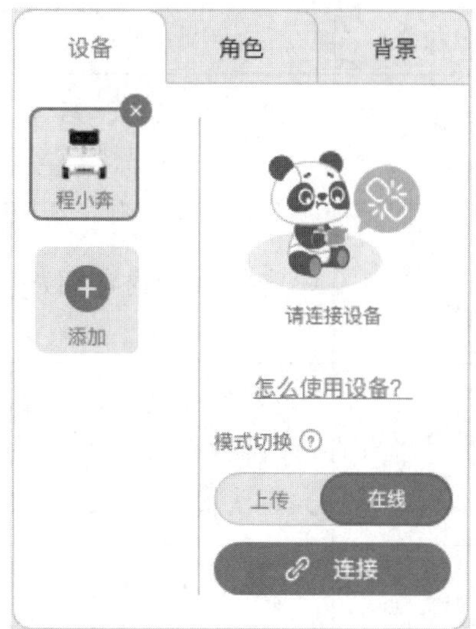

（2）第二步：角色进行听取内容，并翻译成文字，再通过人工智能语音播报

T：我们需要用到小程的按钮控制开始，用按下按钮 C 来启动它把。

T: 为了方便添加下一部分的汉译英，我们可以用按下按钮 A 作为启动英译汉的条件。

T：如果需要完成设备与角色的互动，需要在程序内加入广播消息的部分。

积木区	积木名称	功能	示例
事件	当按下按钮 C	按下按钮C，启动程序	当按下按钮 C 重复执行 如果 按钮 A 被按下? 那么 广播 汉译英
控制	重复执行	重复执行内部程序	
变量	如果 那么	如果条件达成，则执行内部命令。如果未达成，忽略。	
事件	广播 汉译英	广播消息给角色，完成设备与角色的互动	

T：什么时候开始播报内容呢？应该在我们按下按钮C后再按下按钮A，发送广播后，由角色接收，才能开始听取语音，并翻译播报，所以我们要在程序的开始接收广播。

积木区	积木名称	功能	示例
事件	当接收到 汉译英	接收到广播，启动程序	当接收到 英译汉 发音人设置：情感女声 将 语速 设为 5 说 Please say, I am listening. 开始 英语 语音识别，持续 5 秒 朗读 将 语音识别结果 译为 中文(简体) 说 将 语音识别结果 译为 中文(简体)
语音交互	发音人设置：情感女声	设置发音人音色	
语音交互	将 语速 设为 5	设置发音的语速（数字越小越慢）	
外观	说 你好!	角色说出文字提示，示意可以接收到语音翻译／最后将语音识别结果用文字显示出来	
语音交互	开始 英语 语音识别，持续 5 秒	进行语音识别	
翻译	将 你好 译为 中文(简体)	翻译指定内容为指定语言，可以在括号内添加语音识别结果	
语音交互	朗读 makeblock 童心制物 直到结束	朗读指定内容直到结束，可以说出我们翻译的内容	

任务二：汉语翻译成英语

T：做完了第一个任务之后，相信同学们都已经学会了如何语音识别外部的英语，并翻译朗读中文的内容了把，下面大家尝试自己搞定汉译英的部分，并把它们整合在一起吧，它们的逻辑是完全相同的。

T：汉译英的部分与英译汉完全一样，注意对应模块替换就可以了。

T：让两部分内容并列都可以运行，我们可以用另外的如果那么积木，条件是按钮 B 被按下，去控制汉译英，同学们尝试自己写出来吧。

设备部分的程序：

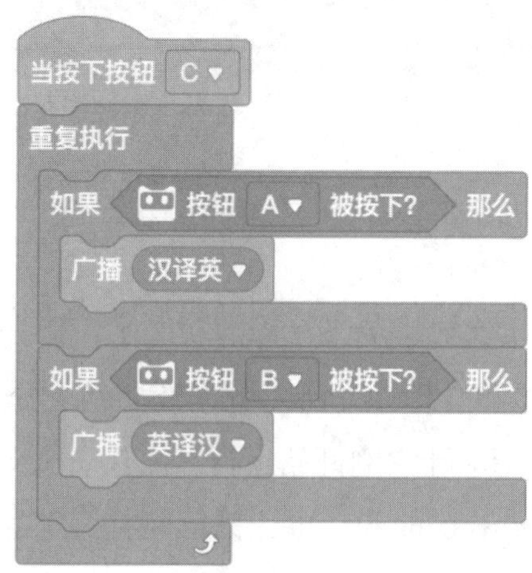

角色部分的程序：

```
当接收到 英译汉
发音人设置: 情感女声
将 语速 设为 5
说 Please say, I am listening.
开始 英语 语音识别, 持续 5 秒
朗读 将 语音识别结果 译为 中文(简体)
说 将 语音识别结果 译为 中文(简体)
```

四、挑战与游戏（35mins）

1. 挑战：多语言互动

T：同学们，现在我们已经基本完成了英汉互译的功能了，但是作为一个可以给大家使用的产品，需要增添它的可用性和合理性，所以我们还要给它添加足够多的提示，让别人用起来也非常的方便，那么能不能让它刚开始运行，就有一段文字和语音的提醒呢？

T：而且，如果能在切换翻译方式的时候，也让舞台区有一定的变化，是不是就更加美观合理呢，同学们试试吧。

T：如果我们周围还有其他国家的小朋友，它们既不会说汉语，也不会说英语，那么能不能把我们说的话，翻译成他的语言，让他听懂呢？大家试试吧，比如德语。

① 简单分析全部任务，引导学生梳理逻辑，分析、分解任务。

② 在慧编程中完成程序实现，测试效果。

T：整个过程由学生自主进行探究学习，根据前面课程的学习，完成相关的任务。

Tips：可以在适当的时候进行教师引导，“给舞台区添加不同的背景，不同翻译类型时进行切换”，“开始后的使用介绍，要中英文都有，方便不同的使用者”，“按钮 A、B 都用上了，我们可以用其他的设备感知，比如说小程被摇晃”。

T：完整程序参考如下：

设备部分：

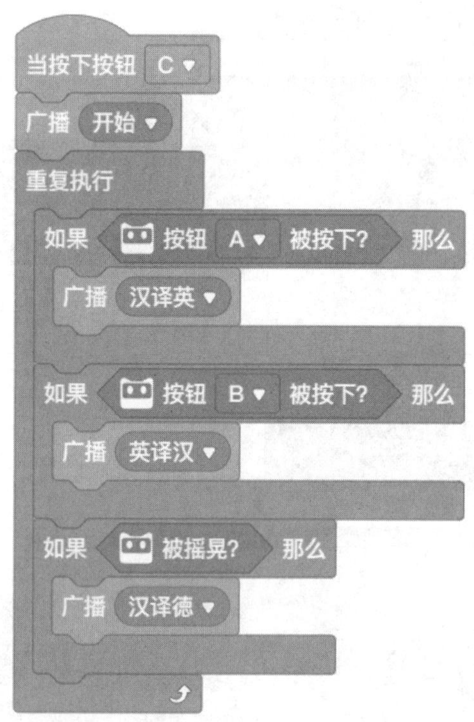

角色部分：

```
当接收到 开始
说 你好！请选择翻译的类型，按下按钮A汉译英，按下按钮B英译汉。Hello！Please select the type of translation, press Button A Chinese to English and Button B English to Chinese.
发音人设置： 情感女声
将 语速 设为 5
朗读 你好！请选择翻译的类型，按下按钮A汉译英，按下按钮B英译汉。Hello！Please select the type of translation, press Button A Chinese to English and Button B English to Chinese. 直到结束
```

```
当接收到 汉译英
换成 Seaside 背景
说 请您说，我在听。
开始 普通话 语音识别，持续 5 秒
朗读 将 语音识别结果 译为 英语
说 将 语音识别结果 译为 英语
```

```
当接收到 英译汉 ▾
换成 Bedroom2 ▾ 背景
说 Please say, I am listening.
开始 英语 ▾ 语音识别，持续 5 ▾ 秒
朗读 将 语音识别结果 译为 中文(简体) ▾
说 将 语音识别结果 译为 中文(简体) ▾
```

```
当接收到 汉译德 ▾
换成 Seaside ▾ 背景
说 请您说，我在听。
开始 普通话 ▾ 语音识别，持续 5 ▾ 秒
朗读 将 语音识别结果 译为 德语 ▾
说 将 语音识别结果 译为 德语 ▾
```

当接收到不同的翻译方式，启动不同的设定即可，逻辑是完全相同的。在设备的最初加上一个发送信息“开始”，角色接收开始，是在程序启动后，就有一个提示，让初次使用者也可以非常容易掌握的使用方式。在切换不同翻译方式的同时，我们加上了切换背景，让使用者感受到明显的不同，有助于提升用户体验。（需要提前添加新的背景）。

2. 游戏时间：测试和展示各自的作品，看看谁的效果更有意思

T：大家展示自己的作品，看看谁可以完成这个任务，之后跟大家分享一下你是如何分析、分解任务，并完成每一个阶段的。

五、分享与小结（10mins）

1. 引导学生从不同角度分享，鼓励学生尝试举一反三（知识迁移）

• 我学到了……

• 角色内扩展翻译的用法，知道了如何将语音转化成文字，也知道了如何将语音转化成其他语言的语音。

• 学习语音交互的用法。

• 学习使用设备中多种不同方式的感知控制不同内容的程序。

• 学习了设备与角色在线交互的方法。

• 练习建立任务分析、分解的建构方式，并逐步完成。

• 在生活中要敢于表达、待人要博爱、平等。

2. 结合学生的分享，适当点评后，进行课堂小结

• 多种方式都可以作为启动不同程序的开始时间，比如小程被摇晃、按下按钮 A 等等，要活学活用。

• 记得需要设备与角色进行互动时，需要在在线模式下连接。

• 语音交互需要提前设定语速和人声，体验更佳。

• 待人为善，与人亲近，既是美德，也是品格。

第 26 课　水果忍者

课程概述

单元：AI 智慧未来。

课时：2 课时，45mins/ 课时。

内容：本节课以程小奔参加夏令营作为学习背景，通过帮助工厂切割水果的任务，探究运用视频侦测积木以及克隆积木，学习程小奔齿轮电位器读数应用，学习变量以及坐标系的用法。

教学目标

情感：切水果游戏中要保持耐心，做事情要一心一意保持专注。

知识：（1）了解视频侦测模块。

（2）学习相对于角色的视频运动和方向。

（3）使用造型切换来丰富游戏内容。

（4）复习坐标的使用。

能力：培养思考能力和学习能力。

器材准备

（1）程小奔套装（蓝牙版）*1/ 人。

（2）装有慧编程的电脑 *1/ 人。

教学过程

一、情境导入（5mins）

T：程小奔要去参加夏令营啦，他们此行目的地是水果加工厂。需要帮助果农在水果落地之前把水果切割好送入工厂继续加工。如果水果被摔烂则无法食用。让我们一起来帮助程小奔完成这个任务吧。

二、任务分解（10mins）

通过情景导入，组织学生进入任务分解环节，尝试画出思维导图。

T：首先我们来看一下完成这个故事需要哪些必需的角色。

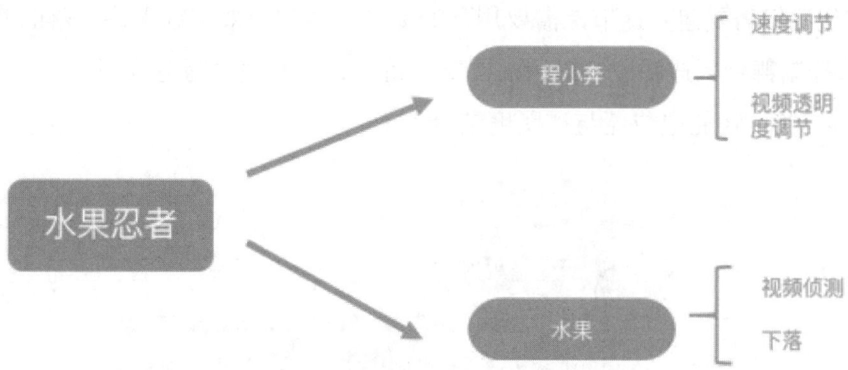

Tips：鼓励学生通过还原情节，主动思考，积极回答问题。

1. 视频侦测

T：关于视频侦测模块，我们这节课主要用到的是透明度的设置以及相对于角色的视频运动。

T：相对于角色的视频运动—侦测到的图像与角色产生接触后的运动量。

三、编程实战（30mins）

1. 自由体验

T：选择合适的舞台区角色，背景，并调整到合适位置和大小。

T：连接程小奔。

2. 探究学习

（1）第一步：建立变量

T：首先我们需要建立这节课需要用到的变量。用按键来控制水果下落的速度，用齿轮电位器来控制舞台区透明度，最后需要统计得分，因此建立得分变量。

（2）第二步：齿轮电位器与透明度结合

T：将变量透明度的值设为齿轮电位器读数。因为是一直变化的值，因此要在重复执行里面。

（3）第三步：设置摄像头以及视频透明度

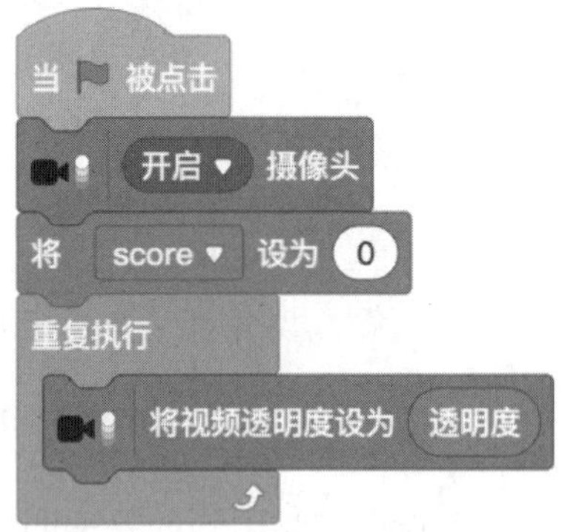

T：对于角色来说，刚刚开始游戏时应该得分清零，并且调整好摄像头。

（4）第四步：要使用克隆来产生大量掉落的水果

T: 克隆自己放在重复执行内，出现的水果速度太快太多，加上等待 1 秒后会放慢速度。等待秒数越长水果出现的速度越慢。

（5）第五步：克隆体被克隆出来以后 x 坐标随机，y 为 100。

T：x 坐标随机数，随机数范围可选 -200–200 之间，y 坐标设在屏幕偏上方 y=100 的位置。

T：刚刚克隆出来的角色应该保持正常的水果造型，大小可设置为随机数。

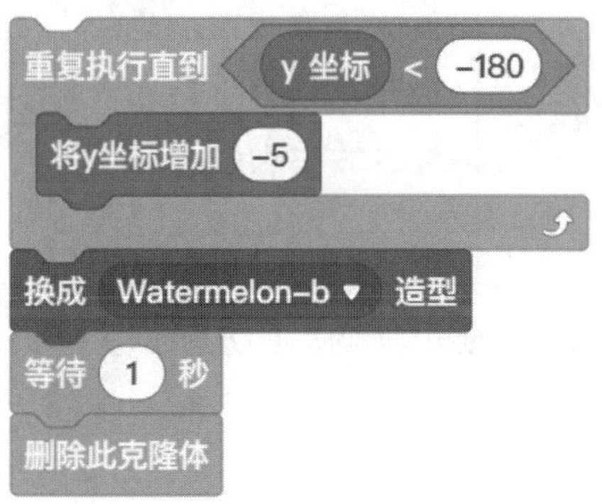

T：克隆体重复执行将 y 坐标增加 -5，直到满足 y 坐标小于 -180，这时西瓜落地，换成摔碎的造型，然后删除此克隆体。

（6）第六步：相对于角色的视频运动

T：视频里侦测到的图像与角色产生接触后的运动量是一个固定值。

T：我们需要判断这个值的大小。

T：值越大，则越难切水果，值越小，则越容易切水果。

积木区	积木名称	功能	示例
视频侦测	将视频透明度设为 50	设置视频透明度	当 被点击 将视频透明度设为 50
视频侦测	当视频运动 > 10	当视频运动大于某一个数值时，执行下面的程序	当视频运动 > 10 说 你好!
视频侦测	开启 ▼ 摄像头	开启或关闭摄像头	当 被点击 开启 ▼ 摄像头
视频侦测	相对于 角色 ▼ 的视频 运动 ▼	侦测摄像头所提供的视频对象对于角色或舞台的运动幅度或运动方向	相对于 角色 ▼ 的视频 运动 ▼ > 50

T：如果满足了条件，那么需要更换切后的水果造型，并且分数增加，等待一段时间后删除此克隆体。

T：这个判断需要放入循环内。

3. 测试程序

Tips：提醒学生确认小程与电脑已经完成了配对、连接，能够通过按键来控制兔子的跳跃。

4. 作品命名、保存

T：完成的作品确认命名后及时保存。

四、挑战与游戏（35mins）

1. 挑战：用按键控制角色下落速度

T：物体下落时在改变 y 的坐标，将 y 坐标增加变量的值。

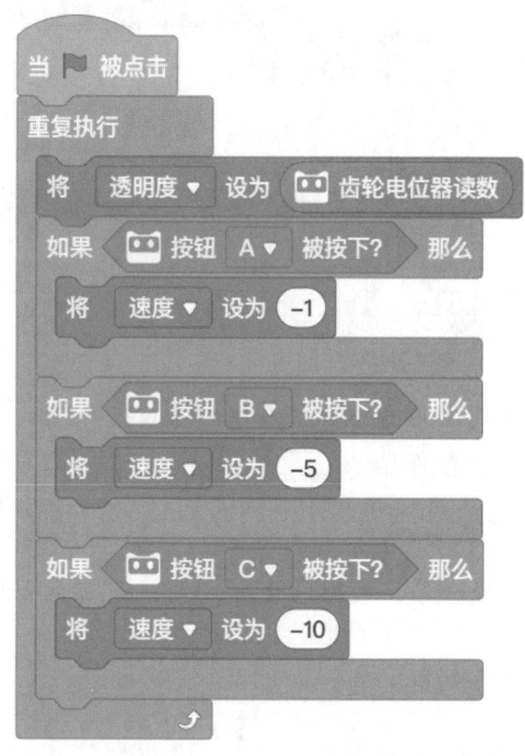

T：用变量的值来控制下落速度，A 键按下速度最慢，B 键按下速度中等，C 键按下速度最快。

2. 挑战：添加炸弹的角色

T：在切水果中，可能混入炸弹，添加炸弹的角色，炸弹的出现可以不那么频繁，因此克隆自己后等待时间可以长一些。

T：在炸弹下落过程中，如果切到了炸弹，更换爆炸造型，并且停止全部脚本，游戏结束。

3. 游戏时间：展示各自的作品，比比看谁的效果更有趣

T：依次向大家展示自己的作品。

五、分享与小结（10mins）

1. 引导学生从不同角度分享，鼓励学生尝试举一反三（知识迁移）

- 我学到了……
- 了解视频侦测模块。
- 学习相对于角色的视频运动和方向。
- 使用造型切换来丰富游戏内容。
- 复习坐标的使用。
- 切水果游戏中要保持耐心，做事情要一心一意保持专注。

2. 结合学生的分享，适当点评后，进行课堂小结

- 如何实现视频侦测?
- 添加扩展，并且使用相对于角色的视频运动。
- 复习坐标的使用。
- xy 坐标的充分利用，包括将坐标设为某值以及坐标的增加减少。
- 切水果游戏中要保持耐心，做事情要一心一意保持专注。

第27课 智慧超市

课程概述

单元：AI 智慧未来。

课时：2 课时，45mins/ 课时。

内容：本节课设计智慧超市利用机器学习与人工智能服务实现了图像识别功能自动识别物品，利用语音交互功能完成播报语音提示，还可以进行人脸识别支付。

教学目标

情感：知识改变命运，科技创造未来。

知识：（1）人工智能服务语音交互。

（2）机器学习。

（3）图像识别。

（4）变量与列表。

（5）运算积木的应用。

能力：（1）逻辑思维能力。

（2）学习能力。

器材准备

（1）电脑安装摄像头。

（2）联网并已登录慧编程账号的电脑 *1/ 人。

（3）水果（示范课用到的有苹果、柑橘、香蕉三种水果）如果学生太多可以更换识别物品或者以下方便进行图像识别的物品，每个学生三种物品（易识别，方便存放）。

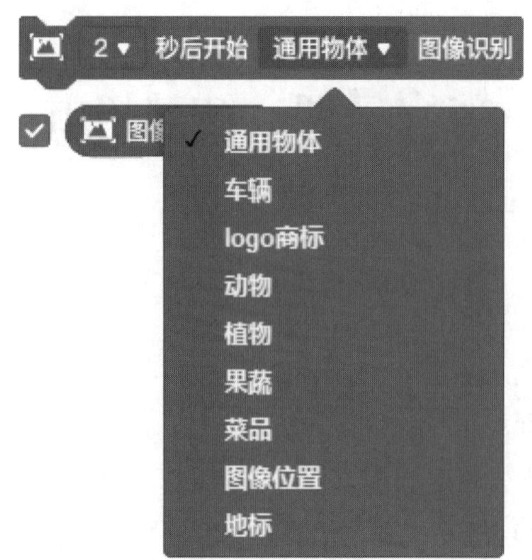

类别说明：

类别	识别结果说明
通用物体	返回当前视频窗口内主体物体的**场景及物体标签**，如 人物_人物特写
车辆	返回当前视频窗口内主体物体的**车辆品牌及名称**，如：本田思域
logo 商标	返回当前视频窗口内主体物体的 **logo 名称**：如：华为
动物	返回当前视频窗口内主体物体的**动物名称**：如：非洲大羚羊
植物	返回当前视频窗口内主体物体的**植物名称**，如：龟背竹
地标	返回当前视频窗口内主体物体的**地标名称**，如：东方之珠

（4）角色、背景素材（由于课程难度较大，若让孩子自己设计角色恐怕时间不足，所以需要老师提前将角色素材背景上传至学生电脑，以节省时间）。

教学过程

一、情境导入（5mins）

T：超市我们都去过，买完东西结账方式有哪些？结合学生回答的内容：以前的超市大多是由收银员结算，当然目前随着科技发展我们在越来越多的超市发现人们可以在自助结算机器面前进行人脸支付或支付宝、微信、网银支付，科技让我们的生活越来越方便了。那么人脸识别技术是如何在收银系统中实现的呢？接下来我们来一起制作这个智慧超市吧！

二、任务分解（5mins）

任务：添加并上传角色、背景

① 添加以下按钮角色（学生自己绘制设计即可）。

② 添加商品角色（教师提前准备图片素材，方便学生上传使用）。

③ 添加超市收银背景（教师提前准备图片素材，方便学生上传使用）。

Tips：提前上传至学生电脑直接上传使用（若时间充裕，那么学生可以自己绘制）。

三、编程实战（上 35mins+ 下 25mins）

1. 建立如下变量

售价：商品价格；余额：剩余钱（可自定义）；总价：商品加起来的价钱

建立如下列表：

Tips：需要将商品价格与名称在程序开始执行时加入对应列表。

扫描商品按钮的程序：

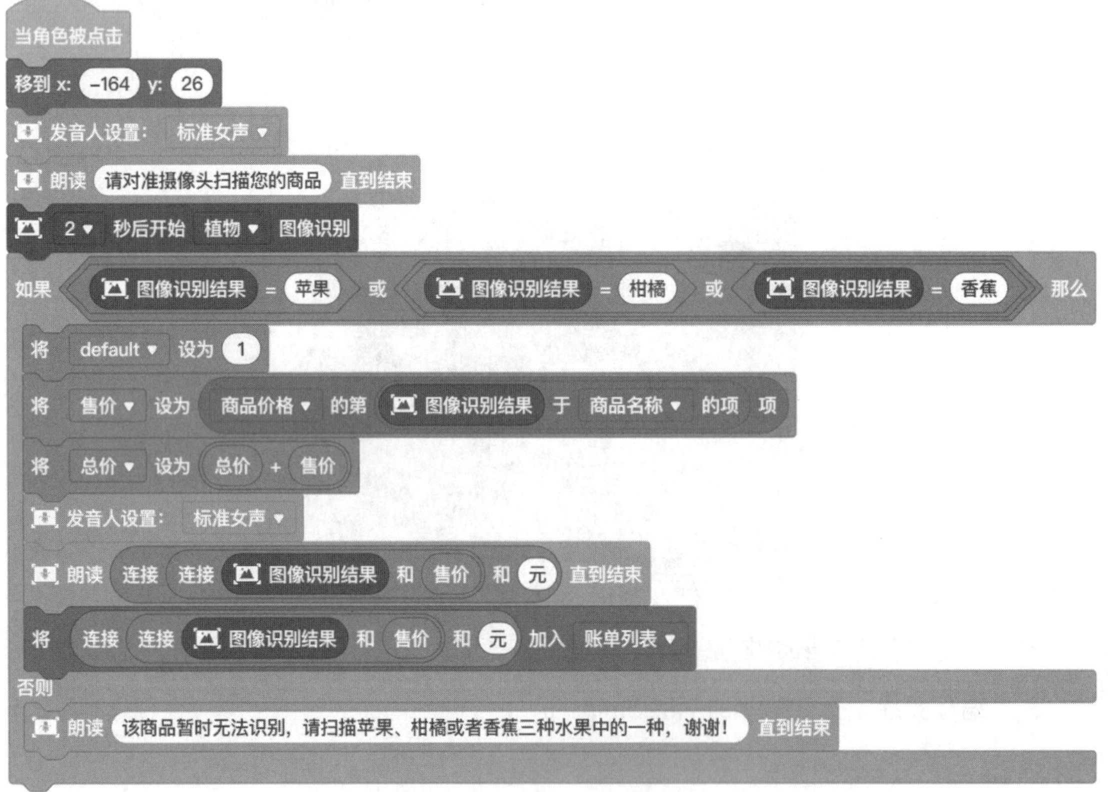

扫描商品按钮被点击，标准女声朗读：请对准摄像头扫描您的商品，开始图像识别（这里经过测试水果类的最好选择植物识别更为准确）。

如果是苹果或者柑橘或者香蕉中的一种被识别那么设置变量 default 为 1，并将售价设置为该物品的价格（从列表中获取对应项）。

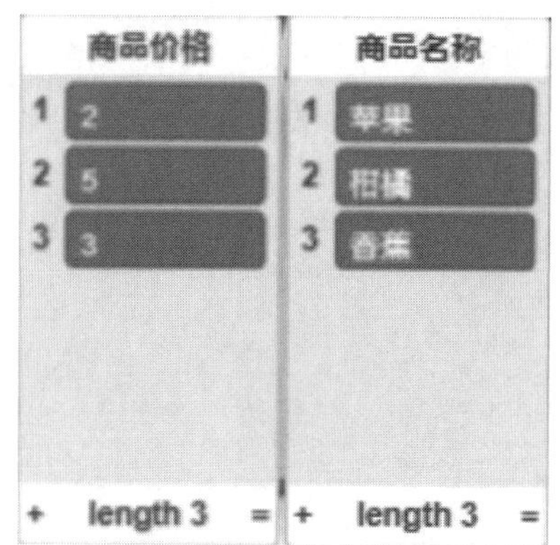

Tips：注意设置的价格项数与商品名称项数上要一致，比如苹果价格 2，柑橘价格 5，香蕉价格 3 一一对应将总价设为总价 + 售价朗读该商品售价为售价元，并将该价格加入账单列表。

刷脸支付按钮的程序：

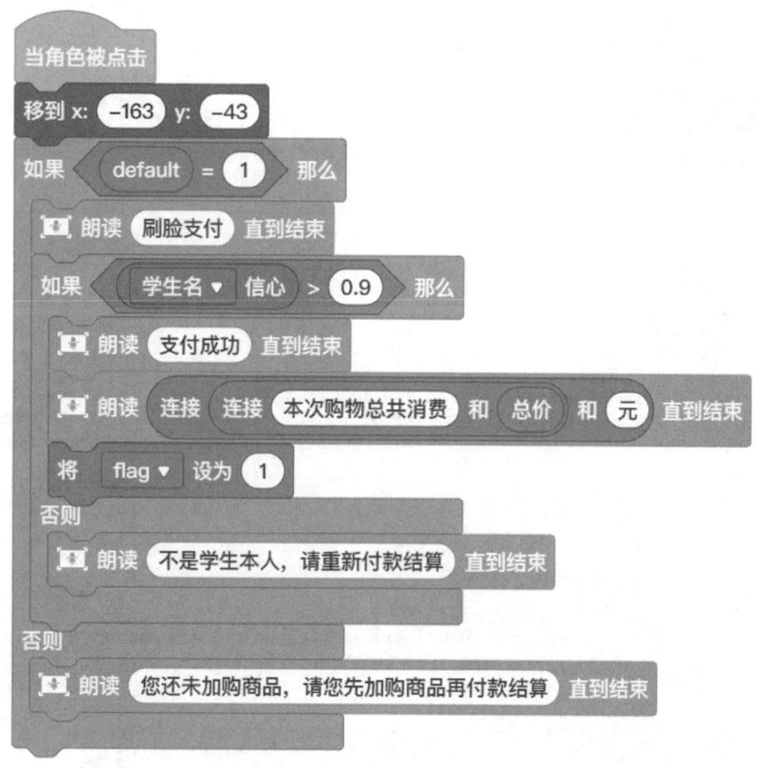

信心代表的是识别的成功率，即最高成功率为 99% =0.99 如过信心大于 0.9 即代表识别人脸成功。

先检测是否加入商品，如果加入那么变量 default 值为 1，检测人脸，否则朗读：您还未加购商品，请您先加购商品再付款结算。

若人脸检测匹配即信心大于 0.9 那么朗读支付成功并朗读本次消费总价格，若不匹配即信心小于 0.9 那么朗读不是 ***（名字在机器学习里设置）本人。

打印查看按钮的程序：

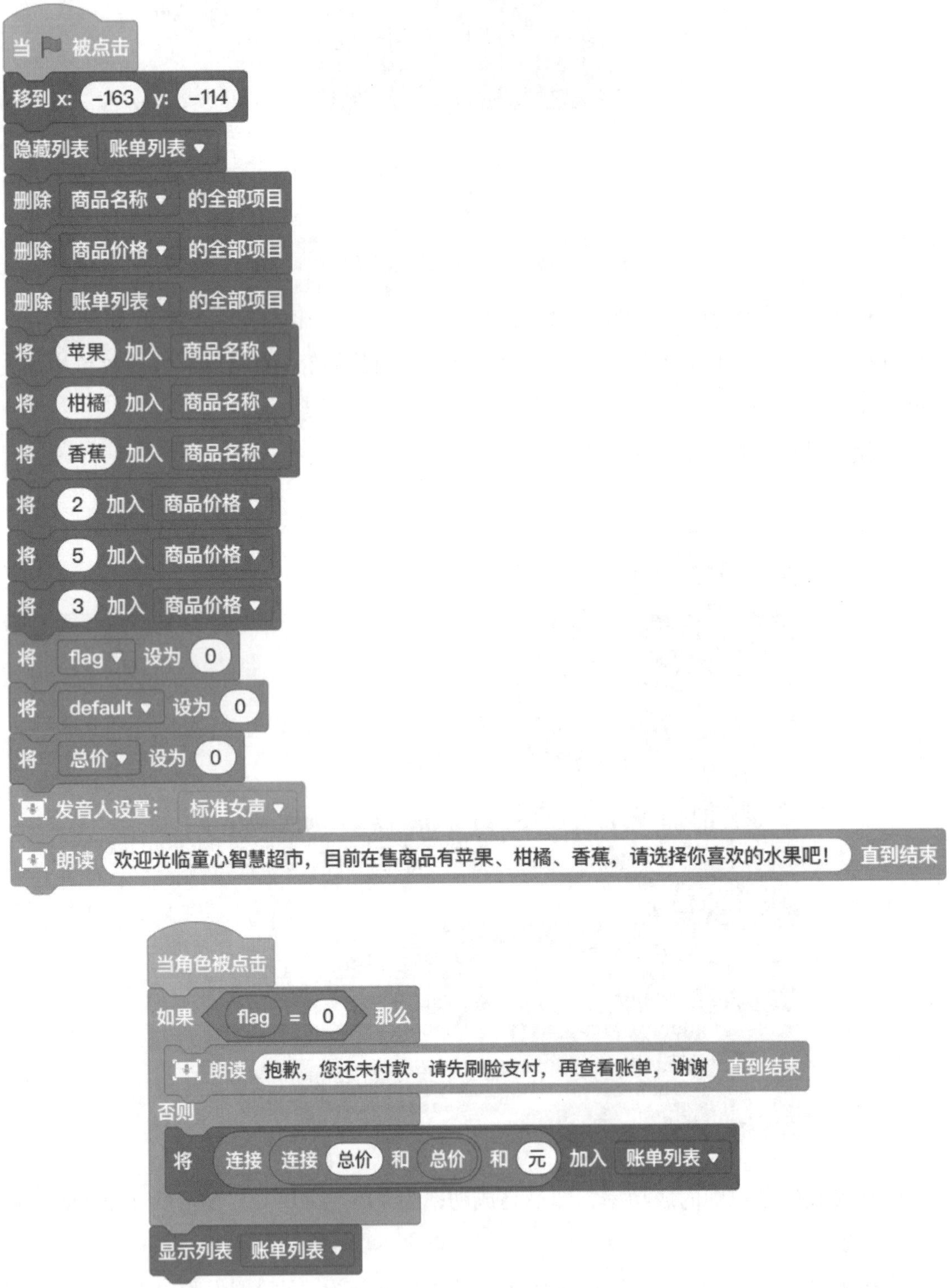

```
当 ⚑ 被点击
移到 x: -163 y: -114
隐藏列表 账单列表
删除 商品名称 的全部项目
删除 商品价格 的全部项目
删除 账单列表 的全部项目
将 苹果 加入 商品名称
将 柑橘 加入 商品名称
将 香蕉 加入 商品名称
将 2 加入 商品价格
将 5 加入 商品价格
将 3 加入 商品价格
将 flag 设为 0
将 default 设为 0
将 总价 设为 0
发音人设置: 标准女声
朗读 欢迎光临童心智慧超市，目前在售商品有苹果、柑橘、香蕉，请选择你喜欢的水果吧！ 直到结束
```

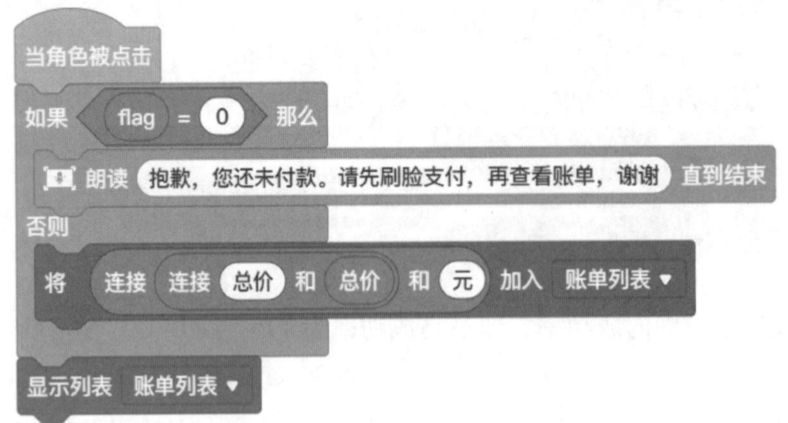

Tips：通过坐标确定各个角色的初始位置。

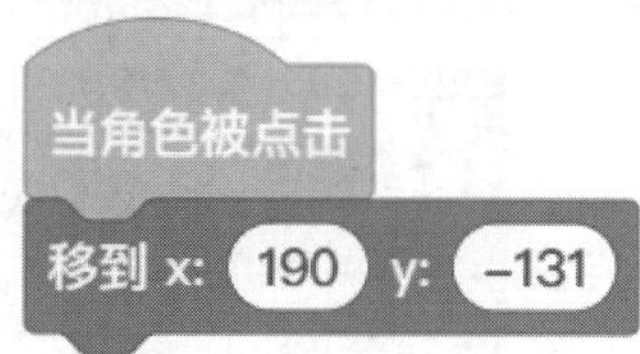

2. 探究学习

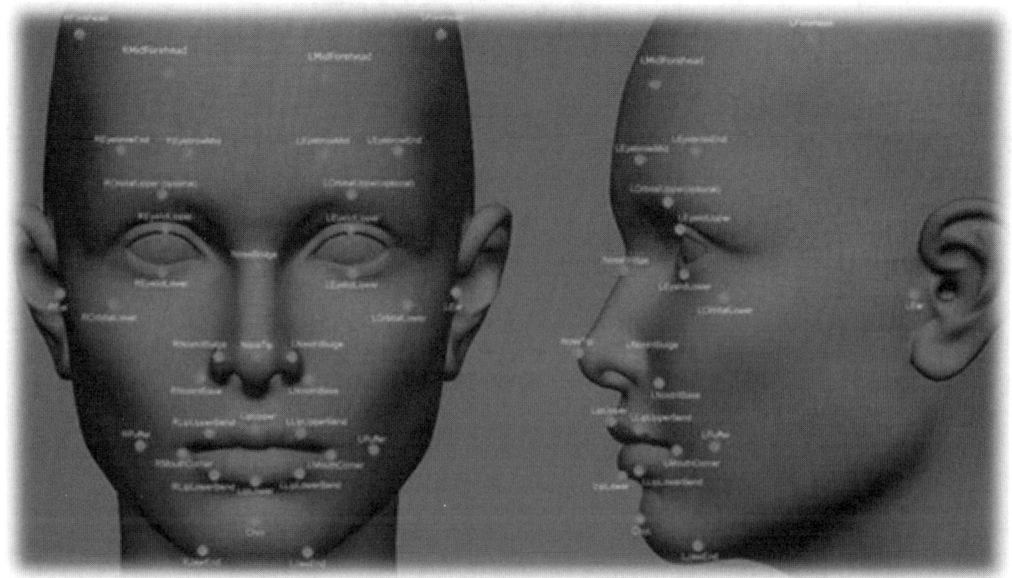

① 图像识别：图像识别技术的引入图像识别是人工智能的一个重要领域。图像识别的发展经历了三个阶段：文字识别、数字图像处理与识别、物体识别。图像识别，顾名思义，就是对图像做出各种处理、分析，最终识别我们所要研究的目标。

图像识别技术是信息时代的一门重要的技术，其产生目的是让计算机代替人类去处理大量的物理信息。随着计算机技术的发展，人类对图像识别技术的认识越来越深刻。图像识别技术的过程分为信息的获取、预处理、特征抽取和选择、分类器设计和分类决策。简单分析了图像识别技术的引入、其技术原理以及模式识别等之后，介绍了神经网络的图像识别技术和非线性降维的图像识别技术及图像识别技术的应用。从中可以总结出图像处理技术的应用广泛，人类的生活将无法离开图像识别技术，研究图像识别技术具有重大意义。（学生了解即可）

Tips：使用图像识别功能需要登录慧编程账号，且需要使用摄像头。

从下拉菜单选择要识别的类型，包括通用物体、车辆、logo 商标、动物、植物、图像位置以及地标。

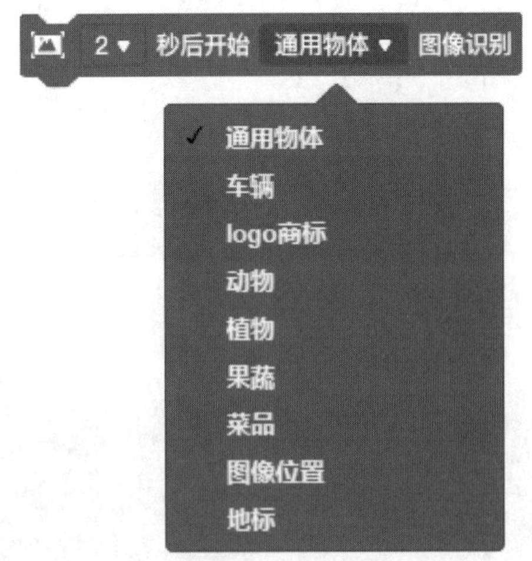

类别说明:

类别	识别结果说明
通用物体	返回当前视频窗口内主体物体的**场景及物体标签**，如 人物_人物特写
车辆	返回当前视频窗口内主体物体的**车辆品牌及名称**，如:本田思域
logo 商标	返回当前视频窗口内主体物体的 **logo 名称**:如 :华为
动物	返回当前视频窗口内主体物体的**动物名称**:如:非洲大羚羊
植物	返回当前视频窗口内主体物体的**植物名称**，如:龟背竹
地标	返回当前视频窗口内主体物体的**地标名称**，如:东方之珠

图像识别技术原理：

其实，图像识别技术背后的原理并不是很难，只是其要处理的信息比较烦琐。计算机的任何处理技术都不是凭空产生的，它都是学者们从生活实践中得到启发而利用程序将其模拟实现的。计算机的图像识别技术和人类的图像识别在原理上并没有本质的区别，只是机器缺少人类在感觉与视觉差上的影响罢了。人类的图像识别也不单单是凭借整个图像存储在脑海中的记忆来识别的，我们识别图像都是依靠图像所具有的本身特征而先将这些图像分了类，然后通过各个类别所具有的特征将图像识别出来的，只是很多时候我们没有意识到这一点。当看到一张图片时，我们的大脑会迅速感应到是否见过此图片或与其相似的图片。其实在“看到”与“感应到”的中间经历了一个迅速识别过程，这个识别的过程和搜索有些类似。在这个过程中，我们的大脑会根据存储记忆中已经分好的类别进行识别，查看是否有与该图像具有相同或类似特征的存储记忆，从而识别出是否见过该图像。机器的图像识别技术也是如此，通过分类并提取重要特征而排除多余的信息来识别图像。机器所提取出的这些特征有时会非常明显，有时又是很普通，这在很大的程度上影响了机器识别的速率。总之，在计算机的视觉识别中，图像的内容通常是

用图像特征进行描述。（学生了解即可）

使用示例：按下键盘上的空格键，两秒后开始识别植物，并朗读识别结果。

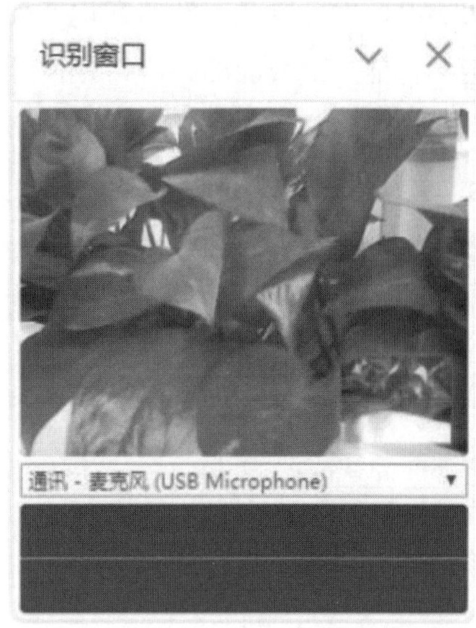

图像识别结果：

Tips：这是一个报告积木，可以嵌入其他积木，不能单独使用。勾选积木左侧的复选框，舞台上将显示图像识别结果。

机器学习：机器学习（Machine Learning，ML）是一门多领域交叉学科，涉及概率论、统计学、逼近论、凸分析、算法复杂度理论等多门学科。专门研究计算机怎样模拟或实现人类的学习行为，以获取新的知识或技能，重新组织已有的知识结构使之不断改善自身的性能。它是人工智能的核心，是使计算机具有智能的根本途径，其应用遍及人工智能的各个领域，它主要使用归纳、综合而不是演绎。

Tips：学习的图片以清晰，数量多为主。样品多提取的特征值会更多，识别更加精确；这里要和学生说明一点，识别度最高不能达到百分之百，一定会存在误差；而误差是无法被消除的。所以有识别不准确的时候有可能是学习的样品拍得不够清晰画面不稳定，重新学习下便可解决。

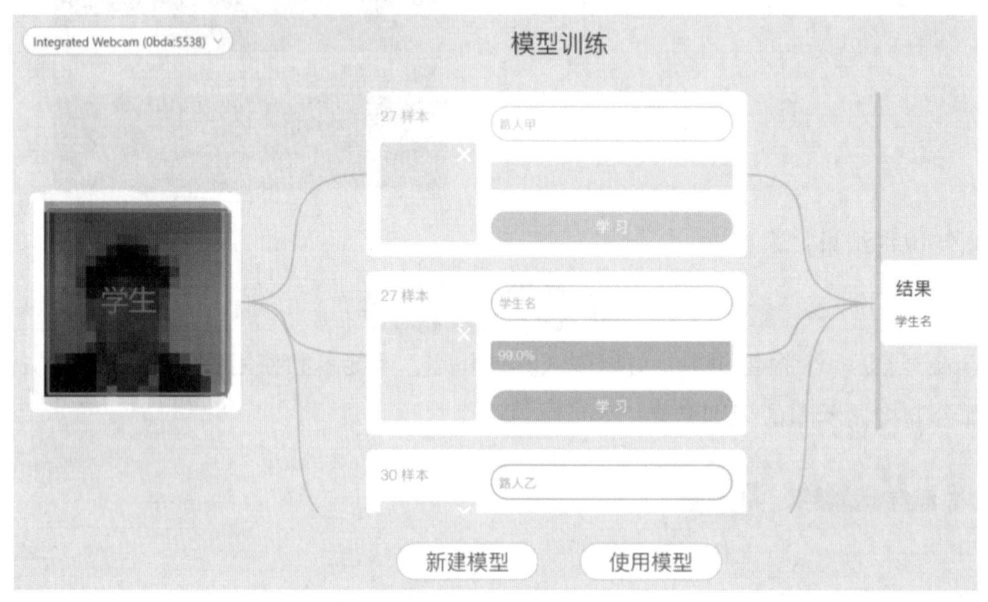

积木区	积木名称	功能	示例
运动	移到 x: 1 y: 1	将角色移动到舞台的指定坐标（x，y）位置	当 被点击 移到 x: 0 y: 0 移动到舞台中心坐标（0，0）
语音交互	发音人设置：标准男声	将朗读发音人设置为标准男声、标准女声、情感男声或情感男声	当按下 空格 键 发音人设置：标准女声 朗读 生日快乐 按下空格键将发音人声设置为情感女声朗读生日快乐

续表

积木区	积木名称	功能	示例
运算	( ) < 50	逻辑判断比较大小	当 ⚑ 被点击 重复执行 如果 x 坐标 < 50 那么 播放声音 Chomp ▾ 如果 x 坐标小于 50 那么播放声音 meow

3. 测试程序

T：检测电脑摄像头拍摄识别是否清晰准确。

Tips：注意图像识别时对准摄像头的远近以及角度，注意提醒学生正对着摄像头。

4. 作品命名并保存

T：完成的作品确认命名后及时保存。

四、挑战与游戏（15mins）

1. 挑战：加入余额提示功能，在每次消费后清楚自己的余额

利用已添加的变量余额

售价：商品价格；余额：剩余钱（初始的钱可自定义）；总价：商品加起来的价钱。每次购物后语音播报余额剩余情况：

开始支付并检测余额与商品总价的大小，若大于或者等于总价则将余额设为余额－总价。

如果余额与商品总价比较大小时，若大于或者等于总价不成立那么朗读余额不足，请充值。

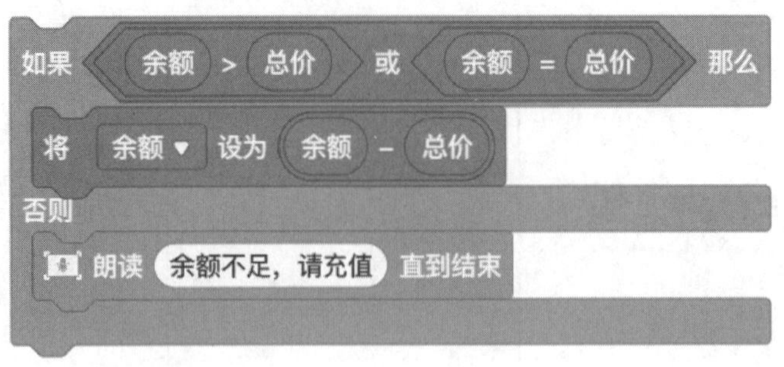

2. 游戏时间：Shopping time

五、分享与小结（5mins）

1. 引导学生从不同角度分享，鼓励学生尝试举一反三（知识迁移）

• 图像识别。

• 机器学习。

• 余额、总价、售价之间的关系。

2. 结合学生的分享，适当点评后，进行课堂小结

• 知识改变命运，科技创造未来。

• 机器学习的应用很广，例如指纹解锁，面部识别。机器学习的图片以清晰，数量多为主。样品多提取的特征值会更多，识别更加精确；这里要和学生说明一点，识别度最高不能达到百分之百，一定会存在误差；而误差是无法被消除的。

• 商品的总价 = 售价 × 数量；余额 = 余额—消费金额。